古代歷史文化 研究輯刊

十 編

王 明 蓀 主編

第 27 冊

分合與互動：
清代廣東墟市經濟地理（1644～1911）（下）

湯 苑 芳 著

國家圖書館出版品預行編目資料

分合與互動：清代廣東墟市經濟地理（1644～1911）（下）／
湯苑芳 著 — 初版 — 新北市：花木蘭文化出版社，2013〔民
103〕
目 4+174 面；19×26 公分
（古代歷史文化研究輯刊 十編；第 27 冊）
ISBN：978-986-322-355-9（精裝）
1. 經濟地理　2. 清代
618　　　　　　　　　　　　　　　　　　102014432

ISBN-978-986-322-355-9

古代歷史文化研究輯刊
十　編　第二七冊　　　　　　　ISBN：978-986-322-355-9

分合與互動：清代廣東墟市經濟地理（1644～1911）（下）

作　　者　湯苑芳
主　　編　王明蓀
總 編 輯　杜潔祥
出　　版　花木蘭文化出版社
發 行 所　花木蘭文化出版社
發 行 人　高小娟
聯絡地址　235 新北市中和區中安街七二號十三樓
　　　　　電話：02-2923-1455 ／傳眞：02-2923-1452
網　　址　http://www.huamulan.tw 信箱 sut81518@gmail.com
印　　刷　普羅文化出版廣告事業
初　　版　2013 年 9 月
定　　價　十編 35 冊（精裝）新台幣 62,000 元

分合與互動：
清代廣東墟市經濟地理（1644～1911）（下）

湯苑芳　著

目次

第四章 清代廣東墟市群落的
結構與演替

　　墟市群落〔註1〕：社會經濟生活中的墟市，有「市」、「墟」等多種類型，
每一種類型的墟市都擁有許多個體，並佔有一定空間，形成許多大小不等的
個體群。這些個體群，可被稱爲墟市種群。另外，不同種群的墟市會以一定
的方式整合在一起，形成有機整體，稱爲墟市聯合體。墟市種群與墟市聯合
體的集合就是墟市群落。

　　清代廣東墟市群落：清代廣東的任何一個墟市（墟市聯合體）都不是單
獨存在的，而是和其他墟市（墟市聯合體）互動而存的，這種墟市（墟市聯
合體）之間，以及墟市（墟市聯合體）與它們賴以生存的經濟環境之間，都
保持著密切的聯繫，從而形成一種相對穩定的具有一定規律的集體群，叫做
清代廣東墟市群落。

第一節　清代廣東墟市類型

　　在自然環境與社會環境的共同影響下，清代廣東墟市的類型多樣。按照
不同的標準，可劃分爲不同的類別。

一、民間墟市與官方墟市

　　清代廣東墟市，按照市場的組織者不同，可分爲民間墟市與官方墟市。

〔註1〕　又可稱爲集市群落。

　　民間墟市主要指由農民自發組織形成的交易場所。如珠江市由樂善里人提議設立「珠江市：在樂善里，距縣一百二十里，前清光緒三十四年，樂善里人請諭設立，自宣統至民國六七年，商店三十餘間，……。」〔註2〕又有私人捐地而設者：「雷虎市（在本都，乾隆初吳啓賢捐地設並建約亭。）〔註3〕培龍市（在城西門外，道光十八年郡紳倡捐，買鋪二間，……。）」〔註4〕又：「咸諒市（在縣西五十里，乾隆間貢生王宏仁捐地設。）」〔註5〕民間墟市的管理情況複雜：有聯合掌控墟市者（地豆墟：墟主吳、林、張、李四姓；下茅墟：墟主陳李兩姓）；有單獨控制墟市者（牛皮墟：今墟主潘姓。）〔註6〕有廟宇掌控墟市者（下僚墟：墟主豐壽寺廟丁；龍灣墟：墟主法流寺。）〔註7〕而且墟主常易，如：牛皮墟，邑人龍彬業創設，今墟主屬潘姓；再如：黃岡墟，邑庠生李復元創設，今墟主屬陳姓。〔註8〕

　　官方墟市主要指由官方組織的墟市貿易場所。據載：「興寧一十二圩記稅銀捌拾柒兩三錢三分零。泰昌元年禁止圩市餉盡免。崇正四年酌補邊餉，知縣張甲先議派人民糧，合邑士民紛紛呈訴。崇正八年知縣劉熙祚隨圩鋪多寡分派租銀，以足額餉申詳批允。康熙十八年，奉文新議，加增圩餉每兩加銀三分，共加增墟餉銀二兩六錢二分正。」〔註9〕因為興寧一十二圩是由官方收取租稅，故可推斷其為官方墟市。其部分墟市的租稅如下：「大龍田：在縣北二十里，每年鋪租二十四兩二錢六分；泥陂墟：鋪租銀二十四兩二錢六分；羅崗墟：鋪租銀七兩二錢七分八釐；長興墟：鋪租銀二兩四錢二分六釐；黃

〔註2〕〔民國〕彭元藻修；王國憲纂：《廣東省儋縣志》卷二輿地市鎮，臺北：成文出版社，1974版，第133頁。

〔註3〕〔清〕李文恒修；鄭文彩纂：《廣東省瓊山縣志》卷五建置六市，臺北：成文出版社，1974年版，第502頁。

〔註4〕〔清〕李文恒修；鄭文彩纂：《廣東省瓊山縣志》卷五建置六市，臺北：成文出版社，1974年版，第503頁。

〔註5〕〔清〕李文恒修；鄭文彩纂：《廣東省瓊山縣志》卷五建置六市，臺北：成文出版社，1974年版，第503頁。

〔註6〕〔清〕陳志喆等修，吳大猷纂：《廣東省四會縣志》編二下墟市，臺北：成文出版社，1967年版，第212～213頁。

〔註7〕〔清〕陳志喆等修，吳大猷纂：《廣東省四會縣志》編二下墟市，臺北：成文出版社，1967年版，第213頁。

〔註8〕〔清〕陳志喆等修，吳大猷纂：《廣東省四會縣志》編二下墟市，臺北：成文出版社，1967年版，第213頁。

〔註9〕〔清〕仲振履原本，張鶴齡續纂：《廣東省興寧縣志》卷一封域志堡鄉，臺北：成文出版社，1966版，第12頁。

陂圩：鋪租銀二兩四錢二分六釐；石馬墟：鋪租銀三兩六錢三分六釐四毫。」
〔註10〕興寧的這些官方墟市的鋪租不多，可見其規模也不大。

二、綜合墟市與專業墟市

清代廣東墟市，按照經營內容的不同，可分爲綜合墟市與專業墟市。

綜合墟市：經營多種產品，具備多種功能，滿足多方面需求的墟市。綜合墟市是墟市發展的主要形式。如九江大墟的商品品類多樣，屬於綜合墟市：「主簿：九江大墟：在四方接界處，三、六、九日趁，貨以魚花、土絲爲最，甲於邑內，次穀、次布、次蠶種，次六畜、五蔬、百果、裘帛、藥材、器皿、雜物，俱同日貿易。」〔註11〕

專業墟市：以經營一種或數種產品爲主的墟市。專業墟市形成較強的市場分工優勢，集中地吸引貨源和顧客。〔註12〕如高明欖江墟與新莊墟都屬於專業墟市：「欖江墟（每年八月三六九日集，專鬻牛至十月中散）」〔註13〕，又「新莊墟（在新莊前，俗名花燈墟。每年元月初三村民挑各式花燈在此發賣，午後散。）」〔註14〕

三、傳統市場與新興市場

清代廣東墟市，按照墟市興起的時間不同，可分爲傳統墟市與新興墟市。

傳統墟市：指歷史悠久的墟市。此類墟市擁有穩定的服務半徑，歷經滄桑亦能發展壯大。如開平保存了一定數量的傳統墟市，有從元代保留到清代的墟市：「李村市：元至正間建。」〔註15〕又有從明代延續至清代的墟市：「長沙市：

〔註10〕〔清〕仲振履原本，張鶴齡續纂：《廣東省興寧縣志》卷一封域志堡鄉，臺北：成文出版社，1966 版，第 11 頁。

〔註11〕〔清〕潘尚楫修，鄧士憲等纂：〔道光〕《南海縣志》卷十三建置略五，廣東省地方史志辦公室輯：《廣東歷代方志集成》，廣州：嶺南美術出版社，2007年，第 288 頁。

〔註12〕魏貴欣，劉瑞主編：《中國農村市場模式研究》，北京：新華出版社，1993 年版，第 14 頁。

〔註13〕〔清〕鄒兆麟修，蔡逢恩纂：《廣東省高明縣志》卷二地理墟市，臺北：成文出版社，1974 年版，第 99 頁。

〔註14〕〔清〕鄒兆麟修，蔡逢恩纂：《廣東省高明縣志》卷二地理墟市，臺北：成文出版社，1974 年版，第 100 頁。

〔註15〕〔民國〕余榮謀修，張啓煌纂：《廣東省開平縣志》卷十二建置下，臺北：成文出版社，1966 年版，第 86 頁。

縣城東南三十五里，期趁二七。明初建，原在長沙洲北（今瓦磚堆埗頭即舊市遺址），嗣因洲北沿岸水道不及洲南深闊，明末遷建今址，……。」〔註16〕再如番禺也有從明代墟市保留至清的墟市：新造墟〔註17〕、羅岡墟〔註18〕、東圃墟〔註19〕、麥邊墟。〔註20〕

新興墟市：指新出現的墟市。此類墟市一般建立時間較短，市場區位都較合理，能適應新的環境條件。如南海沙頭堡蠶市，是在清後期蠶絲的外國需求增大的情況下出現的：「蠶市：舊在沙頭墟新市竹橋之東，後遷萬安通津，光緒甲申年建。」〔註21〕同屬新興墟市的還有香山的石咀墟與潭州沙崗墟：「石咀墟：黃梁鎮宣統二年新開，現約六百餘家。」〔註22〕；「潭州沙崗墟：光緒十八年創設。俱同上。」〔註23〕

四、平地墟市與山區墟市

清代廣東墟市，按照所在區域的地貌類型，可分為平地墟市與山區墟市。

平地墟市：包括平原（三角洲平原與合谷平原）墟市與臺地墟市。如遂溪的牛子墟、河頭墟、紀家市；〔註24〕順德的翠竹墟〔註25〕；等等。上述遂溪與順德的墟市都位於臺地或平原，所以，其皆屬平地墟市。

〔註16〕〔民國〕余榮謀修，張啓煌纂：《廣東省開平縣志》卷十二建置下，臺北：成文出版社，1966 年版，第 87 頁。

〔註17〕〔清〕李福泰修，史澄等纂：《廣東省番禺縣志》卷十八建置略五，臺北：成文出版社，1967 年版，第 212 頁。

〔註18〕〔清〕李福泰修，史澄等纂：《廣東省番禺縣志》卷十八建置略五，臺北：成文出版社，1967 年版，第 212 頁。

〔註19〕〔清〕李福泰修，史澄等纂：《廣東省番禺縣志》卷十八建置略五，臺北：成文出版社，1967 年版，第 212 頁。

〔註20〕〔清〕李福泰修，史澄等纂：《廣東省番禺縣志》卷十八建置略五，臺北：成文出版社，1967 年版，第 212～213 頁。

〔註21〕〔清〕鄭夢蕖等修，桂坫等纂：《廣東省南海縣志》卷六建置略，臺北：成文出版社，1974 年版，第 773 頁。

〔註22〕〔清〕厲式金修：汪文炳，張丕基纂：《廣東省香山縣志》卷二輿地，臺北：成文出版社，1967 年版，第 63 頁。

〔註23〕〔清〕厲式金修：汪文炳，張丕基纂：《廣東省香山縣志》卷二輿地，臺北：成文出版社，1967 年版，第 63 頁。

〔註24〕〔清〕俞炳榮，趙鈞謨等纂：《廣東省遂溪縣志》卷之四墟市，臺北：成文出版社，1967 年版，第 331～332 頁。

〔註25〕〔清〕郭汝誠修，馮奉初等纂：《廣東省順德縣志》卷五建置略二墟市，臺北：成文出版社，1974 年版，第 450 頁。

山區墟市：包括低山地區的墟市與丘陵地帶的墟市。如從化之良口田墟與石嶺墟皆屬山區墟：「由米步而入則有曰良口田墟，離城八十里，以一六爲期，坐於良口爲十八山之咽喉焉，則牛背脊等村人赴之。由良口田而入，則有曰石嶺墟，坐於裏峒，離城六十里，以二七爲期，去縣逾遠其徑逾深，則以東近石牀，故爲石牀村人之所赴也；西近新圍，故爲新圍村人之所赴也；南近石灰嶺，故爲石灰嶺人之所赴也。」〔註26〕

廣東雖然丘陵山地較多，但清代廣東的墟市多數屬於平地墟市，因爲即使是在山區，墟市一般都分佈在河谷或盆地地區，這些地區與三角洲平原地區一樣，地勢都相對平坦，所以，廣東丘陵山區的大部分墟市與平原墟市一樣，都屬於平地墟市。

五、沿海墟市和內陸墟市

清代廣東墟市，按照所在區位條件，清代廣東墟市可分爲沿海墟市和內陸墟市。

沿海墟市：所在縣有海岸線，離海較近，受海洋影響大。如位於沿海地區的歸善縣淡水墟〔註27〕；臨高縣東英市、水邱市、調良市、新盈市；〔註28〕等等。

內陸墟市：所在縣沒有海岸線，離海較遠，受海洋影響小。如位於粵北的陽山縣的墟市：白鶴墟、英陽墟、茶田墟、遊魚墟、黎埠墟等，〔註29〕這些墟市深居內陸，遠離海洋，所以可以稱爲內陸型墟市。

六、大陸墟市與島嶼墟市

清代廣東墟市，按所在陸地四周環水與否，可分爲大陸型墟市與島嶼型墟市。

〔註26〕〔清〕郭遇熙等纂：《廣東省從化縣志》疆域，臺北：成文出版社，1974年版，第69～70頁。

〔註27〕〔清〕章壽彭等修，陸飛纂：《廣東省歸善縣志》卷七公署，臺北：成文出版社，1967版，第76頁。

〔註28〕〔清〕聶緝慶修；桂文熾纂：《廣東省臨高縣志》卷二輿地，臺北：成文出版社，1974年版，第88～89頁。

〔註29〕〔民國〕黃瓚修，朱汝珍纂：《廣東省陽山縣志》卷二輿地上，臺北：成文出版社，1974版，第92～93頁。

島嶼型墟市包括海南島、南澳島、海陵島、東海島、硇洲島等。如陽江海陵島的糞箕澳市及閘坡市：「糞箕澳市在閘坡市西南，乾隆五十餘年間爲洋匪劫散。」〔註30〕

大陸型墟市：位於大陸地區的墟市都屬於大陸型墟市。如赤溪之四方街墟、渡頭市；〔註31〕永安的中心墈墟、鳳凰市、龍窩墟、南嶺墟、下石墟、上義墟、好義墟、黃塘墟；〔註32〕等等。

七、熱帶墟市與亞熱帶墟市

清代廣東墟市，按氣候類型，可分爲熱帶墟市與亞熱帶墟市。

熱帶墟市：指分佈在廣東的熱帶地區的墟市，如雍正年間，崖州有 7 個墟市〔註33〕由於它們都處於熱帶地區，所以它們屬於熱帶墟市。

亞熱帶墟市：指分佈在廣東的熱帶地區的墟市。如珠江三角洲上的墟市。如香山的烏石墟、茅灣墟（俱穀都）。〔註34〕

由於受垂直地帶性影響，本區還有溫帶墟市。如分佈在粵北山區的部分墟市：曲江筆峰山下的清平市〔註35〕。

八、經濟型墟市與政治型墟市

清代廣東墟市，按墟市的形成原因，可分爲經濟成因型墟市與政治成因型墟市。

經濟成因型墟市：指由於經濟因素影響而形成的墟市。如：瓊山雷虎市，

〔註30〕　〔清〕李沄輯：《廣東省陽江志》卷二墟市，臺北：成文出版社，1974 年版，第 154 頁。

〔註31〕　〔民國〕王大魯修，賴際熙纂：《廣東省赤溪縣志》卷三建置墟市，臺北：成文出版社，1967 版，第 79 頁。

〔註32〕　〔清〕葉廷芳等纂修：《廣東省永安縣三志》卷之一地理都里，臺北：成文出版社，1974 版，第 171～173 頁。

〔註33〕　〔清〕郝玉麟修：〔雍正〕《廣東通志》卷之十八都坊，廣東省地方史志辦公室輯：《廣東歷代方志集成》，廣州：嶺南美術出版社，2006 年，第 489～503 頁。

〔註34〕　〔清〕屬式金修；汪文炳，張玉基纂：《廣東省香山縣志》卷二輿地，臺北：成文出版社，1967 年版，第 63 頁。

〔註35〕　〔清〕林述訓等修；單興詩，歐樾華等纂：《廣東省韶州府志》卷十一輿地略墟市，臺北：成文出版社，1966 版，第 221 頁。

其由私人捐地而設：雷虎市（在本都，乾隆初吳啓賢捐地設並建約亭。）〔註36〕培龍市（在城西門外，道光十八年郡紳倡捐，買鋪二間，……。）〔註37〕咸諒市（在縣西五十里，乾隆間貢生王宏仁捐地設。）〔註38〕又番禺南岡、瑞雲、回龍等墟，由幾村同建而成：南岡墟（乾隆癸卯年南岡秦姓與羅岡鍾村並筆村、沙園、下雙井等建，墟爲秦鍾集）〔註39〕；瑞雲市：道光間瑞雲堂十二鄉同建〔註40〕；兩鄉同姓共建墟：回龍市（在文沖東、文園西，道光己丑年兩鄉陸姓建，鋪四十餘間。）〔註41〕

　　政治成因型墟市：指由於官員意志或政治移民而形成的墟市。清代，官員常可根據自己的意思來安排墟市，如會同東關市東關市，官員可以隨意對其進行遷移：縣治之東。康熙八年知縣曹之秀新招，康熙二十三年知縣胥錫祚遷於城內西門街，後知縣李宗培移於南門，至康熙三十八年知縣曹允中復東關舊地，康熙五十三年知縣張汝皋令分發東關一市縣前一市。〔註42〕若這種做法符合經濟規律，則可有效地促進墟市的發展，如臨高多文市，知縣以個人名義買租地爲墟，爲貿易者免去部分雜稅，有利於墟市經濟的正常發展：多文市，治東南三十里，其市舊有租地，每至年終，市生橫收商者擾之。康熙四十三年，知縣樊庶捐俸悉買其地，聽賈者建屋宇貿遷，商民稱便，其市日盛〔註43〕若官員左右墟市發展的做法違反經濟規律，則有可能使墟市發展帶上負面的影響。如曲江清平市，因聚人氣而立，中途數次被廢：「清平市城北望京門外，明嘉靖二十六年知府陳大倫立在筆峰山下，爲郡垣來龍過脈處，

〔註36〕　〔清〕李文恒修；鄭文彩纂：《廣東省瓊山縣志》卷五建置六市，臺北：成文出版社，1974 年版，第 502 頁。

〔註37〕　〔清〕李文恒修；鄭文彩纂：《廣東省瓊山縣志》卷五建置六市，臺北：成文出版社，1974 年版，第 503 頁。

〔註38〕　〔清〕李文恒修；鄭文彩纂：《廣東省瓊山縣志》卷五建置六市，臺北：成文出版社，1974 年版，第 503 頁。

〔註39〕　〔清〕李福泰修，史澄等纂：《廣東省番禺縣志》卷十八建置略五，臺北：成文出版社，1967 年版，第 212～213 頁。

〔註40〕　〔清〕李福泰修，史澄等纂：《廣東省番禺縣志》卷十八建置略五，臺北：成文出版社，1967 年版，第 213 頁。

〔註41〕　〔清〕李福泰修，史澄等纂：《廣東省番禺縣志》卷十八建置略五，臺北：成文出版社，1967 年版，第 213 頁。

〔註42〕　〔清〕陳述芹纂修：《廣東省瓊東縣志（舊名會同縣志)》建置卷三，臺北：成文出版社，1974 年版，第 87 頁。

〔註43〕　〔清〕聶緝慶修；桂文熾纂：《廣東省臨高縣志》卷五建置墟市，臺北：成文出版社，1974 年版，第 305～306 頁。

興經云：人煙稀曠則脈不團聚，立墟所以聚之也。後因寇廢。（舊志）國朝康熙十一年，知府馬元興復並樹碑清平亭上。未幾又廢。至二十四年知府唐宗堯、知縣秦熙祚復設，今仍之。」〔註44〕另一種政治成因型墟市是因政治移民而形成的墟市，如南海的移民市：「移民市後改宜民市。國初嚴海禁，曾移瀕海貧民於此，故曰移民。彩虹橋一路半屬水鄉，多以捕魚爲謀生計，販鬻市中。今則清淺，蓬萊盡成樂土，釣艇多泊泥城石門以上矣。（據恭岩禮記修）」〔註45〕

各種各樣的墟市爲清代廣東墟市系統帶來了豐富的組分，它們之間錯綜複雜的相互關係致使墟市系統內部結構複雜，這些都爲清代廣東墟市系統的豐富湧現打下了厚實的基礎。

第二節　清代廣東墟市群落的個體特徵

清代廣東墟市，生長在嶺南獨特的地貌、植被、水文、土壤、地質、氣候等自然環境當中，與環境相互動而存，形成三大特色：

一、交彙區特色

廣東位於熱帶、亞熱帶地區，在氣候上表現爲兩者交彙的特點，在不同的氣候影響下形成不同類型的墟市，這些墟市共同表現出氣候交彙區特色。廣東處於山海之間，既有大陸地區，又有半島、海島地區，不同地貌區的水熱條件組合多樣，從而使得物產豐富且獨特，其地墟市因而亦具有地貌交彙區的特色。

1、氣候交彙區特色

清代廣東墟市的氣候交彙區特色表現爲既有亞熱帶墟市又有熱帶墟市。首先，亞熱帶墟市在本區廣泛分佈。本區亞熱帶範圍廣，故亞熱帶特產豐富，多亞熱帶特產墟市：番禺有果欄〔註46〕；番禺烏涌梅子生果墟（墟期二、五、八

〔註44〕〔清〕林述訓等修；單興詩，歐樾華等纂：《廣東省韶州府志》卷十一輿地略墟市，臺北：成文出版社，1966版，第221頁。

〔註45〕〔清〕鄭夢玉等修，梁紹獻等纂：《廣東省南海縣志》卷五建置略二，臺北：成文出版社，1967年版，第128頁。

〔註46〕〔民國〕梁鼎芬等修，丁仁長等纂：《廣東省番禺縣續志》卷六建置墟市，臺北：成文出版社，1967年版，第110頁。

日，買賣梅子生果最盛）〔註47〕；南海花市（在新市大有街〔註48〕）；順德都寧
司屬之花市〔註49〕增城沙貝有荔枝市〔註50〕；順德有專門的龍眼市〔註51〕；販
賣家禽家畜的墟市多，如「香山司屬之雞鴨市」〔註52〕；南海通津豬市、神安
司屬之豬仔墟；〔註53〕桑蠶業發展好，多桑市、絲市：如南海主簿屬之桑市、
絲市；〔註54〕順德馬寧司屬之絲墟、矗絲墟、桑市；紫泥司屬之桑市；〔註55〕
等等。其次，熱帶墟市在本區集中分佈，其多分佈在雷州府、瓊州府與崖州。
例如，熱帶地區瓊州府，作物生產周期短，如有三熟之稻，八登之蠶〔註56〕，
故物產異常豐富，其中多有熱帶產品，如「以檳榔爲命，四州皆產，文昌、瓊
山、會同特多」〔註57〕，所以其地之墟市因常有熱帶產品而帶有熱帶特色。

2、地貌交彙區特色

山海之間的清代廣東，既有大陸地貌區，又有半島、海島地貌區。故其

〔註47〕〔清〕李福泰修，史澄等纂：《廣東省番禺縣志》卷十八建置略五，臺北：成
　　　文出版社，1967 年版，第 212 頁。

〔註48〕〔清〕鄭藢等修，桂坫等纂：《廣東省南海縣志》卷六建置略，臺北：成文出
　　　版社，1974 年版，第 774 頁。

〔註49〕〔清〕戴肇辰等修；史澄，李光廷等纂：〔光緒〕《廣州府志》卷六十九建置
　　　略六，廣東省地方史志辦公室輯：《廣東歷代方志集成》，廣州：嶺南美術出
　　　版社，2007 年，第 1055 頁。

〔註50〕〔清〕屈大均：《廣東新語》，北京：中華書局，1985 年，2006 年重印，第 626
　　　頁。

〔註51〕〔清〕屈大均：《廣東新語》，北京：中華書局，1985 年，2006 年重印，第 626
　　　頁。

〔註52〕〔清〕戴肇辰等修；史澄，李光廷等纂：〔光緒〕《廣州府志》卷六十九建置
　　　略六，廣東省地方史志辦公室輯：《廣東歷代方志集成》，廣州：嶺南美術出
　　　版社，2007 年，第 1056 頁。

〔註53〕〔清〕戴肇辰等修；史澄，李光廷等纂：〔光緒〕《廣州府志》卷六十九建置
　　　略六，廣東省地方史志辦公室輯：《廣東歷代方志集成》，廣州：嶺南美術出
　　　版社，2007 年，第 1054 頁。

〔註54〕〔清〕戴肇辰等修；史澄，李光廷等纂：〔光緒〕《廣州府志》卷六十九建置
　　　略六，廣東省地方史志辦公室輯：《廣東歷代方志集成》，廣州：嶺南美術出
　　　版社，2007 年，第 1054 頁。

〔註55〕〔清〕戴肇辰等修；史澄，李光廷等纂：〔光緒〕《廣州府志》卷六十九建置
　　　略六，廣東省地方史志辦公室輯：《廣東歷代方志集成》，廣州：嶺南美術出
　　　版社，2007 年，第 1055 頁。

〔註56〕〔清〕明宜修，張岳崧纂：《廣東省瓊州府志》卷三輿地，臺北：成文出版社，
　　　1967 年版，第 60 頁。

〔註57〕〔清〕明宜修，張岳崧纂：《廣東省瓊州府志》卷三輿地，臺北：成文出版社，
　　　1967 年版，第 60 頁。

墟市貿易的產品既有山貨又有海產。某些地區的墟市多售山貨，如儋州和盛市：「黎民多出此市，貨物以椰肉、筍乾、甲皮、麞皮等為多。」〔註58〕某些地區的墟市多售海產，如陸豐烏土敢市：「多貿易海產。」〔註59〕某些地區既出海產又出山貨，如海南瓊東（會同）的貨物主要有：檳榔、椰子、南椰、雞羅、鹽（出於調懶）（福田市：在太平都，縣東南三十里，俗名調懶市。〔註60〕）；布類：二絲、土葛、蕉布、麻布、棉布；皮類：牛皮、麞皮、山馬皮、蚺蛇皮、獺皮；油類：山柚、海棠、桐子⋯；酒饌：水酒、燒酒、荔枝、山柑、黃桐、黏酒、米粉、煮堆、米花、蜜浸、油餅、米粿；器屬：瓦器、藤笠、葵笠、蔑笠。〔註61〕通過墟市貿易，山海之貨可互通有無。據載：「大星市在啓秀里，距縣南六十里，商店一百餘間，為南方交通出入門戶，那大附近各鄉及黎方穀米、紅糖，生果之荔枝、龍眼、黃皮、柑子、楊桃、波羅、梅子等物，山貨之蜂糖、黃蠟、麞皮、甲皮，銷售於王五、新英、新縣、舊城、長坡、光村等處，⋯⋯。」〔註62〕由此可見，某墟市之物產銷往附近之墟市，互通有無，如新英鎮的墟市輸出「魚類」等水產品〔註63〕，而輸入來自大星市的山貨「蜂糖、黃蠟、麞皮、甲皮」等。可見，山海之貨物在本區匯合。

因此，本區墟市具有交彙區特點：種類繁多，既有海洋特色，又帶大陸特色，熱帶、亞熱帶特點俱備。

二、丘陵區特色

本區丘陵廣布，因而耕地被山丘分割，單塊面積相對較小，耕牛在農耕活動中發揮重要作用，是重要的生產工具，所以專業牛市興旺。如有番禺牛

〔註58〕 〔民國〕彭元藻修，王國憲纂：《廣東省儋縣志》卷二輿地市鎮，臺北：成文出版社，1974 版，第 132 頁。

〔註59〕 〔清〕，王之正修，沈展才等纂：《廣東省陸豐縣志》卷二墟市街巷，臺北：成文出版社，1966 版，第 27 頁。

〔註60〕 〔清〕陳述芹纂修：《廣東省瓊東縣志（舊名會同縣志）》建置卷三，臺北：成文出版社，1974 年版，第 87 頁。

〔註61〕 〔清〕陳述芹纂修：《廣東省瓊東縣志（舊名會同縣志）》土產卷二，臺北：成文出版社，1974 年版，第 74～76 頁。

〔註62〕 〔民國〕彭元藻修；王國憲纂：《廣東省儋縣志》卷二輿地市鎮，臺北：成文出版社，1974 版，第 130～131 頁。

〔註63〕 〔民國〕彭元藻修；王國憲纂：《廣東省儋縣志》卷二輿地市鎮，臺北：成文出版社，1974 版，第 126 頁。

墟：「桃林市（即牛墟）在廣九鐵路吉山站後」〔註64〕又有高要牛皮欄：「牛皮欄，附城及各區皆有，其製造法將生皮浸於石灰池內，約十五日乃取起，水牛皮可剝二層，黃牛皮可剝四層。（宣統元年，附城開辦屠牛捐，每宰牛一頭，繳銀二元。該款悉撥爲各學校補助費，鄉間私宰從嚴拘罰。）」〔註65〕又四會牛行〔註66〕；又高明欖江墟：每年八月三六九日集，專鬻牛至十月中散〔註67〕；又封川白雲牛墟（原在鑼鼓岡，今遷漁澇墟，墟期三、六、日）〔註68〕；又英德販牛之墟市：「獨山墟……，市牛最多。」〔註69〕又「（英德）望夫岡、馬口、青石塘等處牛市頗大，宰牛亦多，近來有牛豬出口捐、屠牛捐，皆爲地方收入之大宗。」〔註70〕又海陽有專業牛墟〔註71〕。眾多的牛墟、牛市說明了清代廣東墟市具有丘陵區特色。

三、江海區特色

珠江、韓江、南渡河、鑒江等眾多水系覆蓋清代廣東，所以廣東區內水系發達。此外本區海岸線長，據載：「廣東海道自潮州饒平接福建界，歷潮、惠、廣、肇、高、廉、雷、瓊、欽州直抵交趾，約二三千里。」〔註72〕在如此江海齊集的環境影響下，清代廣東水產業發達，形成不少水產品及漁業生產工具專業墟市。

〔註64〕〔民國〕梁鼎芬等修，丁仁長等纂：《廣東省番禺縣續志》卷六建置墟市，臺北：成文出版社，1967年版，第110頁。
〔註65〕〔清〕馬呈圖纂輯：《廣東省宣統高要縣志》卷十一食貨篇二實業，臺北：成文出版社，1974年版，第494頁。
〔註66〕〔清〕陳志喆等修，吳大猷纂：《廣東省四會縣志》編二下墟市，臺北：成文出版社，1967年版，第213頁。
〔註67〕〔清〕鄒兆麟修，蔡逢恩纂：《廣東省高明縣志》卷二地理墟市，臺北：成文出版社，1974年版，第99頁。
〔註68〕〔清〕溫恭修，吳蘭修纂：《廣東省封川縣志》墟市，臺北：成文出版社，1974年版，第87頁。
〔註69〕〔清〕黃培燦，劉濟寬修；陸殿邦纂：《道光英德縣志》卷之四輿地略下風俗，《中國地方志集成》，上海：上海書店出版社，2003年，第314頁。
〔註70〕鄧士芬修；黃佛頤，凌鶴書等纂：《民國英德縣續志》卷之十六物產略，《中國地方志集成》，上海：上海書店出版社，2003年，第713頁。（記事至宣統三年）
〔註71〕〔清〕盧蔚獻修，吳道鎔纂：《廣東海陽縣志》卷二十二建置略六，臺北：成文出版社，1967版，第212頁。
〔註72〕〔清〕李應珏：《廣東便覽》卮言，光緒年間刻本，第13頁。

　　水產品專業墟市。不但珠三角地區有水產品市場，如番禺有專門的魚欄〔註73〕；而且其他各地均又此類市場，如高要有魚苗市場：「魚苗　……。網取後歸總塘鋪，……，俟客到購，……。其銷路北江之韶州等處，以大頭扁魚爲最多。東江則以鯪魚爲最多，其販運於外省外埠者，則旺滯殊無定也。」〔註74〕又如英德有魚花埠：「……，在北帝廟前，每春南海、九江客販賣魚花，必泊舟於此，四方來買魚花者皆聚此。」〔註75〕不僅英德，魚花墟市還遍及粵北其他地區：「魚花，一名魚苗，每當春夏之交，土人業漁者常赴肇慶廣利取回河頭魚花埠發售，其魚祇鯇魚廉鯪三種，抵埠時尙細小如髮，連平、長寧、龍南、南雄各屬魚販均至此採辦。」〔註76〕海南島的水產品墟市也很發達，直至民國仍然如此，例如，儋縣的很多市鎮都以貿易魚類產品爲主——新英鎭：「魚類雜貨行銷最盛」〔註77〕；馬井鎭：「魚類行銷最盛，雜貨次之」〔註78〕；洋浦鎭：「出口者以魚類、魚翅、魚鰾爲多」〔註79〕。

　　漁業生產工具專業墟市。規模較大的有開平樓岡網市：縣城東南二十五里，期趁一六，每歲八月十一日網市，尤爲熱鬧。是日凡順德、新會、新興、恩平、臺山各蛋民所製造之網，先期運至，以待發售，其鄰縣購網者亦結隊齊到，初十夜旅客露宿擠擁達旦，他市所未有。（王志參訪冊）〔註80〕另外還有南海岡墟魚簪市：「在橋頭鄉，所賣以魚簪、棉紗襪以大宗。」〔註81〕

〔註73〕　〔民國〕梁鼎芬等修，丁仁長等纂：《廣東省番禺縣續志》卷六建置墟市，臺北：成文出版社，1967年版，第110頁。

〔註74〕　〔清〕馬呈圖纂輯：《廣東省宣統高要縣志》卷十一食貨篇二實業，臺北：成文出版社，1974年版，第486～487頁。

〔註75〕　〔清〕黃培燦，劉濟寬修；陸殿邦纂：《道光英德縣志》卷之四輿地略下風俗，《中國地方志集成》，上海：上海書店出版社，2003年，第313頁。

〔註76〕　鄧士芬修；黃佛頤，凌鶴書等纂：《民國英德縣續志》卷之十六物產略，《中國地方志集成》，上海：上海書店出版社，2003年，第712頁。（記事至宣統三年）

〔註77〕　〔民國〕彭元藻修，王國憲纂：《廣東省儋縣志》卷二輿地市鎮，臺北：成文出版社，1974版，第126頁。

〔註78〕　〔民國〕彭元藻修，王國憲纂：《廣東省儋縣志》卷二輿地市鎮，臺北：成文出版社，1974版，第126頁。

〔註79〕　〔民國〕彭元藻修，王國憲纂：《廣東省儋縣志》卷二輿地市鎮，臺北：成文出版社，1974版，第128頁。

〔註80〕　〔民國〕余榮謀修，張啓煌纂：《廣東省開平縣志》卷十二建置下，臺北：成文出版社，1966年版，第87頁。

〔註81〕　〔清〕鄭藝等修，桂玷等纂：《廣東省南海縣志》卷六建置略，臺北：成文出

另外，濱海臨水之環境，還造就了清代廣東的水中墟市。如儋州新市：「惟新市與老市四圍皆水，一奇域也。」〔註 82〕再如儋州海頭老市：「在德慶里，距縣一百三十餘里，商店百餘間，……。地勢四面水繞，與那歷村新市毗連，由市開支路銜接儋珠公路。」〔註 83〕珠三角平原水鄉區也有水上墟市，如南海蜆埗：「在北村鄉觀音廟前海面」〔註 84〕，再如南海柴埗：「在水南鄉崔宣義祠前河面」〔註 85〕。

水產品專業墟市、漁業生產工具專業墟市，以及水中墟市的湧現，證明清代廣東墟市具有江海區特色。

第三節　清代廣東墟市群落的結構

清代廣東墟市群落是指：清代廣東社會經濟生活中的墟市，有「市」、「墟」等多種類型，每一種類型的墟市都擁有許多個體，並佔有一定空間，形成許多大小不等的個體群。這些個體群，稱為墟市種群。另外，不同種群的墟市會以一定的方式整合在一起，形成有機整體，稱為墟市聯合體。清代廣東墟市種群與墟市聯合體的集合就是清代廣東墟市群落。群落中的墟、市及墟市聯合體的互動互應互斥互助，形成群落的不同層次結構。

一、基本層次

清代廣東墟市群落，可以按照經濟實力不同而明顯地劃分出鎮層次、墟層次、市層次等不同層次。鎮層次又可以劃分為大鎮、中鎮、小鎮三個亞層次；墟市層次又可劃分為大墟、中墟、小墟等亞層次。市層次也可以劃分出大市、中市、小市等亞層次。

版社，1974 年版，第 775 頁。

〔註 82〕　〔民國〕彭元藻修，王國憲纂：《廣東省儋縣志》卷二輿地市鎮，臺北：成文出版社，1974 版，第 133 頁。

〔註 83〕　〔民國〕彭元藻修，王國憲纂：《廣東省儋縣志》卷二輿地市鎮，臺北：成文出版社，1974 版，第 134 頁。

〔註 84〕　〔清〕鄭夢玉等修，桂坫等纂：《廣東省南海縣志》卷六建置略，臺北：成文出版社，1974 年版，第 774 頁。

〔註 85〕　〔清〕鄭夢玉等修，桂坫等纂：《廣東省南海縣志》卷六建置略，臺北：成文出版社，1974 年版，第 774 頁。

二、特殊層次

除上述基本層次之外，清代廣東墟市群落還有一些特殊的層次架構：

1、季節性層次

有些墟市種群僅在特定的時間內出現，成為季節性層次。季節性墟市及某些地區的埠就屬於季節性層次。如樂昌陽春墟：在城東河岸以十月開市。〔註 86〕又曲江南華墟：「……，至曲江南華墟，因瞻禮佛祖而設，止二月初八、八月初三兩日，……。」〔註 87〕又南海南華墟：「南華墟：在象山，西潦決圍大墟，鋪民權貿易於此。」〔註 88〕道光時的南華墟是臨時性的墟市，它在九江大墟遭到洪水侵襲而無法正常運營時，才進行貿易。又廣利柑橘秧墟：「柑皮厚有粗點及近蒂起饅頭尖者最美，產高要、新興者良，桔絕類柑。（粵中見聞）歲之正月，廣利墟賣柑橘秧者數十百人，其土良，其柑甜美。其種散往他處者味迥殊，以故居人擅其利。（廣東新語）」〔註 89〕又石城城關墟：「東西二墟，舊在城外東西關，分期成市。道光間移置較場演武廳前，每年十月初三日遷於葉家坡，俱以三六九日為墟期。（參蔣志）」〔註 90〕又開平網市：「樓岡市，縣城東南二十五里，期趁一六，每歲八月十一日網市，……。（王志參訪冊）」〔註 91〕開平網市是在常規墟的基礎上發展出每年一次的專業墟，屬於長期常規墟+短期專業墟的模式。

2、層間經濟體

墟市層間經濟體：街。街，並不單獨形成一個層次，而是分佈在整個墟市群落的各個層次的經濟實力體中，因此，街可被稱為墟市層間經濟體。

〔註 86〕 〔清〕林述訓等修；單興詩，歐樾華等纂：《廣東省韶州府志》卷十一輿地略墟市，臺北：成文出版社，1966 版，第 221 頁。

〔註 87〕 〔清〕林述訓等修；單興詩，歐樾華等纂：《廣東省韶州府志》卷十一輿地略墟市，臺北：成文出版社，1966 版，第 222 頁。

〔註 88〕 〔清〕潘尚楫修，鄧士憲等纂：〔道光〕《南海縣志》卷十三建置略五，廣東省地方史志辦公室輯：《廣東歷代方志集成》，廣州：嶺南美術出版社，2007 年，第 288 頁。

〔註 89〕 〔清〕夏修恕，屠英修；何元等纂：《廣東省高要縣志》卷三輿地略一，臺北：成文出版社，1967 年版，第 47 頁。

〔註 90〕 〔民國〕鍾喜焯修，江珣纂：《廣東省石城縣志》卷三建置志墟市，臺北：成文出版社，1974 版，第 277 頁。

〔註 91〕 〔民國〕余榮謀修，張啓煌纂：《廣東省開平縣志》卷十二建置下，臺北：成文出版社，1966 年版，第 87 頁。

出現在各級墟市中的街。如高明三洲墟在清末已成爲結構複雜的街區，已有鳳陽街、橫基街、朝陽街、十字街、崗頂墟頭街、新陽街、波石街等多個街區，街區內分佈著一定數量的商鋪：「三洲墟在田心都，三、六、九日集。高要、南海、新會、順德、東莞、鶴山數縣人民水陸並至，百物咸備。舊在官渡頭百步上，正德年間遷於欖根□（岡）下，……。咸豐九年，墟民懼狉匪逼近，搭鋪官渡□（汛）貿易，知縣周士俊募勇駐墟保護，商賈仍回墟買賣。光緒十二年，江門街蓬廠失火，延燒鳳陽街、橫基街、朝陽街、十字街、崗頂墟頭街等處，惟新陽、波石二街未被火災，鋪商旋即蓋復。）」〔註92〕再如羅定泗綸街出現在大墟市（如下圖）中，羅定替濮街、連州街出現在小墟市中（如下圖）。又南海沙頭墟有北勝街，街上有瓜荣市：瓜荣行（早市在沙頭墟舊市金甌裏外內，晏市在沙頭墟舊市北勝街外。〔註93〕另各級鎮中亦多有街的分佈。

圖 4-1　出現在大墟市中的街（如泗綸街）

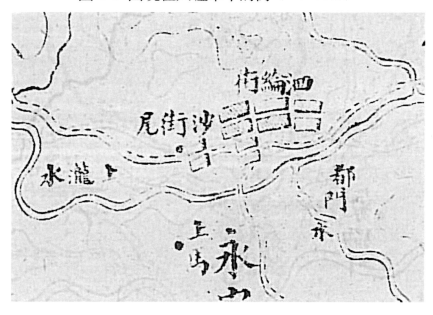

〔註92〕〔清〕鄒兆麟修，蔡逢恩纂：《廣東省高明縣志》卷二地理墟市，臺北：成文出版社，1974 年版，第 101 頁。

〔註93〕〔清〕鄭藝等修，桂坫等纂：《廣東省南海縣志》卷六建置略，臺北：成文出版社，1974 年版，第 774 頁。

圖 4-2　出現在小墟市中的街（如酳濮街與連州街）

　　出現在縣城墟市聯合體中的街。縣城墟市聯合體，指分佈在縣城內及縣城附近的墟市所構成的小系統。縣城墟市聯合體大小不一，結構各異。番禺縣城墟市聯合體很大，由 11 個市組成：四牌樓市、大軍市、迎恩橋市、永安橋市、正東門市、大北門市、大街市、小市、便民市、沙洲市、新橋市。〔註94〕新會縣城墟市聯合體較大，包括城內墟：朱紫街墟〔註95〕，城內市：縣前街市、東門市、南門市、西門市、十字街市〔註96〕，城外市：務前市、驛前市、濠橋市〔註97〕等一墟八市。增城縣城墟市聯合體較小，只包括一市一墟：城坊內有市 1，曰親民街市；有墟 1，曰西門墟，〔註98〕其一四七集，多集東門河步〔註99〕。

　　縣城墟市聯合體中常常有街的出現。如新會縣城墟市聯合體內有朱紫街墟〔註100〕，又有縣前街市、十字街市〔註101〕，即新會縣城內有朱紫、縣前、

〔註94〕　〔清〕李福泰修，史澄等纂：《廣東省番禺縣志》卷十八建置略五，臺北：成文出版社，1967 年版，第 212 頁。

〔註95〕　〔清〕林星章修，黃培芳等纂：《廣東省新會縣志》卷四津梁，臺北：成文出版社，1966 年版，第 110 頁。

〔註96〕　〔清〕林星章修，黃培芳等纂：《廣東省新會縣志》卷四津梁，臺北：成文出版社，1966 年版，第 111 頁。

〔註97〕　〔清〕林星章修，黃培芳等纂：《廣東省新會縣志》卷四津梁，臺北：成文出版社，1966 年版，第 111 頁。

〔註98〕　〔清〕熊學源修，李寶中纂：《廣東省增城縣志》卷之一里廛，臺北：成文出版社，1974 年版，第 176 頁。

〔註99〕　〔清〕熊學源修，李寶中纂：《廣東省增城縣志》卷之一里廛，臺北：成文出版社，1974 年版，第 176 頁。

〔註100〕　〔清〕林星章修，黃培芳等纂：《廣東省新會縣志》卷四津梁，臺北：成文出版社，1966 年版，第 110 頁。

〔註101〕　〔清〕林星章修，黃培芳等纂：《廣東省新會縣志》卷四津梁，臺北：成文出版社，1966 年版，第 111 頁。

十字等街，這些街上有各有墟市。再如，赤溪縣城墟市聯合體包括城內四方街墟與城牆外渡頭市〔註102〕，其四方街墟就在四方街上〔註103〕。故市聯合體除了包括墟、市外，還包括「街」。這種街又往往會成爲主要貿易特定商品的專業街，如道光英德縣城內的北門街：「在聞韶坊內，市竹籠。」〔註104〕又道光英德縣城廂市的買麻街：「城廂市有買麻街市麻。」〔註105〕街上或街的附近往往有居民區，這些居民的日常所需往往來源於市，故街上往往分佈著市，因而常見「街」「市」連稱的現象，如番禺之大街市〔註106〕，增城之親民街市〔註107〕，新安之大鵬城西門街市〔註108〕，赤溪之大街市、上街市〔註109〕

　　有的堡也像縣城那樣，出現了「墟市聯合體」，「街」亦在其中。如赤溪田頭堡：其有大街市、上街市、西柵市等墟市〔註110〕，那麼，田頭堡的墟市聯合體中極有可能包括名爲「大街」、「上街」等街，且這兩條街上都有市的分佈。可見，「街」亦出現在縣城以外的「墟市聯合體」當中。

　　「街」有時可以指代整個「墟市聯合體」。如羅定縣城的羅定街，其爲羅定縣城南門及東南門外商業街區的總稱，此街包括了南門外較場頂內的豬墟、穀墟、布墟，牛墟等墟。

　　「街」有時亦可指代單個的墟市。如羅定泗綸墟又可稱爲泗綸街。吳川之市亦可稱街──市 2：「南門街，附城，每日早晚二市；芷㿝街，城西南十

〔註102〕　〔民國〕王大魯修，賴際熙纂：《廣東省赤溪縣志》卷三建置墟市，臺北：成文出版社，1967版，第79頁。

〔註103〕　〔民國〕王大魯修，賴際熙纂：《廣東省赤溪縣志》卷三建置墟市，臺北：成文出版社，1967版，第79頁。

〔註104〕　〔清〕黃培爔，劉濟寬修；陸殿邦纂：《道光英德縣志》卷之十二街市，《中國地方志集成》，上海：上海書店出版社，2003年，第443頁。

〔註105〕　〔清〕黃培爔，劉濟寬修；陸殿邦纂：《道光英德縣志》卷十六物產略，《中國地方志集成》，上海：上海書店出版社，2003年，第495頁。

〔註106〕　〔清〕李福泰修，史澄等纂：《廣東省番禺縣志》卷十八建置略五，臺北：成文出版社，1967年版，第212頁。

〔註107〕　〔清〕熊學源修，李寶中纂：《廣東省增城縣志》卷之一里廛，臺北：成文出版社，1974年版，第176頁。

〔註108〕　〔清〕舒懋官修，王崇熙等纂：《廣東省新安縣志》上卷墟市，臺北：成文出版社，1974年版，第84頁。

〔註109〕　〔民國〕王大魯修，賴際熙纂：《廣東省赤溪縣志》卷三建置墟市，臺北：成文出版社，1967版，第79頁。

〔註110〕　〔民國〕王大魯修，賴際熙纂：《廣東省赤溪縣志》卷三建置墟市，臺北：成文出版社，1967版，第79頁。

里，每日早晚二市。」〔註111〕臨高墟市稱街者：州前街〔註112〕。

　　街上往往有爲商業配套的服務設施。如有方便貨物及客流往來的碼頭，據下表所載，高要塔腳街、新街、學前街都各有碼頭，曾有肇慶往來佛山、西南、倫教、龍江、江門、廣利、新橋、白土、天堂、春灣、新興、永安、梧州、祿步、大小湘、六都、省城、河口等地的航船。

表 4-1　肇慶的街的配套碼頭〔註113〕

航　行　區　域	停　　泊　　地	種　　類
肇慶佛山	塔腳街碼頭	帆船
肇慶西南	日渡泊新街碼頭，夜渡泊塔腳街碼頭。	
肇慶倫教	塔腳街碼頭	
肇慶龍江	塔腳街碼頭	
肇慶江門	新街碼頭	
肇慶廣利	學前街碼頭	
肇慶新橋	日渡泊水街碼頭，夜渡泊塔腳街碼頭。	
肇慶白土	原泊塔腳街碼頭，現泊大街碼頭。	
肇慶天堂、春灣	前泊塔腳街碼頭，後泊大簡墟碼頭。	
肇慶新興	前泊塔腳街碼頭，後泊大簡墟碼頭。	
肇慶永安	學前街碼頭	
肇慶梧州	新街碼頭	
肇慶祿步	新街碼頭	人力車渡
肇慶大小湘	新街碼頭	
肇慶六都	水街碼頭	
肇慶省城	水街碼頭	輪船拖渡
肇慶江門	新街碼頭	
肇慶梧州	水街碼頭	單行輪船
肇慶河口	水街碼頭	

〔註111〕〔清〕毛昌善修，陳蘭彬纂：《廣東省吳川縣志》卷一墟市，臺北：成文出版社，1967 版，第 45 頁。
〔註112〕〔清〕聶緝慶修，桂文熾纂：《廣東省臨高縣志》卷五建置墟市，臺北：成文出版社，1974 年版，第 306 頁。
〔註113〕〔清〕馬呈圖纂輯：《廣東省宣統高要縣志》卷十一食貨篇二實業，臺北：成文出版社，1974 年版，第 495～496 頁。

除高要之外，英德的街亦配套有碼頭，如新市街有天后宮馬頭，據載：「榮市，在南門外縣前汛舊地，宣統二年知縣施廷柱創建，自南門馬頭起至新市街口天后宮馬頭止，作長方式，有寮無鋪。」〔註114〕

清代廣東墟市群落的基本層次與特殊架構，形成與地區小環境相符的各種組合。

第四節　清代廣東墟市群落的演替

清代廣東墟市群落演替，是指在清代的廣東地區發生的一個墟市群落被另一個墟市群落代替的過程。墟市群落演替具有漸進性，亦有從量變到質變的發展特性。

清代廣東墟市群落各要素各自演化，各層次亦有自身的演化軌跡，以上種種演化所共同呈現的普遍特點就是清代廣東墟市群落的總體演替特徵。在清代複雜多變的環境下，清代廣東墟市群落具有獨特的演替類型與演替序列。

一、演替類型

按照原生與否及發展方向的等標準，可將清代廣東墟市群落從出現到消亡的演替過程劃分爲以下幾種類型。

（一）按原生與否劃分

1、原生演替

墟市從形成到消亡，都沒有發生過位移，此爲墟市群落之原生演化。如光緒惠州府連平州：「合水墟，今廢；……；東葉坡墟，即溪東地，州鋪舍，今廢；牛過渡城隍墟，原係州進士湛緝業，今歸城隍會；大田墟，今廢，爲民業；百口塘墟，王公祠在焉，州界止此，路通長寧錫場、欅林，長吉巡檢司署建祠北，今廢；百口洋塘墟，今廢；黃嶺墟，今廢；石子壩墟，今廢；曲湖市，十排墟，今廢；官陂墟；陂頭墟，銀海地。」〔註115〕上述之墟市，無論是已經廢棄的，還是繼續存在的，都是在生成地進行演化的，所以，都

〔註114〕鄧士芬修；黃佛頤，凌鶴書等纂：《民國英德縣續志》卷之四建置略，《中國地方志集成》，上海：上海書店出版社，2003年，第587頁。（記事至宣統三年）

〔註115〕〔清〕劉桂年，張聯桂修；鄧掄斌，陳新銓纂：《光緒惠州府志》卷八建置，《中國地方志集成》，上海：上海書店出版社，2003年，第131頁。

屬於原生演替墟市。還有，即使是由墟發展到市，只要這一過程是在原地進行的，都可以納入原生演替的範疇。如永安（今更爲市）〔註116〕，其更替過程就是墟市的原生演替過程。

2、次生演替

墟市遷移到新的地區後繼續發展，屬於次生演替。如惠州府連平州東昌墟，「城東郭橋外，今遷入城內」。〔註117〕再如太平市：縣南一百一十里，原烏黎市遷來。〔註118〕原有墟市衰亡後，在當地再興起的新墟市，也屬於次生演替。如三洲墟受鬥毆、鄰縣墟市競爭、犵匪威脅、火災等因素影響，幾經興衰的過程屬於次生演替過程：「三洲墟在田心都，三、六、九日集。（高要、南海、新會、順德、東莞、鶴山數縣人民水陸並至，百物咸備。舊在官渡頭百步上，正德年間遷於欖根□（岡）下，嘉靖三十八年冼善從在墟毆死人命，商民懼累駭散，南海豪民乘機集於官渡南，墟廢。知縣徐純申呈按察司，旬月復。咸豐九年，墟民懼犵匪逼近，搭鋪官渡□（汛）貿易，知縣周士俊募勇駐墟保護，商賈仍回墟買賣。光緒十二年，江門街蓬廠失火，延燒鳳陽街、橫基街、朝陽街、十字街、崗頂墟頭街等處，惟新陽、波石二街未被火災，鋪商旋即蓋復。）」〔註119〕廢後再設的翠竹墟也屬於次生演替墟市：「翠竹墟（創自前明，中廢，乾隆庚戌復設。）」〔註120〕公亭墟亦然：「公亭墟在縣北一百里石坑圖，康熙時創，中廢，道光十一年重開，期三六九日。」〔註121〕

（二）按發展方向劃分

1、順行演替

墟市朝著向前、向上的方向演化，屬於順行演替。如墟市在原有的基礎

〔註116〕 〔清〕郭汝誠修，馮奉初等纂：《廣東省順德縣志》卷五建置略二墟市，臺北：成文出版社，1974 年版，第 449～454 頁。

〔註117〕 〔清〕劉桂年，張聯桂修；鄧掄斌，陳新銓纂：《光緒惠州府志》卷八建置，《中國地方志集成》，上海：上海書店出版社，2003 年，第 131 頁。

〔註118〕 〔清〕俞炳榮，趙鈞謨等纂：《廣東省遂溪縣志》卷之四墟市，臺北：成文出版社，1967 年版，第 332 頁。

〔註119〕 〔清〕鄒兆麟修，蔡逢恩纂：《廣東省高明縣志》卷二地理墟市，臺北：成文出版社，1974 年版，第 101 頁。

〔註120〕 〔清〕郭汝誠修，馮奉初等纂：《廣東省順德縣志》卷五建置略二墟市，臺北：成文出版社，1974 年版，第 450 頁。

〔註121〕 〔清〕黃培燦，劉濟寬修；陸殿邦纂：《道光英德縣志》卷之四輿地略下風俗，《中國地方志集成》，上海：上海書店出版社，2003 年，第 313 頁。

上增加了新的墟市，如開平水口市之東拓，新增者為東埠：「水口市，……。光緒十六年就市東拓地增鋪，又稱新增者曰東埠。（王志參訪冊）」〔註122〕

2、逆行演替

墟市朝著向後、向下的方向演化，屬於逆行演替。如被火焚毀的英南市：「英南市，清光緒年間，全被毀焚。」〔註123〕又如經歷被毀－復建－衰落的新洋市：「新洋市，前清道光年間被燬，後雖恢復安居，然生意稀少，……。」〔註124〕又因客源為上一級市場所奪而衰亡的化州白沙墟：「白沙墟：州北五十里進一都，今廢，單日有墟渡下州。」〔註125〕又遭匪而散的糞箕澳市：「糞箕澳市在閘坡市西南，乾隆五十餘年間為洋匪劫散。」〔註126〕又由盛轉衰之三寶墟：「三寶墟在龍洞西、長濾村北，初建時頗盛，後以兩村械鬥，又咸豐年間洪逆擾掠，鋪戶無存。」〔註127〕又（康熙）防城墟：「在時羅都防城界，舊設，知州藍渠以切近交趾永安州，罷之，知州林希元復設，康熙元年遷廢，八年展界，因瀕邊人稀未復。二十三年設龍門協左營守備楊伯鶴駐防於此，復設。」〔註128〕

可見，清代廣東墟市群落是原生與次生演替兼有、順行與逆行演替共存的複雜群落。

二、演替序列

從墟開始形成，到演替成為穩定墟市群落的過程，叫做演替序列。

清代廣東墟市群落的演替序列：

〔註122〕〔民國〕余榮謀修，張啓煌纂：《廣東省開平縣志》卷十二建置下，臺北：成文出版社，1966 年版，第 87 頁。

〔註123〕〔民國〕彭元藻修；王國憲纂：《廣東省儋縣志》卷二輿地市鎮，臺北：成文出版社，1974 版，第 133 頁。

〔註124〕〔民國〕彭元藻修；王國憲纂：《廣東省儋縣志》卷二輿地市鎮，臺北：成文出版社，1974 版，第 133 頁。

〔註125〕〔清〕彭貽蓀修，彭步瀛纂：《廣東省化州志》卷二市集，臺北：成文出版社，1974 版，第 169 頁。

〔註126〕〔清〕李沄輯：《廣東省陽江志》卷二墟市，臺北：成文出版社，1974 年版，第 154 頁。

〔註127〕〔清〕李福泰修，史澄等纂：《廣東省番禺縣志》卷十八建置略五，臺北：成文出版社，1967 年版，第 213 頁。

〔註128〕〔清〕徐成棟修：〔康熙〕《廉州府志》卷之二地理志，康熙六十一年刻本，廣東省地方史志辦公室輯：《廣東歷代方志集成》，廣州：嶺南美術出版，2006 年，第 344 頁。

（一）量變系列

1、墟市以子母市的形式增殖

墟市增殖，指墟市繁殖式地增加，其原有墟市與新增墟市是母子關係，表現為原有墟市與新增墟市同名，只是在新增墟市的名稱中加上「上」與「下」、「新」與「舊」等進行區分。清代廣東墟市的增殖形式主要有以下兩種：

（1）一變二的墟市增殖

清代廣東墟市在不斷演化的過程中，會出現增殖性增長，在舊墟市附近形成新的墟市是最常見的現象，這種現象全省皆有：如南路的徐聞英利市有上、下兩市：「縣北九十里，前止有下市，至國初又創上市。」〔註 129〕又南路的吳川有塘暖上下兩墟：「塘暖，有上下二墟。」〔註 130〕又南路高州也有同一墟名分上下兩墟者〔註 131〕。再如珠江流域的三水胥江墟分上下兩墟：「胥江上墟以四九日為期；下墟以二七日為期，今廢。」〔註 132〕又珠江流域的的新安茅洲市分上下兩市：茅洲新市、茅洲舊市。〔註 133〕又珠江流域的的開平赤墈市分上下埠：「赤墈市，縣城西南卅五里，分上下埠，期趁三八，雍正康熙間建。……。界於上下二埠間為賣牛場，……。（王志參訪冊）」〔註 134〕又因「舊稱貿易之場，小曰市，大曰墟，尤大者曰埠」〔註 135〕，所以，清代赤墈市是一個規模較大的墟市，其一分為二，中間還隔著一個賣牛場，形成上埠＋買牛場+下埠的結構。又如韓江流域的豐順黃金埠墟：「……，分上下二墟。」〔註 136〕清代廣東墟市的一變二增殖，一般符合經濟規律，如墟市

〔註 129〕〔清〕王輔之等纂修：《廣東省徐聞志》卷之一興地，臺北：成文出版社，1974年版，第 124 頁。

〔註 130〕〔清〕毛昌善修，陳蘭彬纂：《廣東省吳川縣志》卷一墟市，臺北：成文出版社，1967 版，第 45 頁。

〔註 131〕〔清〕楊霽修，陳蘭彬纂：《廣東省高州府志》卷十建置三墟市，臺北：成文出版社，1967 版，第 129 頁。

〔註 132〕〔清〕李友榕等修，鄧雲龍等纂：《廣東省三水縣志》卷之一墟市，臺北：成文出版社，1966 年版，第 47 頁。

〔註 133〕〔清〕舒懋官修，王崇熙等纂：《廣東省新安縣志》上卷墟市，臺北：成文出版社，1974 年版，第 81～82 頁。

〔註 134〕〔民國〕余榮謀修，張啓煌纂：《廣東省開平縣志》卷十二建置下，臺北：成文出版社，1966 年版，第 86 頁。

〔註 135〕〔民國〕余榮謀修，張啓煌纂：《廣東省開平縣志》卷十二建置下，臺北：成文出版社，1966 年版，第 86 頁。

〔註 136〕〔清〕葛曙纂，許普濟重纂：《廣東省豐順縣志》卷一墟市，臺北：成文出版社，1967 版，第 228 頁。

會在適宜經濟活動的地區擴展，如上述之豐順黃金埠墟：「先建於濱河平坦砂地，旋潰旋復，後毀於大水，因而另選遠河高地興建，分上下二墟。臨河之舊墟遂廢。」〔註137〕可見，豐順黃金埠墟是在遷到對貿易有利的遠河高地上，才發展出上下兩墟的。然而，在特殊情況，長官意志也能促成一市變兩市，如瓊東東關市：「東關市，縣治之東。康熙八年知縣曹之秀新招，康熙二十三年知縣胥錫祚遷於城內西門街，後知縣李宗培移於南門，至康熙三十八年知縣曹允中復東關舊地，康熙五十三年知縣張汝皋令分發東關一市縣前一市。」〔註138〕

（2）一變三的墟市增殖。

若墟市繼續發展，則會出現一變三的增殖現象，如南海籬竹墟，一墟變三墟，逐漸分出上、中、下三墟，其中某些墟變成了民居：「籬竹墟，墟分上中下三處，上墟皆民居，中下墟店鋪相連，約二百餘家，……。」〔註139〕再如新安南頭者，有三市：舊南頭市、中南頭市、新南頭市。〔註140〕又如增城亦有派潭三墟：「派潭，上墟一啚稅地，下墟熊姓稅地，新墟張姓稅地。三六十集。」〔註141〕派潭墟的不同分墟分別向不同墟主納稅，墟主公私皆有。

無論是一變二還是一變三的增殖現象，都表明墟市正處於良好的上升發展狀態之中。

2、獨立墟市向墟市群落發展

在發展到一定程度後，各種分散的市場會向混爲一體的市場群落發展。如九江地區的多個墟市發展到道光年間時，就已經與九江大墟融爲一體：「《九江鄉志》有天妃廟前墟、開邊墟（又名石馬）、裏海墟、良村墟，今俱統於大墟。」〔註142〕另外，隨著墟市經濟的發展，綜合墟市也會派生分離出多個專

〔註137〕〔清〕葛曙纂，許普濟重纂：《廣東省豐順縣志》卷一墟市，臺北：成文出版社，1967版，第228頁。

〔註138〕〔清〕陳述芹纂修：《廣東省瓊東縣志（舊名會同縣志）》建置卷三，臺北：成文出版社，1974年版，第87頁。

〔註139〕〔清〕鄭蕚等修，桂坫等纂：《廣東省南海縣志》卷六建置略，臺北：成文出版社，1974年版，第775頁。

〔註140〕〔清〕舒懋官修，王崇熙等纂：《廣東省新安縣志》上卷墟市，臺北：成文出版社，1974年版，第81～82頁。

〔註141〕〔清〕熊學源修，李寶中纂：《廣東省增城縣志》卷之一里墟，臺北：成文出版社，1974年版，第176頁。

〔註142〕〔清〕潘尚楫修，鄧士憲等纂：〔道光〕《南海縣志》卷十三建置略五，廣東省地方史志辦公室輯：《廣東歷代方志集成》，廣州：嶺南美術出版社，2007年，第288頁。

業墟市，如：「紫洞墟（在紫洞鄉，分新舊二墟，逢一四七日趁。舊墟百貨咸集，新墟惟市土布。）」〔註143〕這些墟市共同組成專業墟市與綜合墟市共融的市場群落。獨立墟市向墟市群落發展的過程可稱爲墟市集群。其主要有兩種具體形式：

（1）普通墟市集群

開平新舊三埠：「海門市：縣城東五十里，民國二十年建。（長沙與臺山之荻海、新昌隔河對峙，邑人統稱之曰三埠。今海門東望水口，南望公益，鼎立之勢相同，又可稱爲新三埠。）（訪冊）」〔註144〕

（2）專業墟市集群

南海的專業市眾多，形成清代廣東最大的專業墟市群。

同治年間南海一縣的專業墟市就達到 21 個：

雙門底賣書坊：阮文達公督粵時彌盛。

花市：在藩署前，燈月交輝，花香襲人，炎歊夜尤稱麗景。

燈市：在四牌樓曁（意爲與或到）繡衣坊，旗民多業此，歲元旦迄上元最盛，復有菩提葉燈，諸名刹特宜。據周益公集採訪冊參修。

鴨欄：在□聯興街尾□海旁。

塘魚欄：在上陳塘。

海鮮埠：在柳波涌白馬頭。據採訪冊修。

以上捕屬。

以下主簿：

沙口穀埠：道光癸卯闔鄉新設。

豬墟：道光間闔鄉設。

紗布墟：在大申東海，一四七日趁。

新桑墟：在大洲竹橋，咸豐中朱族設。

以上九江堡。

穀市：在北村沙澳旁，今遷萬安通津旁。（沙頭堡）

穀墟：在官窰街馬步埠，咸豐丙辰建，二七四九日趁。（大欖堡）

〔註143〕〔清〕潘尚楫修，鄧士憲等纂：〔道光〕《南海縣志》卷十三建置略五，廣東省地方史志辦公室輯：《廣東歷代方志集成》，廣州：嶺南美術出版社，2007年，第 289 頁。

〔註144〕〔民國〕余榮謀修，張啓煌纂：《廣東省開平縣志》卷十二建置下，臺北：成文出版社，1966 年版，第 88 頁。

貝水豬墟：在市南，嘉慶間設。（大通堡）

吉安穀市。

桑市。

豬市。

雞鴨市：四市相連，俱在官山墟海旁逢源街，同治丁卯建。

灰市：近四市。

布市：在樵山北吉水寶旁，三六九日趁。以上俱簡村堡

五鄉永和墟：在佛山聚龍上沙尾，咸豐丙辰，黃鼎司土爐堡、大富堡之塱邊古竈鄉、生村鄉，西龍堡之上七約鄉、江邊朱江鄉，大江羅姓鄉同建，販五鄉所產稻穀，一、六日趁。

瓜菜市：在五鄉永和墟前，後改建於太平上沙之金蘭街下派閘口添蔗欄。顏曰：五鄉永和蔗欄瓜菜市。有橫水農艇泊西隆堡江邊，載貨來往。（佛山堡）

已上俱據採訪冊參修。〔註145〕

宣統年間南海縣的專業墟市集群繼續發展，其由 22 個專業墟市組成：

（1）九江堡：①魚種行（一在六墟萬壽街尾五丫路，一在南方閘邊西岸社前。）②舊桑墟（在大墟東海六合街。）③鮮魚埠（在東方大穀天后宮前，今廢，公所尚存。）④豬仔埠（在東方大穀市，不限期日。）⑤豬墟（在南方沙口，道光二十五年合鄉設，一四七等日集。一在東方大河洲咀，道光間馮族設，三六九等日集。）（2）沙頭堡：①繭市（舊在沙頭墟新市竹橋之東，後遷萬安通津，光緒甲申年建。）②布行（一在沙頭墟新市附絲行內，二五八期；一在石江墟。）；③蠶紙行（附絲行內）；④豬仔行（在沙頭墟舊市）；⑤魚行（在沙頭墟舊市）；⑥蝦市（在北村鄉向明門）；⑦蜆埠（在北村鄉觀音廟前海面）；⑧雞行（一在萬安通津外圍基上，一在沙頭墟新市雞行街。）；⑨瓜行（在水南書院前）；⑩瓜菜行（早市在沙頭墟舊市金甌裏外內，晏市在沙頭墟舊市北勝街外。）；11、柴埠（在水南鄉崔宣義祠前河面）（埠在水面）；12、桑仔市（在石井新穀埠後基圍邊）；13、貓狗市（在沙頭墟新市長樂街尾絲行口）；14、花市（在新市大有街）。（3）恩州堡：茶墟。（4）豐華堡：寨邊市（在寨邊鄉，其市以生牛皮製為熟牛皮供鞋料，又製

〔註145〕〔清〕鄭夢玉等修，梁紹獻等纂：《廣東省南海縣志》卷五建置略二，臺北：成文出版社，1967 年版，第 128～129 頁。

熟牛皮膠以供染料、藥物。）；（5）鼎安堡：岡墟（在橋頭鄉，所賣以魚醬、棉紗襪以大宗。）〔註 146〕

從以上兩則材料可見，清代南海形成了規模龐大、種類多樣的專業墟市群，其主要類型包括：花卉；書；燈；雞鴨；塘魚；海鮮；豬；紗；布；桑；穀；瓜菜；魚種；蠶；貓狗；魚醬；牛皮；等等。

宣統年間番禺的專業墟市亦集群發展：番禺縣內有花市、果市、魚欄、果欄〔註 147〕，還有河南莊頭花墟：省城賣花者每日清晨赴墟載花入城；以及大塘鷺岡村外的保和墟：繁盛與窖頭墟相埒，省城販雞鵝鴨者皆交易於此。〔註 148〕

咸豐時順德的專業墟市集群由蠶絲墟、桑市、花市等專業墟市組成。

（3）墟市群落結構

墟、市、街、行的集群，形成墟市群落的不同組合類型。

①二級結構

街－欄結構。鴨欄：在□聯興街尾□海旁。〔註 149〕

街－墟結構。穀墟：在官窯街馬步埠，咸豐丙辰建，二七四九日趁。（大欖堡）〔註 150〕官窯街有穀墟。另化州也有這種街含墟的結構：沙頭墟（東門外沙頭街）〔註 151〕。化州東門外有沙頭街，街上有沙頭墟。街與墟市同名。

墟－市結構。光緒惠州府河源縣的墟市多有大墟兼市的結構：「三界廟，墟兼市，在北門外；廻龍鎮，大墟兼市；南湖陡，大墟兼市；駱湖，墟有兩處，一有屋，一無屋；船塘，大墟兼市；馬墩，大墟兼市；遞運水，大墟兼市；藍鎮墟；柳城，大墟兼市；

〔註 146〕〔清〕鄭蓁等修，桂坫等纂：《廣東省南海縣志》卷六建置略，臺北：成文出版社，1974 年版，第 773～775 頁。

〔註 147〕〔民國〕梁鼎芬等修，丁仁長等纂：《廣東省番禺縣續志》卷六建置墟市，臺北：成文出版社，1967 年版，第 109 頁。

〔註 148〕〔民國〕梁鼎芬等修，丁仁長等纂：《廣東省番禺縣續志》卷六建置墟市，臺北：成文出版社，1967 年版，第 109 頁。

〔註 149〕〔清〕鄭夢玉等修，梁紹獻等纂：《廣東省南海縣志》卷五建置略二，臺北：成文出版社，1967 年版，第 128 頁。

〔註 150〕〔清〕鄭夢玉等修，梁紹獻等纂：《廣東省南海縣志》卷五建置略二，臺北：成文出版社，1967 年版，第 128 頁。

〔註 151〕〔清〕彭貽蓀修，彭步瀛纂：《廣東省化州志》卷二市集，臺北：成文出版社，1974 版，第 165 頁。

　　葉潭墟；竹岡墟；黃竹墟；久社墟；埠鵝墟；義合墟；平陵，大墟兼市；古嶺墟，無屋；黃登答墟；二龍岡墟；曾田逕口墟；李田墟，無屋；黃沙墟，無屋；上郭市；中郭市；廣東壩，小市；黃田，小市；南湖壩，小市。」〔註152〕以上所列墟市共27個，「大墟兼市」者8個，占光緒河源墟市總數的30%。如上所載，只有「大墟」才會出現「兼市」的情況，那些不發達的墟，如「無屋」者，是不會有「兼市」的現象的，所以，墟發展到一定規模，會出現「大墟兼市」的結構。這是墟市集群，形成墟市聯合體的一種形式。

②三級結構

市－街－市結構。南海花市（在新市大有街〔註153〕）。南海新市有大有街，街上有花市。

墟－市－市結構。繭市：舊在沙頭墟新市竹橋之東，後遷萬安通津，光緒甲申年建。〔註154〕

墟－街－市結構。雞鴨市：四市相連，俱在官山墟海旁逢源街，同治丁卯建。〔註155〕官山墟有逢源街，街上有四個雞鴨市。形成墟－街－市結構。

鎮－街－市結構。瓜菜市：「在五鄉永和墟前，後改建於太平上沙之金蘭街下派閘口添蔗欄。顏曰：五鄉永和蔗欄瓜菜市。有橫水農艇泊西隆堡江邊，載貨來往。（佛山堡）　已上俱據採訪冊參修。」〔註156〕佛山堡有金蘭街，街上有瓜菜市。因佛山其時已為鎮，故此為鎮－街－市結構的代表。

〔註152〕〔清〕劉桂年，張聯桂修；鄧掄斌，陳新銓纂：《光緒惠州府志》卷八建置，《中國地方志集成》，上海：上海書店出版社，2003年，第130頁。
〔註153〕〔清〕鄭蓁等修，桂坫等纂：《廣東省南海縣志》卷六建置略，臺北：成文出版社，1974年版，第774頁。
〔註154〕〔清〕鄭蓁等修，桂坫等纂：《廣東省南海縣志》卷六建置略，臺北：成文出版社，1974年版，第773頁。
〔註155〕〔清〕鄭夢玉等修，梁紹獻等纂：《廣東省南海縣志》卷五建置略二，臺北：成文出版社，1967年版，第129頁。
〔註156〕〔清〕鄭夢玉等修，梁紹獻等纂：《廣東省南海縣志》卷五建置略二，臺北：成文出版社，1967年版，第129頁。

③四級結構

墟－市－街－行結構。雞行（一在萬安通津外圍基上，一在沙頭墟新市
雞行街。〔註157〕）沙頭墟有新市，新市上有雞行
街，街上有雞行。

（4）墟市間的競爭

墟市競爭會導致部分墟市擴展壯大，也會導致部分墟市衰敗消亡，故將
墟市競爭歸於量變序列。

集群是把墟、市、街、行、埠等不同組分整合到一個墟市系統之中。系統
論稱：「整合包括被整合者的相互協調，但不限於協調，整合還包括限制、約束
甚至壓制，捨此不能形成有序結構」〔註158〕，所以，墟市集群中存在著競爭，
如墟市之間的客源爭奪：（1）長沙市，明初建，有遷移。清初長沙市已盛。長
沙市之一大顧客爲臺山，咸豐後荻海漸興，光緒初新昌創建，此二者分利於長
沙：「長沙市：縣城東南三十五里，期趁二七。明初建，原在長沙洲北（今瓦磚
堆埗頭即舊市遺址），嗣因洲北沿岸水道不及洲南深闊，明末遷建今址（遼陽佟
世思以康熙中至恩平著《鮓話》一卷，敘縣城荒僻狀，謂覓寸絲尺布必遣人於
九十里外之長沙。據此則長沙在清初已繁盛，赤坜未之及也。　長沙之盛，臺
山爲一大顧客，自咸豐後荻海漸興，光緒初新昌創建，此兩端不免爲長沙分利。
王志參訪冊）」〔註159〕（2）金山市：「縣城東南四十里，期趁二七，邑中市場，
同治以前自長沙、赤坜、水口而外，即推金山繁盛，其顧客至自隔河臺山者甚
多，近五十年來彼方新昌、公益、江寧次第設市，金山遂形退減。（王志參採訪
冊）」〔註160〕因爲這是民國二十二年鉛印本的記載，所以從「近五十年來彼方
新昌、公益、江寧次第設市，金山遂形退減」可以推知，清末臺山已興起新的
墟市，這些墟市爭奪了部分原來屬於開平金山市的客源。

（二）質變系列

在墟市量變的同時，往往伴隨著質變的發生。墟市的質變，主要包括兩

〔註157〕〔清〕鄭藩等修，桂坫等纂：《廣東省南海縣志》卷六建置略，臺北：成文出
　　　　版社，1974 年版，第 774 頁。
〔註158〕苗東升：《系統科學精要》，北京：中國人民大學出版社，2006 年，第 33 頁。
〔註159〕〔民國〕余榮謀修，張啓煌纂：《廣東省開平縣志》卷十二建置下，臺北：成
　　　　文出版社，1966 年版，第 87 頁。
〔註160〕〔民國〕余榮謀修，張啓煌纂：《廣東省開平縣志》卷十二建置下，臺北：成
　　　　文出版社，1966 年版，第 87 頁。

個過程：其一，墟過渡爲市；其二，墟市向鎮的方向演化。

1、墟升級而為市

首先，交易時間延長。如光緒茂名的墟市交易時間長，有高勞新墟者已成爲 4 日／旬市，墟期 2、5、8、10。〔註161〕其餘有標示墟期者都是 3 日／旬。〔註162〕再如光緒吳川也有每旬四日之墟：「板阜，二五八十期；三柏，三五八十期」〔註163〕。又如化州附城之墟已經發展成爲雙日市：「東關上墟（附城，雙日市期）、南關下墟（附城，雙日市期）」〔註164〕可見，附城之墟交易較爲頻繁，雙日墟期表明其正在向市過渡。

其次，墟改而爲市。如增城臘圃，舊名張邊，今改爲市〔註165〕。再如，順德某些墟有升級現象：永安，今更爲市〔註166〕。又如，南海墟市升級：「稱埠者，不限日期（豬仔埠，在東方大穀市，不限期日）」〔註167〕又如海陽的一系列墟市都已經升級成爲市：「舊志於意溪、雲步、楓溪、浮洋、金石宮、大窖、龍湖、彩塘諸地統稱爲墟，蓋當時鄉中無所謂市也。百數十年來，人煙稠雜，比戶列廛，非復當時景象，必沿舊名，轉嫌不類，今統易名曰市，從其實也。」〔註168〕由墟改稱市，意味著人口、商鋪、貿易量等的增加，亦意味著其經濟實力的增強。有些市比較特別，它們會通過稍微移動貿易地點的方式，來保證服務人群達到門檻人口，以維持每日市的存在，如南海瓜菜行：早市在沙頭墟舊市金甌裏外內，晏市在沙頭墟舊市北勝街外。〔註169〕

〔註161〕〔清〕鄭業崇等修，楊頤纂：《廣東省茂名縣志》卷二建置墟，臺北：成文出版社，1967 版，第 77 頁。

〔註162〕〔清〕鄭業崇等修，楊頤纂：《廣東省茂名縣志》卷二建置墟，臺北：成文出版社，1967 版，第 77 頁。

〔註163〕〔清〕毛昌善修，陳蘭彬纂：《廣東省吳川縣志》卷一墟市，臺北：成文出版社，1967 版，第 45 頁。

〔註164〕〔清〕彭貽蓀修，彭步瀛纂：《廣東省化州志》卷二市集，臺北：成文出版社，1974 版，第 166 頁。

〔註165〕〔清〕熊學源修，李寶中纂：《廣東省增城縣志》卷之一里廛，臺北：成文出版社，1974 年版，第 176 頁。

〔註166〕〔清〕郭汝誠修，馮奉初等纂：《廣東省順德縣志》卷五建置略二墟市，臺北：成文出版社，1974 年版，第 449～454 頁。

〔註167〕〔清〕鄭蕖等修，桂坫等纂：《廣東省南海縣志》卷六建置略，臺北：成文出版社，1974 年版，第 773 頁。

〔註168〕〔清〕盧蔚獻修，吳道鎔纂：《廣東海陽縣志》卷二十二建置略六，臺北：成文出版社，1967 版，第 212～213 頁。

〔註169〕〔清〕鄭蕖等修，桂坫等纂：《廣東省南海縣志》卷六建置略，臺北：成文出

2、墟市過渡為鎮

隨著貿易發展，墟市有可能升級為鎮埠。據載「舊志曰：『民人屯聚之所為村；商賈貿易之所為□（市）；遠商興販所集，車輿輻輳，為水陸要衝，而或設□（官）將以禁防焉，或設關口以征稅焉，為鎮；次於鎮而無官司者為埠。此四者，其定名也。亦有不設官司而稱鎮，既設官而仍稱村稱市者，從俗也。凡天□（下）縣邑皆然。澄邑之村，既散見於前各鄉都而□□鮀浦設官彈壓，南關外亦有關部抽分，皆不謂□鎮埠而曰村市，仍舊志書之無，亦所謂從俗者□。惟是邑自展復以來，海不揚波，富商巨賈卒操□贏興販他省，上溯津門，下同臺廈，象犀金玉□□錦繡皮幣之屬，千艘萬舶悉出澄，分達諸邑，其□海南諸郡，轉輸米石者尤為全潮所仰給，每當□秋風信東西兩□，以及溪東、南關、沙汕頭、東□港之間，揚帆捆載而來者，不下千百計，高□錯處，民物滋豐，握算持籌，居奇屯積，為海隅一大都會，而舊志僅舉其地何其略也，因為各著其先後盛衰及所由，始視舊志加詳焉。若夫日中為市，蔬米魚鹽交易，而退城市以外，凡十家之聚，所在多有□，仍從其略云。」〔註 170〕說明澄海「自展復以來」，「東西兩□，以及溪東、南關、沙汕頭、東□港之間」多有從墟市升級為鎮埠者，其與「日中為市，蔬米魚鹽交易」之所已經顯然不同。而當年的墟市就成為了這些鎮的經濟中心區，據載：「鹽步墟：在鹽步村，胡方《鹽步五勝詩》其一《日墟》有『近來似城郭，茶肆酒樓新』之句。」〔註 171〕可見，道光年間的南海鹽步墟已經成為以商貿為主的城市建成區。這些由墟市發展而來的鄉間商業區往往會成為鎮的中心區。亦由此可見，要成為鎮的首要條件是「遠商興販所集，車輿輻輳為水陸要衝」，其次是有（官）將禁防或設關口征稅，有時第二個標誌並不明顯。所以，商業興旺首要標誌。

隨著經濟的發展，鎮的數量不斷增加，這一群體在社會經濟中的地位逾顯重要，所以清後期的某些地圖對「鎮」亦有所反映。如光緒年間由周世棠與孫海環編製的《二十世紀中外大地圖》〔註 172〕即屬此類地圖，如其圖例及

版社，1974 年版，第 774 頁。

〔註 170〕〔清〕李書吉等修，蔡繼紳等纂：《廣東省澄海縣志》卷八埠市，臺北：成文出版社，1967 版，第 80～81 頁。

〔註 171〕〔清〕潘尚楫修，鄧士憲等纂：〔道光〕《南海縣志》卷十三建置略五，廣東省地方史志辦公室輯：《廣東歷代方志集成》，廣州：嶺南美術出版社，2007年，第 289 頁。

〔註 172〕〔清〕周世棠、孫海環：《二十世紀中外大地圖》，上海：新學會社藏版，光

地圖所示，「鎮」是此圖反映的重要內容之一。（如下圖）

圖 4-3　《二十世紀中外大地圖》之圖例〔註 173〕

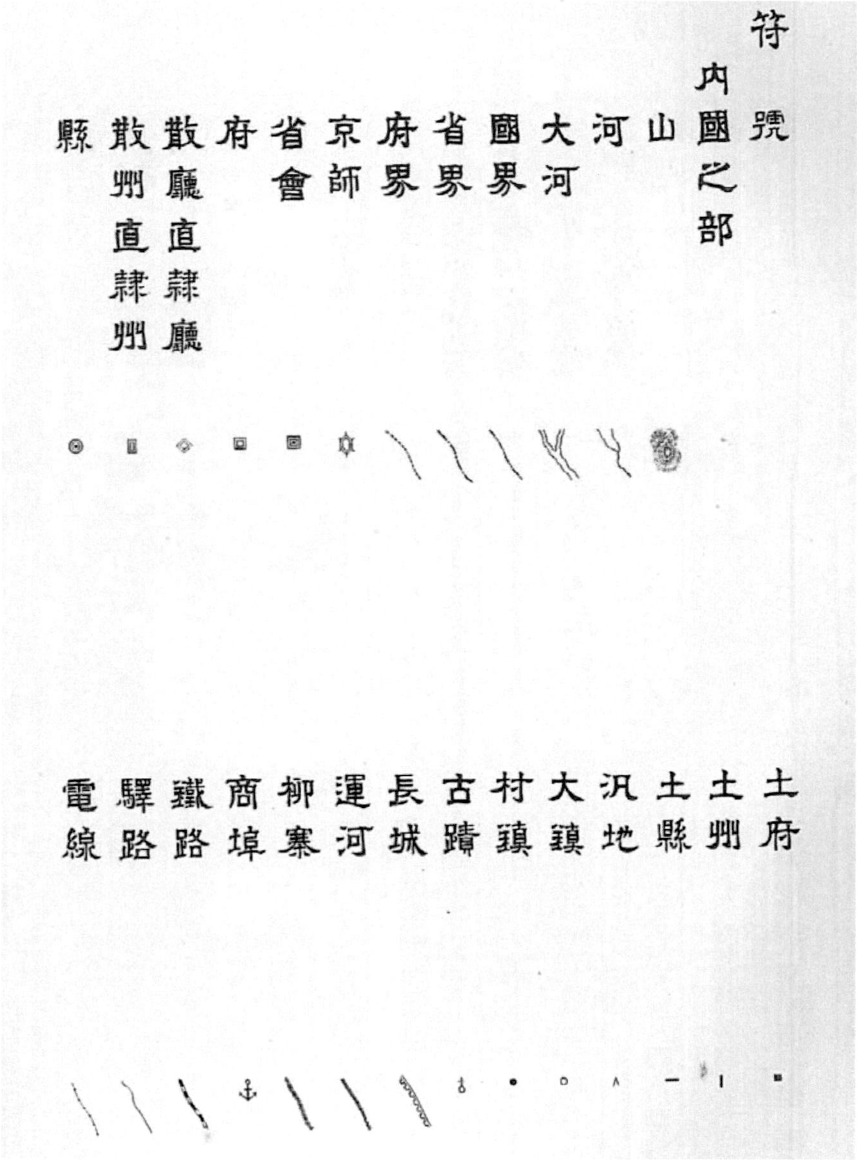

緒三十二年（1906 年），第二十六圖。

〔註 173〕〔清〕周世棠、孫海環：《二十世紀中外大地圖》，上海：新學會社藏版，光緒三十二年（1906 年），第二十六圖。

圖 4-4 《二十世紀中外大地圖》所載《廣東圖》之西半部 〔註174〕

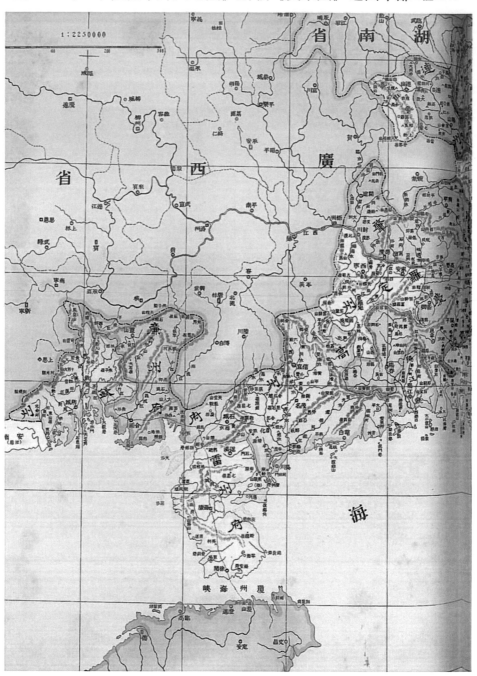

〔註174〕資料來源：〔清〕周世棠、孫海環：《二十世紀中外大地圖》，上海：新學會社
藏版，光緒三十二年（1906 年），第二十六圖。

－292－

圖 4-5　《二十世紀中外大地圖》所載《廣東圖》之東半部〔註 175〕

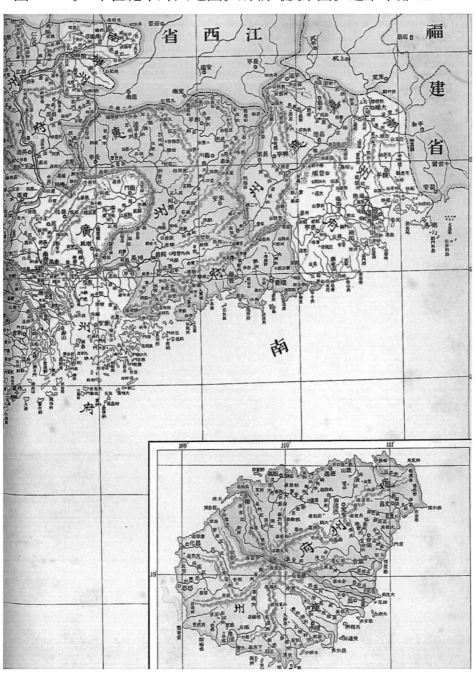

〔註 175〕資料來源：〔清〕周世棠、孫海環：《二十世紀中外大地圖》，上海：新學會社
　　　藏版，光緒三十二年（1906 年），第二十六圖。

－293－

以上《二十世紀中外大地圖》所載之《廣東圖》，記錄的光緒年間廣東大鎮如下：

廣州府（43〔註176〕）

　　神安、金利、黃鼎、三江、五斗、沙灣、鹿步、慕德、茭塘，紫泥、
　　江村、都寧、馬寧、流溪、廟子角、茅田、沙村、牛肚灣、潮連、
　　香山、黃梁都、胥江，上川，澋江、濱江、廻岐，福永，中堂，獅
　　嶺、水西，新塘、佛山、九江、容奇、黃圃、淇澳、前山寨、江門、
　　廣海寨、大澳、石龍、虎門、大朋所；

肇慶府（14）

　　悅城、橫查、祿步、南津、立將、三洲、沙岡、松柏、藥逕、雙橋、
　　文德、三水、江滿、金利墟；

羅定直隸州（4）

　　晉康鄉、西山、夜護、羅鏡墟；

韶州府（11）

　　平圃、濛裏、九峰、羅渡、扶溪、武陽、桂山、礤下、象岡、洸口、
　　分縣；

南雄直隸州（4）

　　紅梅、百順、平田、清化遒；

連州直隸州（4）

　　朱岡、淇潭、七羣、星子；

連山直隸廳（1）

　　宜善；

惠州府（24）

　　長吉里、忠信里、上坪，碧甲、內外、平政、平山、平海、善政里、
　　石灣、蘇州、寬仁里、馴雉里、鵝埠嶺、吒坪、黃沙坑、河田、甲
　　子，通衢、十一都、老隆，藍口、揭石所、汕尾；

――――――――――――――

〔註176〕括號中的數字代表該府在光緒年間擁有的大鎮的數目。

潮州府（19）

門關、吉安，河婆、北寨，柘林，神泉、葵潭，三河、白堠，鮀浦、樟林，雲落，湯坑、留隍、綿湖、青麻、浮洋、菴埠、柏寧；

嘉應直隸州（5）

太平、豐順、十三都、水口、羅岡；

高州府（7）

梁家沙，平山、赤水，沙瑯、懷鄉，凌祿、梅菉；

陽江直隸州（5）

太平、海陵島，古良、黃泥灣、雙魚所；

雷州府（6）

清道，寧海、東場、楊柑墟、海安所、湛川；

廉州府

高仰、珠陽、永平、西鄉、永安；

欽州直隸州（5）

沿海、長墩、如昔、江平、東興；

瓊州府（8）

水尾，澄邁司，太平汛，鋪前、青藍頭，和舍，薄沙、海口所；

崖州直隸州（4）

樂安、永寧，寶停、龍滾。

（1）鎮、巡檢司及墟市之關聯性分析

清代廣東的大鎮是自下而上地生成的。從名稱上看，以上廣東大鎮其無一帶「鎮」字，所以，這些鎮極有可能在設立時並沒有「鎮」的性質，而是經過後來的演化才發展成為「鎮」的。觀察以上大鎮之名，會發現其與清代廣東各地的巡檢司、墟市、鄉都堡的名稱多有相同者，下面試列表進行對比。

表 4-2 清末廣東大鎮與巡檢司、墟市、鄉都堡的名稱對比

府（州／廳）	大鎮〔註 177〕（粗明字代表有同名巡檢司的大鎮；帶下劃線者爲與巡檢司不同名的大鎮。加*號者代表有同名墟市的大鎮。）	巡檢司〔註 178〕（括號內爲與大鎮異名之巡檢司。）	墟　市	鄉都堡
廣州府	神安、金利、黃鼎、三江、五斗、*沙灣、*鹿步、慕德、*茭塘，紫泥、江村、都寧、*馬寧，流溪，廟子角，茅田，沙村、牛肚灣、潮連、香山、黃梁都、胥江，上川、*滘江、濱江、*廻岐，福永，中堂，獅嶺、水西、	至清末，設巡檢司三十五：南海屬神安、金利、黃鼎、江浦、三江、五斗，番禺屬沙灣、鹿步、慕德里、茭塘，順德屬紫泥、江村、都寧、馬寧，東莞屬缺口鎮、京山、中堂，從化屬流溪，龍門屬廟子角，增城屬茅田，新會屬沙村、牛肚灣、潮連，香山屬	萬曆：佛山墟。〔註 179〕雍正：鹿步墟、茭塘墟、沙灣墟、馬寧墟；〔註 181〕新塘墟、江門墟；〔註 182〕胥江墟、滘江墟、廻岐墟。〔註 183〕	雍正：金利都、三江都、黃鼎都、佛山堡、九江堡；〔註 180〕慕德鄉、茭塘都、茭塘堡、沙灣都、沙灣堡、鹿步都、鹿步堡、馬寧都、馬寧堡、江村堡、容奇堡；〔註 184〕

〔註 177〕 資料來源：〔清〕周世棠、孫海環：《二十世紀中外大地圖》，上海：新學會社藏版，光緒三十二年（1906 年），第二十六圖。

〔註 178〕 資料來源：胡恒：《清代巡檢司地理研究》，中國人民大學，2008 年，第 137 ～144 頁。此文這一部分的主要參考資料爲：《世宗實錄》、《高宗實錄》、《仁宗實錄》、《宣宗實錄》、《德宗實錄》、中國第一歷史檔案館藏《乾隆三十四年二月二十一日兩廣總督李侍堯、廣東巡撫奏明移駐巡檢緣由事》、中國第一歷史檔案館藏嘉慶朝錄副奏摺《嘉慶十一年六月十五日兩廣總督吳熊光、廣東巡撫孫玉庭奏請潮州嘉應等改建州府以符名實事》、《嘉慶重修一統志》、《光緒朝朱批奏摺》、《光緒會典事例》、《光緒會典事例》、《同治廣東通志》、《清史稿》、《清朝續文獻通考》、《職官錄》等。

〔註 179〕 〔明〕劉廷元修，王學曾纂：〔萬曆〕《南海縣志》卷一輿地志，廣東省地方史志辦公室輯：《廣東歷代方志集成》，廣州：嶺南美術出版社，2007 年，第 25 頁。

〔註 180〕 〔清〕郝玉麟纂修：〔雍正〕《廣東通志》卷之十八都坊，廣東省地方史志辦公室輯：《廣東歷代方志集成》，廣州：嶺南美術出版社，2006 年，第 489 頁。

〔註 181〕 〔清〕郝玉麟纂修：〔雍正〕《廣東通志》卷之十八都坊，廣東省地方史志辦公室輯：《廣東歷代方志集成》，廣州：嶺南美術出版社，2006 年，第 490 頁。

〔註 182〕 〔清〕郝玉麟纂修：〔雍正〕《廣東通志》卷之十八都坊，廣東省地方史志辦公室輯：《廣東歷代方志集成》，廣州：嶺南美術出版社，2006 年，第 491 頁。

〔註 183〕 〔清〕郝玉麟纂修：〔雍正〕《廣東通志》卷之十八都坊，廣東省地方史志辦公室輯：《廣東歷代方志集成》，廣州：嶺南美術出版社，2006 年，第 492 頁。

	淇澳，*新塘、*佛山、*九江；容奇、黃圃、前山寨、*江門、廣海寨、大澳；石龍、虎門；大朋所。	小黃圃、香山、黃梁都、淇澳，三水屬胥江，新寧屬上川，清遠屬潖江、濱江、回岐，新安屬福永，花縣屬御嶺）〔註189〕、水西。（缺口鎮、京山、淇澳、江浦	道光：九江大墟。〔註185〕宣統：淇澳巡檢司。〔註187〕	流溪都、流溪堡、黃梁都；〔註186〕胥江都、港江鄉、廻岐都。〔註188〕光緒：都寧堡〔註190〕。
肇慶府	悅城，橫查、*祿步，南津，立將，*三洲，沙岡，松柏，藥逕、雙橋，文德、三水、江滿、*金利墟；（金利墟，由墟發展而來的大鎮。三洲，沙岡，墟與巡檢司結合，到光緒時已發展成為大鎮。）	至清末，設巡檢司十一：德慶州屬悅城，高要屬橫查、祿步，四會屬南津，新興屬立將，高明屬三洲，開平屬沙岡、松柏，鶴山屬藥逕、雙橋，封川屬文德。	雍正：祿步墟、金利墟、〔註192〕三洲墟〔註193〕。	雍正：文德鄉〔註191〕。
羅定直隸州	晉康鄉、西山、夜護、羅鏡墟；	至清末，設巡檢司三：州屬晉康鄉，東安屬西山，西寧屬夜護。		

〔註184〕　〔清〕郝玉麟纂修：〔雍正〕《廣東通志》卷之十八都坊，廣東省地方史志辦公室輯：《廣東歷代方志集成》，廣州：嶺南美術出版社，2006年，第490頁。

〔註185〕　〔清〕潘尚楫修，鄧士憲等纂：〔道光〕《南海縣志》卷十三建置略五，廣東省地方史志辦公室輯：《廣東歷代方志集成》，廣州：嶺南美術出版社，2007年，第288頁。

〔註186〕　〔清〕郝玉麟纂修：〔雍正〕《廣東通志》卷之十八都坊，廣東省地方史志辦公室輯：《廣東歷代方志集成》，廣州：嶺南美術出版社，2006年，第491頁。

〔註187〕　〔清〕厲式金修，汪文炳、張丕基纂：〔民國〕《香山縣志》卷四建置，廣東省地方史志辦公室輯：《廣東歷代方志集成》，廣州：嶺南美術出版社，2007年，第414頁。

〔註188〕　〔清〕郝玉麟纂修：〔雍正〕《廣東通志》卷之十八都坊，廣東省地方史志辦公室輯：《廣東歷代方志集成》，廣州：嶺南美術出版社，2006年，第492頁。

〔註189〕　疑為「獅嶺」之誤。

〔註190〕　〔清〕戴肇辰等修，史澄、李光廷等纂：〔光緒〕《廣州府志》，廣東省地方史志辦公室輯：《廣東歷代方志集成》，廣州：嶺南美術出版社，2007年，第165頁。

〔註191〕　〔清〕郝玉麟纂修：〔雍正〕《廣東通志》卷之十八都坊，廣東省地方史志辦公室輯：《廣東歷代方志集成》，廣州：嶺南美術出版社，2006年，第498頁。

〔註192〕　〔清〕郝玉麟纂修：〔雍正〕《廣東通志》卷之十八都坊，廣東省地方史志辦公室輯：《廣東歷代方志集成》，廣州：嶺南美術出版社，2006年，第496頁。

〔註193〕　〔清〕郝玉麟纂修：〔雍正〕《廣東通志》卷之十八都坊，廣東省地方史志辦公室輯：《廣東歷代方志集成》，廣州：嶺南美術出版社，2006年，第497頁。

韶州府	*平圃、*濛裏，九峰、羅渡、*扶溪，武陽，桂山、磹下，象岡、浛口，分縣。	（至清末，設巡檢司十：）曲江屬平圃、濛濃〔註194〕，樂昌屬九峰、羅家渡，仁化屬扶溪，乳源屬武陽，翁源屬桂山、磹下，英德屬象岡、浛洸。	雍正：新濛裏墟、舊濛裏墟、平圃墟〔註195〕，扶溪墟。〔註196〕	雍正：武陽都〔註197〕，浛洸都〔註198〕。
南雄直隸州	紅梅、百順、平田、清化巡。	至清末，設巡檢司四：州屬紅梅、百順、平田，始興屬清化巡。		雍正：百順都、平田都。〔註199〕
連州直隸州	朱岡，淇潭、七鞏、星子。	至清末，設巡檢司三：州屬朱岡，陽山屬淇潭堡、七鞏司。		
連山直隸廳	宜善。	至清末，設巡檢司一：宜善。		雍正：宜善鄉〔註200〕。
惠州府	長吉里、*忠信里、*上坪，碧甲〔註201〕、內外、平政、平山、平海，善政里	至清末，設巡檢司二十二：連平州屬長吉里、忠信里、上坪，歸善屬碧里〔註204〕、內外、	雍正：石灣墟〔註202〕、汕尾墟、上坪墟、忠信墟。〔註205〕	雍正：內外管都、馴雉都、善政都〔註203〕、長吉圖、忠信

〔註194〕 疑爲「濛裏」之誤。因爲清代廣東的方志一般把「濛裏」記作「濛濃」（如〔清〕張希京修，歐樾華等纂：〔光緒〕《曲江縣志》卷七輿地書五，廣東省地方史志辦公室輯：《廣東歷代方志集成》，廣州：嶺南美術出版社，2007年，第340頁。），而「濃」與「濃」較爲相像。

〔註195〕 〔清〕郝玉麟纂修：〔雍正〕《廣東通志》卷之十八都坊，廣東省地方史志辦公室輯：《廣東歷代方志集成》，廣州：嶺南美術出版社，2006年，第492頁。

〔註196〕 〔清〕郝玉麟纂修：〔雍正〕《廣東通志》卷之十八都坊，廣東省地方史志辦公室輯：《廣東歷代方志集成》，廣州：嶺南美術出版社，2006年，第493頁。

〔註197〕 〔清〕郝玉麟纂修：〔雍正〕《廣東通志》卷之十八都坊，廣東省地方史志辦公室輯：《廣東歷代方志集成》，廣州：嶺南美術出版社，2006年，第493頁。

〔註198〕 〔清〕郝玉麟纂修：〔雍正〕《廣東通志》卷之十八都坊，廣東省地方史志辦公室輯：《廣東歷代方志集成》，廣州：嶺南美術出版社，2006年，第493頁。

〔註199〕 〔清〕郝玉麟纂修：〔雍正〕《廣東通志》卷之十八都坊，廣東省地方史志辦公室輯：《廣東歷代方志集成》，廣州：嶺南美術出版社，2006年，第493頁。

〔註200〕 〔清〕郝玉麟纂修：〔雍正〕《廣東通志》卷之十八都坊，廣東省地方史志辦公室輯：《廣東歷代方志集成》，廣州：嶺南美術出版社，2006年，第503頁。

〔註201〕 疑爲「碧甲」之誤。

〔註202〕 〔清〕郝玉麟纂修：〔雍正〕《廣東通志》卷之十八都坊，廣東省地方史志辦公室輯：《廣東歷代方志集成》，廣州：嶺南美術出版社，2006年，第493頁。

〔註203〕 〔清〕郝玉麟纂修：〔雍正〕《廣東通志》卷之十八都坊，廣東省地方史志辦公室輯：《廣東歷代方志集成》，廣州：嶺南美術出版社，2006年，第493頁。

〔註204〕 疑爲「碧甲」之誤。

	、*石灣、蘇州，寬仁里、馴雉里，土乍坪，**鵝埠嶺**，黃沙坑、河田、甲子，通衢、十一都、老隆，藍口、<u>揭石所</u>、<u>*汕尾</u>。	平政、平山、平海，博羅屬善政里、石灣、蘇州，長寧屬土乍坪，永安屬寬仁里、馴雉里，海豐屬鵝埠嶺，陸豐屬黃沙坑、河田、甲子，龍川屬通衢、十一都、老隆，河源屬藍口。		圖。〔註206〕
潮州府	門關、吉安、*河婆、北寨，*柘林、*神泉、葵潭、*三河、*白堠、鮀浦、*樟林，雲落，*湯坑、留隍、*浮洋、<u>綿湖、青麻、菴埠、柏寧</u>。	至清末，設巡檢司十七：南澳廳屬南澳，海陽屬浮萍〔註207〕，潮陽屬招寧、門關、吉安，揭陽屬河婆、北寨，饒平屬柘林，惠來屬神泉、葵潭，大埔屬三河、白堠，澄海屬鮀浦、樟林，普寧屬雲落逕，豐順屬湯坑、留隍。（南澳、浮萍、招寧）	雍正：浮洋墟〔註208〕；河婆市、湯坑市、神泉市、柘林市、三河市、白堠墟、樟林市。〔註209〕	
嘉應直隸州	太平、豐順、十三都、*水口、羅岡。	至清末，設巡檢司七：州屬太平鄉、豐順鄉。興寧屬十三都、水口，長樂屬十二都，平遠屬壩頭，鎮平屬羅岡。（十二都、*壩頭）	雍正：水口市〔註210〕、壩頭鋪市〔註211〕。	雍正：太平鄉、豐順鄉。〔註212〕

〔註205〕〔清〕郝玉麟纂修：〔雍正〕《廣東通志》卷之十八都坊，廣東省地方史志辦公室輯：《廣東歷代方志集成》，廣州：嶺南美術出版社，2006年，第494頁。

〔註206〕〔清〕郝玉麟纂修：〔雍正〕《廣東通志》卷之十八都坊，廣東省地方史志辦公室輯：《廣東歷代方志集成》，廣州：嶺南美術出版社，2006年，第494頁。

〔註207〕疑爲「浮洋」之誤。

〔註208〕〔清〕郝玉麟纂修：〔雍正〕《廣東通志》卷之十八都坊，廣東省地方史志辦公室輯：《廣東歷代方志集成》，廣州：嶺南美術出版社，2006年，第494頁。

〔註209〕〔清〕郝玉麟纂修：〔雍正〕《廣東通志》卷之十八都坊，廣東省地方史志辦公室輯：《廣東歷代方志集成》，廣州：嶺南美術出版社，2006年，第495頁。

〔註210〕〔清〕郝玉麟纂修：〔雍正〕《廣東通志》卷之十八都坊，廣東省地方史志辦公室輯：《廣東歷代方志集成》，廣州：嶺南美術出版社，2006年，第494頁。

〔註211〕〔清〕郝玉麟纂修：〔雍正〕《廣東通志》卷之十八都坊，廣東省地方史志辦公室輯：《廣東歷代方志集成》，廣州：嶺南美術出版社，2006年，第496頁。

〔註212〕〔清〕郝玉麟纂修：〔雍正〕《廣東通志》卷之十八都坊，廣東省地方史志辦公室輯：《廣東歷代方志集成》，廣州：嶺南美術出版社，2006年，第495頁。

高州府	梁家沙，平山、赤水，*沙瑯、懷鄉，淩祿、梅菉。	至清末，設巡檢司八：化州屬梁家沙，茂名屬平山、赤水，電白屬沙瑯、水東，信宜屬懷鄉，吳川屬塘綴，石城屬淩祿。(*塘綴、*水東)	雍正：沙瑯墟、水東墟、塘綴墟。〔註213〕	雍正：懷鄉都〔註214〕。
雷州府	清道，寧海、東場、楊柑墟、海安所、湛川。	至清末，設巡檢司三：海康屬清道鎮，徐聞屬寧海、東場。		
陽江直隸州	太平、海陵島，古良、黃泥灣、*雙魚所。	至清末，設巡檢司四：州屬太平、海陵島，陽春屬古良、黃泥溝〔註215〕。	雍正：雙魚渡頭墟〔註216〕。	
廉州府	高仰、珠陽、永平、西鄉、永安。	至清末，設巡檢司五：合浦屬高仰、珠陽〔註217〕、永平、瀏洲墩，靈山屬西鄉。（瀏洲墩）	雍正：防城墟〔註218〕。	
欽州直隸州	沿海、長墩、如昔、江平、東興。	至清末，設巡檢司五：州屬沿海、長墩、林墟，防城屬如昔、江平。（林墟）		
瓊州府	水尾，澄邁司，太平汛，*鋪前、青藍頭，*和舍，薄沙、	至清末，設巡檢司七：瓊山屬水尾，澄邁屬澄邁司，安定屬太平汛，	雍正：鋪前市〔註219〕、和舍市〔註220〕。	雍正：海口一都、海口二都；〔註221〕青藍都

〔註213〕〔清〕郝玉麟纂修：〔雍正〕《廣東通志》卷之十八都坊，廣東省地方史志辦公室輯：《廣東歷代方志集成》，廣州：嶺南美術出版社，2006年，第498頁。

〔註214〕〔清〕郝玉麟纂修：〔雍正〕《廣東通志》卷之十八都坊，廣東省地方史志辦公室輯：《廣東歷代方志集成》，廣州：嶺南美術出版社，2006年，第498頁。

〔註215〕疑爲「黃泥灣」之誤。

〔註216〕〔清〕郝玉麟纂修：〔雍正〕《廣東通志》卷之十八都坊，廣東省地方史志辦公室輯：《廣東歷代方志集成》，廣州：嶺南美術出版社，2006年，第497頁。

〔註217〕疑爲「珠場」之誤。

〔註218〕〔清〕郝玉麟纂修：〔雍正〕《廣東通志》卷之十八都坊，廣東省地方史志辦公室輯：《廣東歷代方志集成》，廣州：嶺南美術出版社，2006年，第499頁。

〔註219〕〔清〕郝玉麟纂修：〔雍正〕《廣東通志》卷之十八都坊，廣東省地方史志辦公室輯：《廣東歷代方志集成》，廣州：嶺南美術出版社，2006年，第501頁。

〔註220〕〔清〕郝玉麟纂修：〔雍正〕《廣東通志》卷之十八都坊，廣東省地方史志辦公室輯：《廣東歷代方志集成》，廣州：嶺南美術出版社，2006年，第502頁。

〔註221〕〔清〕郝玉麟纂修：〔雍正〕《廣東通志》卷之十八都坊，廣東省地方史志辦公室輯：《廣東歷代方志集成》，廣州：嶺南美術出版社，2006年，第500頁。

	海口所。	文昌屬鋪前、青藍頭，臨高屬和舍，儋州屬蔣沙。〔註223〕		〔註222〕。
崖州直隸州	樂安、永寧，寶停、龍滾。	至清末，設巡檢司四：州屬樂安、永寧，陵水屬寶停、萬縣屬龍滾。		

通過以上的對比，可以得出清末廣東大鎮的若干特徵：

其一，清末廣東大鎮與當地巡檢司的重名率很高。首先，從個別地區而言，廣州府是清末廣東大鎮數量最多的地區，共有大鎮43個，其中，「神安、金利、黃鼎、三江、五斗、沙灣、鹿步、慕德、茭塘、紫泥、江村、都寧、馬寧、流溪、廟子角、茅田、沙村、牛肚灣、潮連、香山、黃梁都、胥江、上川、滘江、濱江、廻岐、福永、中堂、獅嶺、水西」等30個鎮都可以找到相對應的巡檢司。更有域內所有大鎮都能找到相應巡檢司者，如崖州直隸州，其有四大鎮：樂安、永寧，寶停、龍滾。此四者與當地的巡檢司100%重名，皆可找到相應的巡檢司，據載：「至清末，設巡檢司四：州屬樂安、永寧，陵水屬寶停、萬縣屬龍滾。」其次，從總體而言，據《二十世紀中外大地圖》之《廣東圖》所載，清末廣東共有大鎮109個，其中，與巡檢司名稱相同者為136個，大鎮與巡檢司重名率約達到80%。這說明了清代廣東的大鎮與巡檢司有較深的淵源。且把這種能找到相應巡檢司的鎮稱為巡檢司鎮。如上文之論述，清末廣東巡檢司鎮所佔的比重很大，約占大鎮總數的80%。

清代廣東的巡檢司鎮在起源及發展上皆與墟市關係密切。這表現在以下幾個方面：

第一，從名稱上看，清代廣東巡檢司鎮多有與墟市同名者。清代廣東的部分巡檢司鎮，既與當地巡檢司同名，又與當地的墟市同名。這部分巡檢司鎮主要有：廣州府的沙灣、鹿步、茭塘、馬寧、滘江、廻岐；肇慶府的祿步、三洲；韶州府的平圃、濛裏、扶溪；惠州府的忠信里、上坪、石灣；潮州府的河婆、柘林、神泉、三河、白堠、樟林、湯坑、浮洋；嘉應直隸州的水口；高州府的沙瑯；瓊州府的鋪前、和舍。

〔註222〕〔清〕郝玉麟纂修：〔雍正〕《廣東通志》卷之十八都坊，廣東省地方史志辦公室輯：《廣東歷代方志集成》，廣州：嶺南美術出版社，2006年，第501頁。

〔註223〕疑為「薄沙」之誤。

　　第二，從結構上看，清代廣東巡檢司鎮包括墟市或源於墟市的商業區。

　　首先，巡檢司設置在鄉村地區。廣東的巡檢司由明代開始設置，其多設置在鄉村地區，據載：

南海縣巡檢司七：金利巡檢司，在縣西北之桃子堡，洪武三年建。神安巡檢司，在縣西南之鹽步堡，洪武三年建。五斗口巡檢司，在縣南西淋都平地堡，景泰三年建。三江巡檢司，在縣西北側水村，洪武三年建。黃鼎巡檢司，在縣西西隆堡，洪武三年建。江浦巡檢司，在縣西南鼎安都龍江堡，洪武三年建。胥江巡檢司在縣西北。番禺縣巡檢司五：茭塘巡檢司，在縣南邏口堡，洪武三年改建。沙灣巡檢司，在縣南白沙堡，洪武三年改建舊沙灣寨。鹿步巡檢司，在縣東鹿步堡，洪武三年改建舊鹿步寨。慕德里巡檢司，在縣北何嶺堡，洪武三年改建舊慕德里寨。獅子嶺巡檢司，在縣北擢桂堡，洪武三年建。順德縣巡檢司五：都寧巡檢司在都粘堡。馬岡巡檢司在容奇堡。馬寧巡檢司在馬寧堡。江村巡檢司在江村屯堡。紫坭巡檢司在番禺沙灣堡。從化縣巡檢司一：流溪巡檢司，在縣。三水縣巡檢司三：西南巡檢司。三水巡檢司。橫石巡檢司。東莞縣巡檢司六：京山巡檢司，在縣東北，即舊茶園寨，洪武三年改建至十九年都指揮花茂奏遷於京山。中堂巡檢司，在縣西中堂村，即舊中堂寨，洪武三年改建，迨正德十六年巡檢王顯重建。白沙巡檢司在縣西南白沙村，即舊白沙寨，洪武三年改建，至成化十六年巡檢周觀重建。缺口鎮巡檢司，在縣西南缺口村，洪武四年改建，至正統十年巡檢黃勝重建。福永巡檢司，在縣西南舊屯門固戍寨，洪武三年改建，至三十一年徙於福永村。官富巡檢司，在縣第九都，即舊官富寨，洪武三年改建。香山縣巡檢司二：大欖巡檢司，在大欖村，即舊香山寨，洪武三十三年巡檢張學重建。小黃圃巡檢司。增城縣巡檢司三：茅田巡檢司，在縣西緩福都，洪武四年巡檢孫名俊建。烏石巡檢司，在縣南甘泉都東洲村，洪武十六年重建。龍門巡檢司，在縣東十里。龍門縣：龍門巡檢司在縣東十里。新會縣巡檢司六：潮連巡檢司，在縣東潮連村，即舊潮連寨，洪武二年改建。大丸巡檢司，在縣中樂都，洪武十年重建。藥逕巡檢司，在縣北坡亭村，洪武四

年徙建。沙岡巡檢司，在縣西長沙村，洪武二十年徙建。沙村巡檢司，在縣南長沙村，洪武二十七年徙建。牛肚灣巡檢司，在縣西何村，即舊牛肚灣寨，洪武二年建。新寧縣巡檢司一：望高巡檢司，在縣南一百四十里。清遠縣巡檢司四：潖江巡檢司，在潖江鄉，即舊潖江寨，洪武二年改建。橫石磯巡檢司，在縣東九十里。濱江巡檢司，在池水鄉舊濱江寨，洪武二年改建。廻岐巡檢司，在廻岐村，即舊廻岐寨，洪武二年改建。陽山縣巡檢司三：星子巡檢司，在州四長鄉，洪武二年巡檢范世英建。朱岡巡檢司在論富鄉，洪武二年巡檢劉伯童建。西岸巡檢司，在仁內鄉，弘治十二年巡檢黃龍建。〔註224〕

　　清代廣東的巡檢司多繼承明代，如康熙南海巡檢司與明代的設置是一樣的：「國朝巡檢：……；神安司巡檢：……；三江司巡檢：……；金利司巡檢：……；黃鼎司巡檢：……；江浦司巡檢：……；五斗口司巡檢：……；」〔註225〕無論這些巡檢司的駐地是否發生遷移，它們都仍然位於鄉村地區。據載：「金利巡檢司，在縣西北桃子堡，洪武三年建。神安巡檢司，在縣西鹽步堡，洪武三年建。五斗口巡檢司，在縣南西平洲堡。（景泰三年，巡撫侍郎揭稽同三司奏建。）（嘉靖）《廣州府志》載：「五斗口巡檢司，在縣南西淋都平地堡，景泰三年建。」〔註226〕三江巡檢司，在豐湖堡，洪武三年建。（萬曆九年遷於駱村堡。）（嘉靖）《廣州府志》載：「三江巡檢司，在縣西北側水村，洪武三年建。」〔註227〕黃鼎巡檢司，在縣西西隆堡，洪武三年建。江浦巡檢司，在縣西南鼎安都寨邊村，洪武三年建。（嘉靖）《廣州府志》載：「江浦巡檢司，在縣西南鼎安都龍江堡，洪武三年建。」〔註228〕」〔註229〕可見，與巡

〔註224〕　〔明〕黃佐纂修：〔嘉靖〕《廣州府志》卷二十五公署四，廣東省地方史志辦公室輯：《廣東歷代方志集成》，廣州：嶺南美術出版社，2007年，第364～368頁。

〔註225〕　〔清〕郭爾戺、胡雲客修，冼國幹等纂：〔康熙〕《南海縣志》，卷四官師志，廣東省地方史志辦公室輯：《廣東歷代方志集成》，廣州：嶺南美術出版社，2007年，第85～86頁。

〔註226〕　〔明〕黃佐纂修：〔嘉靖〕《廣州府志》卷二十五公署四，廣東省地方史志辦公室輯：《廣東歷代方志集成》，廣州：嶺南美術出版社，2007年，第364頁。

〔註227〕　〔明〕黃佐纂修：〔嘉靖〕《廣州府志》卷二十五公署四，廣東省地方史志辦公室輯：《廣東歷代方志集成》，廣州：嶺南美術出版社，2007年，第364頁。

〔註228〕　〔明〕黃佐纂修：〔嘉靖〕《廣州府志》卷二十五公署四，廣東省地方史志辦

檢司淵源很深的巡檢司鎮，是在鄉村地區發展起來的。因此，清末已成大鎮的巡檢司，還包括一定數量的鄉村。據（光緒）《廣州府志》載，南海各巡檢司都管轄著若干堡與鄉：

（南海縣）凡六十八堡，分隸督捕、九江二廳，金利、三江、神安、黃鼎、江浦、五斗口六司，惟城西、西隅、南隅、中隅、北隅、河泊六處統轄無村不列堡外，實六十二堡：

曰城西，曰西隅（以上屬督捕廳）；

曰九江，曰大同，曰沙頭，曰河清，曰鎮涌（以上屬九江廳）；

曰恩州，曰草場，曰黃岡，曰豐岡，曰麻奢，曰白石，曰桃子，曰中隅，曰北隅（以上屬金利司金利都）；

曰大欖，曰金紫，曰駱村，曰山南，曰沙丸（以上屬三江司三江都）；

曰泌涌，曰梯雲，曰扶南，曰鹽步，曰大曆，曰平地，曰黃竹岐，曰大通，曰南隅（以上屬神安司泌沖都）；

曰豐寧，曰興賢，曰綠潭，曰大富，曰西隆，曰大江，曰張槎，曰沙堤，曰豐華，曰大圍，曰鼎安，曰登俊，曰土爐，曰上圍（以上屬黃鼎司黃鼎都）；

曰先登，曰海舟，曰登雲，曰簡村，曰伏隆，曰丹桂，曰磻溪，曰百滘，曰金甌，曰吉利，曰鼇頭，曰龍津，曰雲津（以上屬江浦司鼎安都）；

曰平洲，曰深村，曰佛山，曰疊滘，曰夏教，曰林岳，曰桂華，曰蟬岡，曰溶洲，曰魁岡（以上屬五斗口司西林都）；

曰河泊（屬河政屬）。

九江堡村四十，大同堡村三十四，沙頭堡村十三，河清堡村五，鎮湧堡村二十一，恩州堡村二十七，草場堡村八，黃岡堡村十二，豐岡堡村十三，麻奢堡村十七，白石堡村二十六，桃子堡村十，大欖堡村三十，金紫堡村七十一，駱村堡村十二，山南堡村三十

公室輯：《廣東歷代方志集成》，廣州：嶺南美術出版社，2007 年，第 364 頁。

〔註229〕 〔清〕郭爾伯、胡雲客修，冼國榦等纂：〔康熙〕《南海縣志》，卷二建置志，廣東省地方史志辦公室輯：《廣東歷代方志集成》，廣州：嶺南美術出版社，2007 年，第 51 頁。

二，沙丸堡村十七，泌涌堡村八，梯雲堡村二十六，扶南堡村二十九，鹽步堡村二十二，大曆堡村三十，平地堡村二十五，黃竹岐堡村十三，大通堡村三十一，豐寧堡村二十一，興賢堡村十七，綠潭堡村三十四，大富堡村九，西隆堡村四十三，大江堡村四，張槎堡村七，沙堤堡村七，豐華堡村二十五，大圃堡村二十一，鼎安堡（即上沖堡）村十，登俊堡村三十一，土爐堡村四，上圍堡村十六，先登堡村九，海舟堡村六，登雲堡村六，簡村堡村二十四，伏隆堡村十，丹桂堡村五，磻溪堡村十八，百滘堡村十二，金甌堡村八，吉利堡村十八，鼇頭堡村六，龍津堡村十四，雲津堡村九，平洲堡村一，深村堡村十六，佛山堡鋪二十七（舊志作村十五），疊滘堡村三十七，夏教堡村十，林嶽堡村二，桂華堡村二十，蟶岡堡村六，溶洲堡村五，魁岡堡村九，凡一千零八十九村。（據南海志修）〔註230〕

根據上述材料可知，清末南海已成大鎮的神安、金利、黃鼎、三江、五斗五巡檢司的轄內都存在一定數量的村莊。如金利司管轄 9 堡〔註231〕113 村：恩州堡村二十七，草場堡村八，黃岡堡村十二，豐岡堡村十三，麻奢堡村十七，白石堡村二十六，桃子堡村十。直至宣統時，這種巡檢司鎮管轄堡村的情況得以延續。（宣統）《南海縣志》所載之「宣統二年南海縣各堡實徵米總數」表亦將各堡分屬於捕屬與各司之下，如中隅、北隅、南隅、恩州等堡屬於金利司管轄。〔註232〕

其次，巡檢司鎮包括鄉村商業中心。因為鎮的首要標誌是商業興旺，所以在鄉村地區成長起來的巡檢司鎮，肯定包括一片或幾片鄉村商業區。而鄉村商業區往往就是墟市或源於墟市，所以，巡檢司鎮的形成與發展都與墟市有極大的關係。清後期，已成大鎮的巡檢司還管轄著一定數量的墟市。據（宣統）《南海縣志》載：

〔註230〕〔清〕戴肇辰等修，史澄、李光廷等纂：〔光緒〕《廣州府志》卷九輿地略一，廣東省地方史志辦公室輯：《廣東歷代方志集成》，廣州：嶺南美術出版社，2007 年，第 163～164 頁。

〔註231〕金利司另管兩個無村之堡：中隅、北隅。

〔註232〕〔清〕鄭蓁等修，桂坫等纂：〔宣統〕《南海縣志》卷六建置略，廣東省地方史志辦公室輯：《廣東歷代方志集成》，廣州：嶺南美術出版社，2007 年，第197 頁。

墟市

捕屬

寶華市：在十五甫。逢源市：在縫源街。多寶市：在多寶大街。鬼
驛市：在槳欄街。豬仔墟：在帶河基。

主簿

魚種行：一在六墟萬壽街尾五丫路，一在南方闈邊西岸社前。乾蝦
市：在墟尾華光廟前，二五八等日集。舊桑墟：在大墟東海六合街。
鮮魚埠：在東方大穀天后宮前，今廢，公所尚存。豬仔埠：在東方
大穀市，不限期日。高橋市：在東方雙涌。豬墟：在南方沙口，道
光二十五年合鄉設，一四七等日集。一在東方大河洲咀，道光間馮
族設，三六九等日集。石步頭市：在南方石步橋頭。沙口市：在南
方沙口。新墟：在西方上洪聖約圍里真君廟側，三、六、九等日早
集。禾蟲埠：在大伸買魚橋上。以上九江堡。

繭市：舊在沙頭墟新市竹橋之東，後遷萬安通津，光緒甲申年建。
布行：一在沙頭墟新市附絲行內，二五八期；一在石江墟。蠶紙行：
附絲行內。豬仔行：在沙頭墟舊市。魚行：在沙頭墟舊市。
蝦市：在北村鄉向明門。蜆埠：在北村鄉觀音廟前海面。雞行：一
在萬安通津外圍基上，一在沙頭墟新市雞行街。瓜行：在水南書院
前。瓜菜行：早市在沙頭墟舊市金甌里外內，晏市在沙頭墟舊市北
勝街外。柴埠：在水南鄉崔宣義祠前河面。桑仔市：在石井新穀埠
後基圍邊。貓狗市：在沙頭墟新市長樂街尾絲行口。花市：在新市
大有街。以上沙頭堡。

金利司

菜墟：在彩虹橋外。屬恩洲堡。西華墟：在草場堡。屬草場堡。

三江司

岡頭墟：在甘蕉鄉。屬沙丸堡。磡頭墟。大渦墟。以上駱村堡。

神安司

水頭墟：在梯雲堡，舊志名雲津墟。屬梯雲堡。

黃鼎司

寨邊市：在寨邊鄉，其市以生牛皮製為熟牛皮供鞋料，又製熟牛皮

膠以供染料、藥物。

屬西隆堡。大路墟。雙橋市。以上豐華堡。岡墟：在橋頭鄉，所賣以魚罾、棉紗襪以大宗。屬豐華堡。

籮竹墟：墟分上中下三處，上墟皆民居，中下墟店鋪相連，約二百餘家，墟內以織造竹貨為大宗。

屬鼎安堡。

江浦司

三橋市：在海舟鄉，光緒三十年新設。屬海舟堡。朋久墟。沙窖墟。以上登雲堡。官山墟：

在西樵山之北山麓海旁。屬簡村堡。吉安墟：在吉水竇山腳基邊。屬簡村堡。仙岡市：在大仙岡

鄉。屬伏隆堡。丹竈下市：在沙塘角村邊。屬丹桂堡。雙橋市：在馮村鄉，光緒戊戌年設。屬磻溪堡。人和市：在吉利涌口，光緒甲辰年新設。官洲墟：在官洲圍基上。以上吉利堡。裏頭墟。在鼇頭堡。桑市：在儒村鄉金甌鄉約前。魚市：在儒村鄉口金甌書院前。以上下金甌堡。

五斗司

雞鴨墟：在瀾石鄉孚濟坊。菜市、繭市：在瀾石鄉正埠。以上魁岡堡。〔註233〕

　　從以上材料可見，清末已成大鎮的神安、金利、黃鼎、三江、五斗五巡檢司分別管轄著一定數量的墟市，即清末以上五鎮轄內的墟市分別有——神安：水頭墟。金利：荼墟、西華墟。黃鼎：寨邊市、大路墟、雙橋市、岡墟、籮竹墟。三江：岡頭墟、礑頭墟、大渦墟。五斗：雞鴨墟、菜市、繭市。這些大鎮中的某些墟市已經發展成為鎮內的城市部分。據載：「（南海縣黃鼎司的籮竹墟）墟分上中下三處，上墟皆民居，中下墟店鋪相連，約二百餘家，墟內以織造竹貨為大宗。屬鼎安堡」。〔註234〕清末，籮竹墟已經一分為三，成

〔註233〕〔清〕鄭蓁等修，桂坫等纂：〔宣統〕《南海縣志》卷六建置略，廣東省地方史志辦公室輯：《廣東歷代方志集成》，廣州：嶺南美術出版社，2007年，第196頁。

〔註234〕〔清〕鄭蓁等修，桂坫等纂：〔宣統〕《南海縣志》卷六建置略，廣東省地方史志辦公室輯：《廣東歷代方志集成》，廣州：嶺南美術出版社，2007年，第

爲黃鼎司鎮的一個商業、手工中心。墟內土地主要用於建造民居、商鋪及其它相關的配套設施。墟內居民的職業主要以竹貨織造、商業等第二、第三產業爲主。所以，清末籮竹墟已經通過城鎮化而成爲有別於鄉村的鎮中心區。可見清末廣東的巡檢司鎮包括一定數量的墟市，還包括由墟市演化而來的大小不等的商業中心。這些商業中心往往成爲鎮的非農業區，區內以商業、手工業爲主，無論是從土地利用狀況還是從居民職業來考察，這些地區已經完成了由鄉村地區向城市地區轉化的過程，成爲鎮中心或分中心。

第三，從位置上看，清代廣東的巡檢司的位置與墟市相近或重合。清代廣東巡檢司與墟市在地域分佈上有靠近的現象。據（光緒）《防城縣小志》卷一地志諸圖反映：光緒時防城司司署設置在防城圩附近，而如昔司司署則設置在大直圩附近。詳見下二圖：

圖 4-6　光緒年間設置於防城圩附近的防城司署〔註 235〕

---

196 頁。

〔註235〕〔清〕李燕伯纂修：〔光緒〕《防城縣小志》卷一地志諸圖，廣東省地方史志辦公室輯：《廣東歷代方志集成》，廣州：嶺南美術出版 2008 年，第 13 頁。

圖 4-7　光緒年間設置於大直圩附近的如昔司署〔註236〕

再如乾隆時的南海金利司，詳見下二圖：

圖 4-8　乾隆金利司舊署位置〔註237〕

〔註236〕　〔清〕李燕伯纂修：〔光緒〕《防城縣小志》卷一地志諸圖，廣東省地方史志辦公室輯：《廣東歷代方志集成》，廣州：嶺南美術出版 2008 年，第 14 頁。

〔註237〕　〔清〕魏綰修，陳張翼纂：〔乾隆〕《南海縣志》，卷一輿地圖，廣東省地方史志辦公室輯：《廣東歷代方志集成》，廣州：嶺南美術出版社，2007 年，第 41 頁。（據原圖改繪）

圖 4-9　乾隆時靠近裏水墟的金利司署〔註238〕

可見，南海金利巡檢司署本在金利村，到了乾隆年間，金利司署就已經遷移到裏水村的裏水墟旁。而南海三江司則靠近官窯墟分佈如下圖：

圖 4-10　乾隆時靠近官窯墟分佈的三江司署〔註239〕

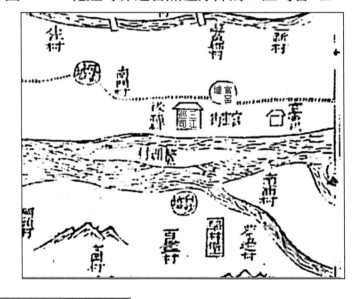

〔註238〕　〔清〕魏綰修，陳張翼纂：〔乾隆〕《南海縣志》，卷一輿地圖，廣東省地方史志辦公室輯：《廣東歷代方志集成》，廣州：嶺南美術出版社，2007 年，第 41 頁。（據原圖改繪）

〔註239〕　〔清〕魏綰修，陳張翼纂：〔乾隆〕《南海縣志》，卷一輿地圖，廣東省地方史志辦公室輯：《廣東歷代方志集成》，廣州：嶺南美術出版社，2007 年，第 41 頁。（據原圖改繪）

巡檢司中，更有與墟市的重合者。據（乾隆）《歸善縣志》載：「碧甲巡檢司署，舊在縣東南一百八十里，今遷淡水墟。」〔註240〕

第四，從設置原因上看，有的巡檢司甚至是因為墟市的發展需要而設置的。如韶州府的曲江縣的平圃司與濛裏司就是在平圃墟與濛裏墟發展後才設立的巡檢司。據（康熙）《廣東通志》載，康熙時曲江有三市二墟：「其市三，為清平，為花樓，為南門。其墟二，為石角，為羅塘。」〔註241〕其未見有「平圃」與「濛裏」之名，可見，康熙年間平圃墟與濛裏墟還未形成。又據（雍正）《廣東通志》載，雍正時曲江的墟市已經較前代大大增加，其中僅墟就有21個：「墟曰清平，曰南皐，曰黃村，曰中崗，曰木坪，曰大塘，曰白土上，曰白土下，曰太平，曰白沙，曰舊濛裏，曰新濛裏，曰南華，曰石下，曰普濟，曰羅坑，曰大村，曰黎頭埠，曰火管，曰牛崗，曰平圃。」〔註242〕其中「平圃」與「濛裏」在列，可見雍正時平圃墟與濛裏墟經已形成，特別是濛裏墟，其發展勢頭良好，已經分化成「新濛裏」與「舊濛裏」兩墟。商業興旺帶動社會發展，同時各種社會問題也會浮現，因此，雍正朝政府增設立了平圃與濛裏兩個巡檢司。據載：「韶州府雍正末設巡檢司十：曲江屬平圃、濛濃〔註243〕，樂昌屬九峰、羅家渡，仁化屬扶溪，乳源屬武陽，翁源屬桂山、礤下，英德屬象岡、洺洸。」〔註244〕平圃司與濛裏司的設置，有利於維護平圃墟與新、舊濛裏墟地區的社會秩序，亦有利於這些地區的墟市經濟的穩步發展。

其二，清末廣東大鎮多有與墟市同名者。如廣州府有佛山鎮、九江鎮，當地與之相對應的墟市有佛山墟、九江大墟。這種墟鎮同名的情況在清代廣東的其他州府亦存在。如肇慶府：祿步鎮－祿步墟，三洲鎮－三洲墟；韶州府：平圃鎮－平圃墟，濛裏鎮－新濛裏墟、舊濛裏墟，扶溪鎮－扶溪墟；惠州府：忠信裏鎮－忠信墟，上坪鎮－上坪墟，石灣鎮－石灣墟，汕尾鎮－汕尾墟；潮州府：河婆鎮－河婆市，柘林鎮－柘林市，三河鎮－三河市，白堠

〔註240〕〔清〕章壽彭等修，陸飛纂：《廣東省歸善縣志》卷七公署，臺北：成文出版社，1967版，第76頁。

〔註241〕〔清〕金光祖纂修：〔康熙〕《廣東通志》卷五城池，廣東省地方史志辦公室輯：《廣東歷代方志集成》，廣州：嶺南美術出版社，2006年，第300頁。

〔註242〕〔清〕郝玉麟纂修：〔雍正〕《廣東通志》卷之十八都坊，廣東省地方史志辦公室輯：《廣東歷代方志集成》，廣州：嶺南美術出版社，2006年，第492頁。

〔註243〕疑為「濛裏」之誤。

〔註244〕資料來源：胡恒：《清代巡檢司地理研究》，中國人民大學，2008年，第139頁。

鎮－白堠墟，樟林鎮－樟林市，湯坑鎮－湯坑市，浮洋鎮－浮洋墟；嘉應直隸州：水口鎮－水口市；高州府：沙瑯鎮－沙瑯墟；瓊州府：鋪前鎮－鋪前市，和舍鎮－和舍市。有的大鎮甚至還以「xx墟」爲名，如羅定州羅鏡墟鎮、肇慶府金利墟鎮、雷州府楊柑墟鎮。這說明了清代廣東大鎮與當地的墟市有著較爲密切的關係。且將這種能找到同名墟市的鎮稱爲墟市鎮。

清代廣東的墟市鎮多起源於墟市。從墟市到大鎮，是一個不斷發展的過程，因此，若能從一個較長的時段上觀察其演化，得出的結論或許會較爲準確。恰好流傳下來的各個時期的《南海縣志》較多，所以，下面嘗試選取各個時期的《南海縣志》中都有記載的九江的墟市進行分析，以探索清代大鎮的形成過程。

①明代九江的墟市經濟處於領先地位。明代的《南海縣志》就已經對九江的墟市有所記載：

萬曆南海縣墟市：

> 城內外有大市、西門市、撒金巷口市、新橋市、大觀橋市、沙角尾市、半塘街市。六都有大曆墟（在大曆堡），橫岡墟（在平地堡），官窯下墟（在麻奢堡），象山墟（即大岡墟，在金甌堡），黃竹岐墟（在黃竹岐堡），扶南墟（在扶南堡），白廟墟（在上沖堡），小塘墟（在上圍堡），裏水墟（在豐岡堡），澳邊墟、紫洞墟（俱綠潭堡），石龍墟、松柏墟（俱興賢堡），埇頭墟、水豐墟（俱豐寧堡），觀音寺前市（在鹽步堡），水頭市、青龍市（俱梯雲堡），大范墟（在大范村），岡頭市（在大欖堡），觀山市（在簡村堡），萬安市（在沙頭堡），太平墟（在先村堡），李村墟（在海舟堡），閘邊墟、大同墟、沙邊墟、沙嘴墟、裏海墟（俱九江堡），上村墟、橋頭墟（俱吉利堡），嶽廟墟、天妃墟（俱平洲堡），羅芳墟（在夏教堡），聖堂海邊墟（在疊滘堡），普君廟墟、佛山墟（俱佛山堡），蘭石墟（在魁岡堡）。〔註245〕

崇禎南海墟市：

> 城內外有大市、西門市、撒金巷口市、新橋市、大觀橋市、沙角尾市、半塘街市。六都有大曆墟（泌沖）（在大曆堡），橫岡墟（南泌

〔註245〕〔明〕劉廷元修，王學曾纂：〔萬曆〕《南海縣志》卷一輿地志，廣東省地方史志辦公室輯：《廣東歷代方志集成》，廣州：嶺南美術出版社，2007年，第24~25頁。

沖）（在平地堡），官窯下墟（西）（在麻奢堡），象山墟（鼎安）（即大岡墟，在金甌堡），黃竹岐墟（泌沖）（在黃竹岐堡），扶南墟（南泌沖）（在扶南堡），白廟墟（黃鼎）（在上沖堡），小塘墟（黃鼎）（在上圍堡），裏水墟（金利）（在豐岡堡），澳邊墟、紫洞墟（黃鼎）（俱綠潭堡），石龍墟、松柏墟（黃鼎）（俱興賢堡），埇頭墟、永豐墟（黃鼎）（俱豐寧堡），觀音寺前市（泌沖）（在鹽步堡），水頭市、青龍市（泌沖）（俱梯雲堡），大范墟（泌沖）（在大范村），岡頭市（三江）（在大欖堡），觀山市（鼎安）（在簡村堡），萬安市（鼎安）（在沙頭堡），太平墟（鼎安）（在先村堡），李村墟（鼎安）（在海舟堡），閘邊墟、大同墟、沙邊墟、沙嘴墟、裏海墟、荔枝基新墟、新涌墟（鼎安）（俱九江堡），嶽廟墟、天妃墟（西淋）（俱平洲堡），羅芳墟（西淋）（在夏教堡），聖堂海邊墟（西淋）（在疊滘堡），普君廟墟、佛山墟（西淋）（俱佛山堡），蘭石墟（西淋）（在魁岡堡），上村墟、橋頭墟（鼎安）（俱吉利堡）。〔註246〕

　　萬曆年間，九江堡的墟市經濟發展狀況較好，其墟市數量居於南海各堡之首，共有五個，分別是：閘邊墟、大同墟、沙邊墟、沙嘴墟、裏海墟。崇禎年間，九江堡的墟市經濟繼續在南海縣各堡中居於領先地位，形成了兩個新的墟市：荔枝基新墟、新涌墟。其墟市總數達到七個。對比明代萬曆與崇禎時期南海的墟市，可以發現，在明代，與九江鎮同名的九江大墟尚未形成，但其時九江地區有其它墟市存在，而且其地墟市經濟相對發達。

　　②清前期九江的墟市經濟發展趨緩。

　　康熙時南海墟市基本恢復到崇禎年間的水平，康熙南海墟市：

　　城內外有大市、西門市、撒金巷口市、新橋市、大觀橋市、沙角尾市、半塘街市。六都有大曆墟（在大曆堡），橫岡墟（在平地堡），官窯下墟（在麻奢堡），象山墟（即大岡墟，在金甌堡），黃竹岐墟（在黃竹岐堡），扶南墟（在扶南堡），白廟墟（在上沖堡），大墟（在佛山堡），張槎墟（在張槎堡），蛋家沙墟（在佛山渡頭），小塘墟（在上圍堡），裏水墟（在豐岡堡），澳邊墟、紫洞墟（俱綠潭堡），石龍

〔註246〕〔明〕朱光熙修，龐景忠等纂：〔崇禎〕《南海縣志》卷一輿地志，廣東省地方史志辦公室輯：《廣東歷代方志集成》，廣州：嶺南美術出版社，2007年，第194頁。

－313－

墟、松柏墟（俱興賢堡），埇頭墟、永豐墟（俱豐寧堡），觀音寺前市（在鹽步堡），水頭市、青龍市（俱梯雲堡），大范墟（在大范村），岡頭市（在大欖堡），觀山市（在簡村堡），萬安市（在沙頭堡），三山墟（在季華堡），太平墟（在先村堡），李村墟（在海舟堡），閘邊墟、大同墟、沙邊墟、沙嘴墟、裏海墟、荔枝基新墟、新涌墟（俱九江堡），橐頭墟（在□（鼇）頭堡），嶽廟墟、天妃廟墟（俱平洲堡），羅芳墟（在夏教堡），聖堂海邊墟（在疊滘堡），普君廟墟、佛山墟（俱佛山堡），蘭石墟（在魁岡堡），上村墟、橋頭墟（俱吉利堡），弼塘墟（在弼塘村）。〔註247〕

可見康熙年間九江堡的墟市維持在崇禎時的水平，但其不再是南海地區墟市經濟發展最快的地區，其他區域在墟市發展速度方面居於其上：佛山地區、張槎堡比崇禎時增加了大墟、張槎墟、蛋家沙墟；季華堡增加了三山墟；熬頭堡增加了甫余頭墟。

乾隆年間南海墟市基本維持康熙時的狀況，共有墟市46個：「市，曰大市，曰西門，曰撒金巷口，曰大觀橋，曰沙角尾，曰半塘街，曰觀山，曰賢集。墟，曰大曆，曰橫岡，曰官窯，曰象山，曰黃竹岐，曰扶南，曰白廟，曰大墟，曰張槎，曰蛋家沙市，曰小塘，曰裏水，曰澳邊、曰紫洞，曰石龍、曰松柏，曰埇頭、曰永豐，曰觀音寺前，曰水頭、曰青龍，曰大范，曰岡頭，曰觀山，曰萬安，曰三山，曰太平，曰李村，曰閘邊、曰大同，曰沙邊，曰沙嘴，曰裏海，曰荔枝基，曰新涌，曰橐頭，曰嶽廟，曰天妃廟，曰羅芳，曰聖堂海邊，曰普君廟，曰佛山，曰瀾石，曰上村、曰橋頭，曰弼塘。」〔註248〕而九江堡則仍然維持在明末七墟市的水平：閘邊墟、大同墟、沙邊墟、沙嘴墟、裏海墟、荔枝基新墟、新涌墟。這說明清前期九江地區的墟市發展相對緩慢。

③清中期，九江地區的墟市經濟再度超前，九江大墟不但已經形成，而且具備了一定的規模。到了清中期，南海墟市經濟取得了很大的發展，其在墟市總數上大大增加，達到166〔註249〕，僅九江一堡的墟市就達到12個：「九

〔註247〕〔清〕郭爾伖、胡雲客修，冼國翰等纂：〔康熙〕《南海縣志》，卷二建置志，廣東省地方史志辦公室輯：《廣東歷代方志集成》，廣州：嶺南美術出版社，2007年，第57頁。

〔註248〕〔清〕張嗣衍修，沈廷芳纂：〔乾隆〕《廣州府志》卷四城池，廣東省地方史志辦公室輯：《廣東歷代方志集成》，廣州：嶺南美術出版社，2007年，第130頁。

〔註249〕〔清〕潘尚楫修，鄧士憲等纂：〔道光〕《南海縣志》卷十三建置略五，廣東

江大墟、南華墟、儒林文社絲墟、龍涌市、大申市、鐵窖市、大穀市、高橋市、閘邊市、大巷口市、長爲令市、桑市。（俱九江堡）。」〔註250〕其在貿易內容上也邁上了新臺階。其時之九江堡，不僅有專業的絲墟與桑市：儒林文社絲墟及桑市，而且最爲重要的是九江地區的最大墟市——九江大墟已經形成並且已經達到較大的規模，據載（道光）《南海縣志》載：「主簿：九江大墟：在四方接界處，三、六、九日趁，貨以魚花、土絲爲最，甲於邑內，次穀、次布、次蠶種，次六畜、五蔬、百果、裘帛、藥材、器皿、雜物，俱同日貿易。」〔註251〕又因爲上文所引之乾隆六年的《南海縣志》的墟市記載，尚未出現「九江大墟」，所以九江大墟是在乾隆六年之後才出現的。又據（道光）《南海縣志》記載：「《九江鄉志》有天妃廟前墟、開邊墟（又名石馬）、裏海墟、良村墟，今俱統於大墟。」〔註252〕可見，九江大墟發展到道光時，已經合併了「天妃廟前墟、開邊墟（又名石馬）、裏海墟、良村墟」等四墟，從而成爲一個超級大墟。

與九江墟市的跳躍式發展同步的是，清中期廣東方志在對墟市歸屬的分類上出現新特徵。（道光）《南海縣志》對墟市的分類似乎也與之前的方志有所不同：

道光南海墟市：

捕屬：長壽庵墟、大市、小市……撒金巷口市、……。

主簿：九江大墟、南華墟、儒林文社絲墟、龍涌市、大申市、鐵窖市、大穀市、高橋市、閘邊市、大巷口市、長爲令市、桑市。（俱九江堡）。大桐墟、岡頭墟、南華墟、寺前墟、閘邊墟（今廢）。（俱大桐堡）沙頭墟、萬安墟、石江墟、通津豬市、桑市、絲市。（俱沙頭堡）蘆竹墟、大巷口市。（俱在河清堡）

省地方史志辦公室輯：《廣東歷代方志集成》，廣州：嶺南美術出版社，2007年，第288～290頁。

〔註250〕〔清〕潘尚楫修，鄧士憲等纂：〔道光〕《南海縣志》卷十三建置略五，廣東省地方史志辦公室輯：《廣東歷代方志集成》，廣州：嶺南美術出版社，2007年，第288頁。

〔註251〕〔清〕潘尚楫修，鄧士憲等纂：〔道光〕《南海縣志》卷十三建置略五，廣東省地方史志辦公室輯：《廣東歷代方志集成》，廣州：嶺南美術出版社，2007年，第288頁。

〔註252〕〔清〕潘尚楫修，鄧士憲等纂：〔道光〕《南海縣志》卷十三建置略五，廣東省地方史志辦公室輯：《廣東歷代方志集成》，廣州：嶺南美術出版社，2007年，第288頁。

金利司：石井墟。（屬黃岡堡）大同市、同善市。（俱豐岡堡）……。

三江司：官窯墟……。神安司：蘇洲墟……。

黃鼎司：埇頭市……。

江浦司：太平墟……。

五斗口司：嶽廟墟……。（屬深村堡）表岡墟、盤古墟、普君廟墟、新墟（在明心鋪）、官廳市（在汾水鋪）、三角市、公正市（俱在潘涌鋪）、早市、晚市、朱紫市、三元市、大基頭市、細橋頭市、蛋家沙市（在佛山渡頭）。（俱佛山堡）……。」〔註253〕

可見，（道光）《南海縣志》對墟市的分類是按「捕屬－主簿－巡檢司」的類別劃分的，而有別於之前方志的「城內外－六都」的城鄉劃分類別。清後期則延續了這種「捕屬－主簿－巡檢司」體系：

宣統南海墟市：

墟市　捕屬：寶華市、縫源市……。

主簿：魚種行、蝦乾市、舊桑市、魚埠、豬仔埠、高橋市、豬墟、石步頭市、沙口市、新墟、禾蟲埠。（以上九江堡）繭市、布行、蠶紙行、豬仔行、魚行、蝦市、蜆埠、雞行、瓜行、瓜菜行、柴埠、桑仔市、貓狗市、花市。（以上沙頭堡）

金利司：菜墟……

三江司：岡頭墟……

神安司：水頭墟……

黃鼎司：寨邊市……

江浦司：三橋市……。」〔註254〕

綜合以上材料可知，清前期南海的墟市分屬於各都，即縣域範圍內形成「城－都」體系。而到了清中期，南海各墟市則歸屬於捕屬、主簿或各巡檢

〔註253〕〔清〕潘尚楫修，鄧士憲等纂：〔道光〕《南海縣志》卷十三建置略五，廣東省地方史志辦公室輯：《廣東歷代方志集成》，廣州：嶺南美術出版社，2007年，第288～289頁。

〔註254〕〔清〕鄭藝等修，桂坫等纂：〔宣統〕《南海縣志》卷六建置略，廣東省地方史志辦公室輯：《廣東歷代方志集成》，廣州：嶺南美術出版社，2007年，第196頁。

司，南海縣域範圍內形成「捕屬－主簿－巡檢司」體系。清後期則延續這種「捕屬－主簿－巡檢司」體系。

又據（崇禎）《南海縣志》載：崇禎時九江堡屬於鼎安都〔註255〕，而道光方志出現的「主簿」指「九江主簿」，（道光）《南海縣志》卷三圖一中就有《九江廳主簿全圖》〔註256〕。所以，最遲到了道光年間，九江堡已經從鼎安都中分離出來，同時聯合大桐堡、沙頭堡、河清堡，成為獨立的九江主簿。這與道光年間九江地區的墟市，特別是九江大墟的大發展密不可分。即九江地區的墟市經濟實力的增強，使其得以形成一個類似於捕屬（城市）的「九江主簿」獨立區。從「縣令（正七品）－縣丞（正八品，縣令的副手）－主簿（正九品）」的序列看，「九江主簿」是一個比副縣級還低一級的單位。在（宣統）《南海縣志》中「九江主簿」同樣出現，這表明清從清中期到清後期，「九江主簿」作為一個相對固定的單位而長期存在。聯繫光緒三十二年（1906年）周世棠、孫海環編製的《二十世紀中外大地圖》〔註257〕中有「九江鎮」的記載，或許可以作出以下的推斷：1911 年（宣統）《南海縣志》中「九江主簿」在一定意義上等同於 1906 年光緒《二十世紀中外大地圖》上標注的九江大鎮，而九江大鎮最遲在道光年間已經出現，並且發揮著重要作用。而且，九江大鎮的形成與九江地區的墟市，特別是九江大墟的發展壯大是同步且相關的。

另外，回應上文所提到的巡檢司鎮，方志中墟市分類的變化，或許還表明南海的巡檢司鎮在清中期已經形成，而且還發揮著較為重要的的作用。這種情況並非南海一縣獨有，順德縣也如此，據（咸豐）順德縣志載：「墟市　……。典史屬之墟四，……。丞屬之墟十有一，……。馬寧屬之墟八，今存五，……。江村屬之墟十有七，今存十四，……。都寧屬之墟十有四，今存十一，……。紫泥屬之墟十有九，今存十七，……。」〔註258〕清遠縣

〔註255〕〔明〕朱光熙修，龐景忠等纂：〔崇禎〕《南海縣志》卷一輿地志，廣東省地方史志辦公室輯：《廣東歷代方志集成》，廣州：嶺南美術出版社，2007 年，第 191 頁。。

〔註256〕〔清〕潘尚楫修，鄧士憲等纂：〔道光〕《南海縣志》卷三圖一，廣東省地方史志辦公室輯：《廣東歷代方志集成》，廣州：嶺南美術出版社，2007 年，第 71 頁。

〔註257〕〔清〕周世棠、孫海環：《二十世紀中外大地圖》，上海：新學會社藏版，光緒三十二年（1906 年），第二十六圖。

〔註258〕〔清〕郭汝誠修，馮奉初等纂：〔咸豐〕《順德縣志》卷五建置略二，廣東省

亦如此，據（光緒）《清遠縣志》卷二的輿圖目錄包括：「縣境四至圖、縣署圖、學宮圖、捕屬圖、濱江司圖、潖江司圖、廻岐司圖。」〔註259〕這似乎表明在清後期，濱江司、潖江司、廻岐司等巡檢司不僅有明確的管轄範圍，而且在地位上似乎上升到與縣署、學宮、捕屬等同等重要的地位，這或許是其已成鎮使然。而東莞則早在嘉慶年間就已經由巡檢司管轄村莊，據（嘉慶）《東莞縣志》載：「捕廳管屬村莊：羅村……。□廳管屬村莊：石龍鎮、水南……。京口司管屬村莊：茶山、京山……。缺口鎮司管屬村莊：章村……。中堂司管屬村莊：麻涌……。」〔註260〕這種情況同樣出現在嘉慶時的靈山，據（嘉慶）《靈山縣志》載：「鄉村　典史屬：鳳凰頭、千歲墳……。林墟司屬：埠背、大環……。西鄉司屬：棠梨、那隆……。」〔註261〕而嘉慶年間，靈山墟市經濟達到入清以來的最高峰：康熙靈山墟市 21 個〔註262〕，雍正 11 個〔註263〕，乾隆 17 個〔註264〕，嘉慶 52 個〔註265〕。嘉慶靈山墟市共 52 個，其中，新增了 22 個。〔註266〕而此時《靈山縣志》中所出現的「典史屬－林

地方史志辦公室輯：《廣東歷代方志集成》，廣州：嶺南美術出版社，2007 年，第 113～114 頁。

〔註259〕〔清〕郭汝誠修，馮奉初等纂：〔咸豐〕《順德縣志》卷五建置略二，廣東省地方史志辦公室輯：《廣東歷代方志集成》，廣州：嶺南美術出版社，2007 年，第 113～114 頁。

〔註260〕〔清〕〔清〕彭人傑修，范文安、黃時沛纂：〔嘉慶〕《東莞縣志》卷九坊都，廣東省地方史志辦公室輯：《廣東歷代方志集成》，廣州：嶺南美術出版社，2007 年，第 451～453 頁。

〔註261〕〔清〕張孝詩修，梁炅纂：〔嘉慶〕《靈山縣志》卷五疆域志，廣東省地方史志辦公室輯：《廣東歷代方志集成》，廣州：嶺南美術出版社，2007 年，第 78～85 頁。

〔註262〕資料來源：〔清〕金光祖纂修：〔康熙〕《廣東通志》卷五坊都附，廣東省地方史志辦公室輯：《廣東歷代方志集成》，廣州：嶺南美術出版社，2006 年，第 304 頁。

〔註263〕資料來源：〔清〕郝玉麟纂修：〔雍正〕《廣東通志》卷之十八都坊，廣東省地方史志辦公室輯：《廣東歷代方志集成》，廣州：嶺南美術出版社，2006 年，第 499 頁。

〔註264〕〔清〕周碩勳修，王家憲纂：〔乾隆〕《廉州府志》卷之六建置，乾隆二十一年刻本，廣東省地方史志辦公室輯：《廣東歷代方志集成》，廣州：嶺南美術出版，2006 年，第 90 頁。

〔註265〕〔清〕張孝詩修，梁炅纂：〔嘉慶〕《靈山縣志》卷五疆域志，廣東省地方史志辦公室輯：《廣東歷代方志集成》，廣州：嶺南美術出版社，2007 年，第 85 頁。

〔註266〕〔清〕張孝詩修，梁炅纂：〔嘉慶〕《靈山縣志》卷五疆域志，廣東省地方史志

墟司屬－西鄉司屬」體系，可能與墟市經濟發展有較大的關係。後來西鄉還成爲清末靈山大鎮〔註267〕，這也極可能是西鄉司轄內墟市經濟發展的結果。又據〔民國〕《香山縣志》載：「淇澳司巡檢署在淇澳鄉，今廢。黃梁司巡檢署在黃梁鎮，今廢。小欖司巡檢署在欖鎮，今廢。」〔註268〕因爲〔民國〕《香山縣志》記事至宣統三年，所以淇澳司、黃梁司、小欖司在清末已經被廢，取而代之的似乎就是黃梁鎮、欖鎮等鎮。

　　清中期廣東方志中開始使用的「巡檢司」體系，不僅運用在墟市分類上，而且還應用在其他事物的分類上，這或許表明到了清中期，廣東的巡檢司已經紛紛成爲大鎮，並且在社會經濟生活中發揮著重要的作用。

　　其三，除了巡檢司鎮與墟市鎮外，清末廣東還有其他起源的大鎮，但這些大鎮的形成與發展也同樣離不開墟市經濟的發展。如廣州府大朋所鎮，在嘉慶時其墟市經濟發展良好，有新的墟市在西門出現，據載：「大鵬城西門街市（新增）」。〔註269〕

　　清代廣東之鎮，無論是巡檢司鎮，還是墟市鎮，又或是其他類型的鎮，它們的起源與發展，多與墟市相關。

　　（2）鎮域結構

　　墟市向鎮的過渡，具體表現爲墟市集群向商業集鎮的發展。下面將先分析鎮的結構，以便下一步能更加清楚地說明墟市集群的鎮化過程。

　　鎮是墟、市、街的集合。根據上文的論述，鎮之四大要素爲：鎮中心區（包括街）、鄉村、市、墟。在鎮形成後，其範圍內的墟與市仍然續存與演化。因此，鎮的形成不會使墟市消失，鎮包含了一定數量的墟與市。在鎮形成後，其範圍內的墟與市仍然續存與演化。因此，不是鎮取代了墟市，而是鎮整合了墟市。鎮域範圍內包含一定數量的墟市。

　　鎮中心區是與鄉村相對的一個概念。鎮中心區包括多種公共服務設施、街區（由街道、商店、市場、居民區等組成），鎮中心區商業網點有連片分佈

　　　　辦公室輯：《廣東歷代方志集成》，廣州：嶺南美術出版社，2007 年，第 85 頁。
〔註267〕資料來源：〔清〕周世棠、孫海環：《二十世紀中外大地圖》，上海：新學會社藏版，光緒三十二年（1906 年），第二十六圖。
〔註268〕〔民國〕厲式金修，汪文炳、張丕基纂：〔民國〕《香山縣志》卷四建置，廣東省地方史志辦公室輯：《廣東歷代方志集成》，廣州：嶺南美術出版社，2007 年，第 414 頁。
〔註269〕〔清〕舒懋官修，王崇熙等纂：《廣東省新安縣志》上卷墟市，臺北：成文出版社，1974 年版，第 84 頁。

的現象（如出現商業街），鎮中心區居民以非農業人口爲主。如瓊州府長坡鎮，有固定的商業網點（商店）及市鎮手工業：「長坡鎮距縣治三十里，自前清康熙年間改立。坡廣約十里，由西邊山村至茅坡村，鎮內三百餘戶，商店數十間，工業以鐵工、製熟牛皮爲多。……街道舊日牛車通行，輾踏不堪。」〔註270〕可見，清代長坡鎮由城鎮部分和鄉村部分組成。其城鎮部分包括居民區及數十間商店；其鄉村部分包括西邊山村、茅坡村等村莊。鎮上還分佈著製鐵、製皮等市鎮手工業。再如瓊州府那大鎮，有電報局、醫院、學校等較多的公共服務配套實施：「前清光緒十五年，雷瓊道方長華奉旨開黎，行轅駐此，設有電報局，南達五指嶺，北達郡城，甫一年即撤銷。電線、電話今年始通。美國設福音堂醫院、靈光學校、佶安寧女學各一，在鎮之後，原前清光緒十五年創設，迄今四〔註271〕十六年，教民約數百。僑興實業公司分設僑植、僑立、僑生等小公司，自前清末葉開辦，民國以來陸續增加開瓊植橡公司及萬隆實業公司……。該里言語以客話爲多，臨高話次之，惟那大鎮則全說軍話。該鎮（那大鎮）爲瓊西交通樞紐，汽車通行，公司林立，商業頗盛，倘墾務、礦務積極進行，則地方發達，日後必爲一重鎮也。」〔註272〕

鎮域內的鄉村，由農業用地及居民區組成，居民多爲農業人口。市主要服務於鎮中心區部分，故市多分佈在鎮中心區之內；墟主要服務於鎮的鄉村部分，故墟常布局在鄉村或城鄉交接地帶。如佛山堡之五鄉永和墟由多村共建，服務於鄉村：「五鄉永和墟：在佛山聚龍上沙尾，咸豐丙辰，黃鼎司土爐堡、大富堡之塱邊古竈鄉、生村鄉，西龍堡之上七約鄉、江邊朱江鄉，大江羅姓鄉同建，販五鄉所產稻穀，一、六日趁。」〔註273〕而瓜菜市則分佈在鎮中心的街區：「瓜菜市：在五鄉永和墟前，後改建於太平上沙之金蘭街下派閘口添蔗欄。」〔註274〕鎮域內的墟與市是競爭合作的關係，共同支撐鎮的經濟運轉。

〔註270〕〔民國〕彭元藻修；王國憲纂：《廣東省儋縣志》卷二輿地市鎮，臺北：成文出版社，1974 版，第 126 頁。

〔註271〕〔民國〕彭元藻修；王國憲纂：《廣東省儋縣志》卷二輿地市鎮，臺北：成文出版社，1974 版，第 129 頁。

〔註272〕〔民國〕彭元藻修；王國憲纂：《廣東省儋縣志》卷二輿地市鎮，臺北：成文出版社，1974 版，第 130 頁。

〔註273〕〔清〕鄭夢玉等修，梁紹獻等纂：《廣東省南海縣志》卷五建置略二，臺北：成文出版社，1967 年版，第 129 頁。

〔註274〕〔清〕鄭夢玉等修，梁紹獻等纂：《廣東省南海縣志》卷五建置略二，臺北：成文出版社，1967 年版，第 129 頁。

（3）鎮區演化

墟市的鎮區演化過程，是指墟市演化爲鎮的中心區的過程。據（宣統）南海縣志載：「……。（九江）主簿：魚種行、蝦乾市、舊桑市、魚埠、豬仔埠、高橋市、豬墟、石步頭市、沙口市、新墟、禾蟲埠。（以上九江堡）繭市、布行、蠶紙行、豬仔行、魚行、蝦市、蜆埠、雞行、瓜行、瓜菜行、柴埠、桑仔市、貓狗市、花市。（以上沙頭堡）」〔註275〕可見，清末九江堡和沙頭堡是九江主簿（九江鎮）的兩個組成部分，其各自有墟市若干。追溯其墟市的演化過程，或許可以找到墟市向鎮區演化（即墟市成爲鎮中心）的軌迹。墟市的鎮區演化過程主要包括以下幾個階段：墟市增加（包括增殖）－墟市集群－群內分工－街區形成。

墟市向鎮區演化的第一階段：墟市增加。包括增殖式增加與新增式增加。

同治年間南海縣沙頭堡的專業墟市僅有一個，名爲穀市：「穀市，在北村沙澳旁，今遷萬安通津旁。（沙頭堡）」，到了宣統年間，沙頭堡的專業墟市增加到了 14 個，分別爲：沙頭堡：①繭市（舊在沙頭墟新市竹橋之東，後遷萬安通津，光緒甲申年建。）②布行（一在沙頭墟新市附絲行內，二五八期；一在石江墟。）；③蠶紙行（附絲行內）；④豬仔行（在沙頭墟舊市）；⑤魚行（在沙頭墟舊市）；⑥蝦市（在北村鄉向明門）；⑦蜆埠（在北村鄉觀音廟前海面）；⑧雞行（一在萬安通津外圍基上，一在沙頭墟新市雞行街。）；⑨瓜行（在水南書院前）；⑩瓜菜行（早市在沙頭墟舊市金甌裏外內，晏市在沙頭墟舊市北勝街外。）；11、柴埠（在水南鄉崔宣義祠前河面）；12、桑仔市（在石井新穀埠後基圍邊）；13、貓狗市（在沙頭墟新市長樂街尾絲行口）；14、花市（在新市大有街）。對比同治時期，宣統年間沙頭堡增加的 14 個專業墟市都屬於新增式增加的結果，它們與同治時期的穀市非「母子」關係，因此，不屬於增殖式增加。

墟市向鎮區演化的第二階段：墟市集群。根據以上材料，可以推斷清代之南海沙頭堡墟市群的形成過程。沙頭堡曾有沙頭墟，後沙頭墟自我增殖，出現舊市和新市，後舊市與新市又各自增殖，在新舊市內及其周圍，形成許多專業墟市：位於舊市者有：豬仔行、魚行、瓜菜行；位於新市者有：繭市、

〔註275〕〔清〕鄭蓁等修，桂坫等纂：〔宣統〕《南海縣志》卷六建置略，廣東省地方史志辦公室輯：《廣東歷代方志集成》，廣州：嶺南美術出版社，2007 年，第196 頁。

布行、花市、雞行（一在沙頭墟新市雞行街）、貓狗市、鼉紙行（附絲行內——絲行在沙頭墟新市長樂街尾）。這些墟市集聚發展，形成沙頭墟墟市集群。此時的沙頭墟，已非簡單意義上的「日中爲市，聚則盈散則虛」的墟了，而是包括墟－市－行－街等要素的結構複雜的墟市聯合體，可統稱爲沙頭墟墟市群。同時，在沙頭墟新舊市集群的輻射作用之下，沙頭堡內其他地區也有墟市感應而生，具體包括：繭市（後遷萬安通津）、雞行（雞行有二，一在萬安通津外圍基上）、布行（布行有二，其一位於石江墟。）、蝦市（在北村鄉向明門）、蜆埠（在北村鄉觀音廟前海面）、瓜行（在水南書院前）、柴埠（在水南鄉崔宣義祠前河面）、桑仔市（在石井新穀埠後基圍邊）。沙頭堡內的所有墟市形成了沙頭堡總墟市群。

墟市向鎮區演化的第三階段：群內分工。在沙頭堡墟市總群內，專業墟市各不相同，共有 12 種：鼉市、布行、豬仔行、魚行、蝦市、蜆埠、雞行、瓜菜行、柴埠、桑仔市、貓狗市、花市，可見墟市之間有明確的分工。市內分專業檔行。另外，市之內部，亦出現了專業分工，表現爲專業檔行的形式，如南海貝水市：「在五眼橋里南約之東北方，連東西兩約，中分檔行，上百米、糙米，上下雜貨、豬肉等各行。（大通堡）」〔註276〕

墟市向鎮區演化的第四階段：街區的形成。依據上述材料，宣統時期的沙頭堡已經形成多條街：雞行街：「雞行（一在萬安通津外圍基上，一在沙頭墟新市雞行街。）」；北勝街：「瓜菜行（早市在沙頭墟舊市金甌里外內，晏市在沙頭墟舊市北勝街外。）」；長樂街：「貓狗市（在沙頭墟新市長樂街尾絲行口）」；大有街：「花市（在新市大有街）」。其中，除北勝街在沙頭墟舊市之外，雞行街、長樂街、大有街等三條街都在沙頭墟新市，這說明清末南海沙頭墟新市發展的比舊市好，出現後來居上的局面。另外，沙頭堡出現了以專業市來命名的街：雞行街，這表明街因專業市而興起。那麼，墟市發展到專業市之後的發展軌跡可能是：專業市→專業街，或是專業市→專業分市→專業街。這些專業街與分佈其上之市，再加上周邊的居民區，就形成了商業街區，多個商業街區可組成商業中心，這將會是鎮中心區的重要組成部分。商業中心（舊市、新市）與分散商業點（石江墟布行、石井新穀埠桑仔市、水南鄉（柴埠、瓜行）、北村鄉（蝦市、蜆埠）），共同組成沙頭堡的商業網絡。這一網絡

〔註276〕〔清〕鄭夢玉等修，梁紹獻等纂：《廣東省南海縣志》卷五建置略二，臺北：成文出版社，1967 年版，第 128 頁。

是街、墟、市的有機組合，是鎮的商業網絡的雛形。

手工業的發展。在鎮區演化的過程中，與商業配套的手工業會有所發展。如南海墟市手工業的發展：（1）竹器織造業：「籮竹墟，墟分上中下三處，上墟皆民居，中下墟店鋪相連，約二百餘家，墟內以織造竹貨爲大宗。」；（2）製皮業：「寨邊市，在寨邊鄉，其市以生牛皮製爲熟牛皮供鞋料，又製熟牛皮膠以供染料、藥物。」

墟市通過不斷的正向演替，最終發展成爲鎮中心區，從而完成了其從鄉村地區轉化爲城市建成區的城鎮化過程。

墟市演化沒有盡頭，生生不息，循環不止。如上述之沙頭墟，其在進行順行演替：由一墟變兩市——沙頭墟舊市與沙頭墟新市，再由兩市變成若干行、市。其中，由沙頭墟舊市衍生出來的有：豬仔行（在沙頭墟舊市）；魚行（在沙頭墟舊市）；瓜菜行（早市在沙頭墟舊市金甌裏外內，晏市在沙頭墟舊市北勝街外。）。沙頭墟新市衍生出來的有：繭市（舊在沙頭墟新市竹橋之東，後遷萬安通津，光緒甲申年建。）；布行（一在沙頭墟新市附絲行內，二五八期；……。）；蠶紙行（附絲行內）；雞行（一在……，一在沙頭墟新市雞行街。）；貓狗市（在沙頭墟新市長樂街尾絲行口）；花市（在新市大有街）。而此時之沙頭墟新、舊市除包括多個行、市之外，還各有街坊：舊市有金甌里、北勝街；新市有雞行街、長樂街、大有街。可見，此時之沙頭墟新舊市已經從墟市發展成爲商業街區。作爲傳統意義上的單獨的沙頭墟舊市或新市，在此時已經消失了，剩下的只有墟市名稱，以及由它們誕生出來的一系列行與市。這些新生的墟市又將以各自的軌迹演化下去。再如羅定街的雄鎮墟。因此，一個墟市順行演化的結局，是成爲一片商業街區，但在這一片街區上又會誕生出其他墟市，正如森林中一棵老樹倒下了，卻會留下許多幼苗繼續成長一樣，墟市演化是一種總體數量不斷增長的演化，墟市演化沒有盡頭，生生不息，循環不止。

小　結

清代廣東的任何一個墟市（墟市聯合體）都不是單獨存在的，而是與其他墟市（墟市聯合體）互動而存的，這種墟市（墟市聯合體）之間，以及墟市（墟市聯合體）與它們賴以生存的經濟環境之間，都保持著密切的聯繫，從而形成一種相對穩定的具有一定規律的集體群，叫做清代廣東墟市群落。

清代廣東墟市群落的個體特徵（即清代廣東墟市的特點）：（1）交彙區特色。

清代廣東是熱帶與亞熱帶交彙區，區內既有熱帶地區，又有亞熱帶地區，既有大陸地區，又有半島、海島地區，因此，水熱條件組合多樣，從而使得物產豐富且獨特。另外，清代廣東山海交彙，故其墟市貿易產品既有山貨，又有海產。一言以蔽之，本區墟市極具過渡型特點：種類繁多，既具海洋特色，又有大陸特色，熱帶、亞熱帶特點齊備。（2）丘陵區特色。本區丘陵廣布，因而耕地被山丘分割，面積相對較小，耕牛在農耕活動中發揮重要作用，是重要的生產工具，所以專業牛市興旺。（3）江海區特色。本區海岸線長區，內水系發達，故水產業興旺，形成不少水產品市場及水產品生產工具專業墟市。

清代廣東墟市群落的結構。清代廣東墟市群落，可以按照經濟實力不同而明顯地劃分出鎮層次和墟市層次。鎮層次又可以劃分爲大鎮、中鎮、小鎮三個亞層次；墟市層次又可劃分爲大墟、中墟、小墟、大市、中市、小市等若干個亞層次。除上述基本層次之外，清代廣東墟市群落結構中還有一些特殊的層次架構：（1）季節性層次。有些墟市種群僅在特定的時間內出現，成爲季節性層次，如季節性墟市。（2）墟市層間經濟體：街。街，並不單獨形成一個層次，而是分佈在整個墟市群落的各個層次的經濟實力體中，因此，街可被稱爲墟市層間經濟體。街，出現在各級墟市中，出現在墟市聯合體〔註277〕中。街，有時可以指代整個「墟市聯合體」，有時亦可指代單個的墟市。另外，街與商業密不可分，街上往往有配套的商業服務設施。

清代廣東墟市群落的演替。清代廣東墟市群落演替有原生演替、次生演替、順行演替、逆行演替等類型。從墟開始形成，到演替成爲穩定墟市群落，要經歷一系列的過程，這一過程構成爲演替序列。

清代廣東墟市群落的演替序列爲：

（一）量變系列：（1）墟市通過子母市的形式進行增殖。墟市增殖，指墟市繁殖式地增加，其原有墟市與新增墟市是母子關係，表現爲原有墟市與新增墟市同名，只是在新增墟市的名稱中加上「上」與「下」、「新」與「舊」等進行區分。清代廣東墟市的增殖形式主要有以下兩種：①一變二的墟市增殖。②一變三的墟市增殖。（2）獨立墟市向墟市群落發展。是各種分散的市場向混爲一體的市場群落發展的過程，在這一過程中，綜合墟市或派生分離出多個專業墟市，或與其他墟市聯合，形成市場群落。有普通墟市集群及專業墟市集群等兩種發展模式。南海的專業市眾多，形成清代廣東最大的專業

〔註277〕縣城墟市聯合體，指分佈在縣城內及縣城附近的墟市所構成的小系統。

墟市群。(3)墟市集群的各種結構。墟、市、街、行的集群，有不同的組合
類型：市－街－市結構；墟－市－市結構；街－欄結構；墟－街－市結構；
鎮－街－市結構；街－墟結構；墟－市－街－行結構；墟－市結構；等等。(4)
墟市競爭。墟市集群是把墟、市、街、行、埠等不同組分整合到一個墟市系
統之中。系統論稱：「整合包括被整合者的相互協調，但不限於協調，整合還
包括限制、約束甚至壓制，捨此不能形成有序結構」〔註278〕，所以，墟市集
群中存在著競爭。

　　（二）質變系列：(1)墟向市過渡。其形式表現爲交易時間延長，進而
改墟爲市。(2)墟市向鎮過渡。隨著經濟的發展，墟市有可能升級爲鎮埠。
墟市向鎮的過渡，具體表現爲墟市集群向商業集鎮的發展。①鎮域結構。鎮
是墟、市、街的集合。鎮之四大要素爲：鎮中心區（包括街）、鄉村、市、墟。
鎮中心區是與鄉村相對的一個概念。鎮中心區包括多種公共服務設施、街區
（由街道、商店、市場、居民區等組成），鎮中心區商業網點有連片分佈的現
象（如出現商業街），鎮中心區居民以非農業人口爲主。鎮域內的鄉村，由農
業用地及居民區組成，居民多爲農業人口。市主要服務於鎮中心區部分，故
市多分佈在鎮中心區之內；墟主要服務於鎮的鄉村部分，故墟常布局在鄉村
或城鄉交接地帶。鎮域內的墟與市是競爭合作的關係，共同支撐鎮的經濟運
轉。②鎮區演化。鎮區演化過程是指墟市演化爲鎮中心的過程。主要表現爲：
「墟市增加（包括增殖）——墟市集群——群內分工——街區形成」。墟市向
鎮區演化的第一步：墟市增加。包括增殖式增加與新增式增加。鎮可以有多
個中心。第二步：墟市集群。第三步：群內分工。第四步：街區的形成。清
末廣東的大鎮與巡檢司及墟市有著很深的淵源，主要包括巡檢司鎮及墟市鎮
兩種類型。清代廣東鎮的形成過程一般都包括墟市演化成爲鎮中心的過程。

　　在鎮形成後，其範圍內的墟與市仍然續存與演化。因此，不是鎮取代了
墟市，而是鎮整合了墟市。鎮域範圍內包含一定數量的墟市。一個墟或市順
行演化的結局，是成爲一片商業街區，但在這一片街區上又會誕生出其他墟
或市，正如森林中一棵老樹倒下了，卻會留下許多幼苗繼續成長一樣，墟市
演化是一種總體數量不斷增長的演化，墟市演化生生不息，循環不止。

〔註278〕苗東升：《系統科學精要》，北京：中國人民大學出版社，2006年，第33頁。

第五章　清代廣東墟市與物流

　　清代廣東墟市活動產生物流活動，墟市經濟的正常運行，離不開物流活動的支持。墟市貿易的主要內容是商品所有權與使用權的轉移，若無促成商品空間位移的物流活動的支持，墟市貿易則不可能正常開展。另外，墟市的存儲及加工等活動，有利於商品保值與增值，此類活動亦由物流承擔。所以，物流在清代廣東墟市的發展過程中承擔了重要的任務，具有特殊的意義。

第一節　清代廣東物流概況

　　清代廣東物流，是指清代廣東地區的有形物品從供應地向接收地的實體流動過程。具體包括運輸、倉儲、裝卸搬運、包裝、流通加工、配送等環節。

　　在獨特的自然社會環境影響下，在別具一格的墟市經濟拉動下，清代廣東物流亦呈現出時代特色與地域特色。

一、清代廣東物流類型

　　按照空間範圍、物流主體、使用方法、運輸方式、物流流向等標準，可將清代廣東物流劃分為以下幾個類別：

（一）按空間範圍分類

　　按照物資的流動範圍不同，可將清代的廣東物流劃分為生產單位內部物流、區域物流、國內物流、國際物流等類型。

　　1、內部物流，是指發生在清代廣東地區的生產單位內部的物流。生產單位在開展生產時，在單位內部必然會產生原材料、製成品等的空間位移現象，

從而出現生產單位內部物流活動。據載：「其法用一大鐵鐺，將內地之土鴉片，入鐺煮之，漸漸和以藥物雜質，總以味濃香烈，得與印度比而後已。……攙和泡製後即丸之，每丸重六磅。丸成即以罌粟葉包裹之，……。其製成球者，則存儲於樓上，以待販運，其規例實不亞於印度之鴉片公司也。」〔註1〕此為汕頭鄉村地區的一家鴉片生產廠的情況，其產品製成後會被運到樓上儲存，這一過程的完成，則離不開成品在生產單位內的流動。

2、區域物流，是指在清代廣東地區範圍內所進行的物流活動，府與府之間、縣與縣之間、村與村之間的物流活動都歸屬這一範疇。如：「（始興）紙爆一百包為一擔，每擔百斤，分四季運往韶州、英德、洤洸、清遠等處，每歲二三千擔。」〔註2〕又如：「邑中出產以菸葉為大宗，運銷於瓊州、至多間及於雷廉，歲獲利在百萬之譜。」〔註3〕

3、國內物流，是指清代廣東地區與國內的其他地區所發生的物流活動。據載：「菸葉出自本境（始興），而為肥料之菸骨，須運至江西之南安、……。」〔註4〕始興煙骨被運到江西南安，屬於廣東地區與國內的其他地區間展開的國內物流活動。

4、國際物流，是指清代廣東地區與國外地區所開展的物流活動。如茶葉的出口屬於國際物流，據載：「據該賣茶華商聲稱：本口茶葉，販運外洋，……。」〔註5〕又如自來火原材料的進口也屬於國際物流，據載：「……。目下自來火料運進口者，有加無已，因本省四周，均設有制自來火局耳。（光緒二十九年九龍口華洋貿易情形論略，通商各關華洋貿易總冊，下卷，頁77）」〔註6〕

〔註1〕 彭澤益編：《中國近代手工業史資料》（第二卷），北京：中華書局，1962年，第401～402頁。

〔註2〕 〔民國〕陳及時等纂修：《廣東省始興縣志》卷四輿地略實業，臺北：成文出版社，1974版，第316頁。

〔註3〕 〔民國〕鍾喜焯修，江琿纂：《廣東省石城縣志》卷二輿地志下實業，臺北：成文出版社，1974版，第191頁。

〔註4〕 〔民國〕陳及時等纂修：《廣東省始興縣志》卷四輿地略實業，臺北：成文出版社，1974版，第317～318頁。

〔註5〕 姚賢鎬：《中國近代對外貿易史資料（1840～1895）》第三冊，北京：中華書局，1962年，第1463頁。

〔註6〕 彭澤益編：《中國近代手工業史資料》（第二卷），北京：中華書局，1962年，第332頁。

（二）按物流主體分類

物流活動需要一定的主體去承擔，按照承擔主體的不同，清代廣東物流可以分為第一方物流、第二方物流與第三方物流。

1、第一方物流，是指由生產者、賣方或供應方所組織的物流活動。據載：「白石堡白岡鄉林族有大糯田數畝，所出糯米純而不雜，每年四月初旬運至省城米埠，比常價倍之。」〔註7〕此為糯米生產者所承擔的物流，屬於第一方物流。

2、第二方物流，是指需求者、買方或消費者所組織的物流活動。據載：「河南洋莊草席，其草產自東安縣屬之連灘，及東莞縣屬虎門一帶地方採購編織，……。」〔註8〕由需求者河南洋莊所開展的席草採購，屬於第二方物流活動。

3、第三方物流，是指供應方與需求方之外的第三方所組織的物流活動。據載：「在本省，茶是許多小生產者種植的，他們在鄉間市場上把茶葉賣給收茶人，而這些收茶人或者把茶運往口岸出賣，或在當地賣與廣東商人。……。（Decennial Reports, 1882-91 年，廣州，p.553.）」〔註9〕這些「收茶人」既不是茶葉的生產者，也不是茶葉的消費者，所以，其所組織的茶葉從生產地運到口岸的物流活動屬於第三方物流。又有謂：「統計全邑（始興）貿易總額約一百六十萬元，輸出輸入各居其半，其輸出貨品只紙、炭兩項，有佛山、清遠商人來境販運，其餘則皆本邑資本家為之。」〔註10〕佛山、清遠商人到始興販運紙、炭的活動也屬於第三方物流。

（三）按使用方法分類

特殊物流是指其流動對象具有一定的特殊性，如清代廣東地區的鹽與鐵的流動受到清政府的干預，其流量與流向都會受到一定的限制，因而具有特

〔註7〕 〔清〕鄭蓁等修，桂坫等纂：〔宣統〕《南海縣志》卷四輿地略三，廣東省地方史志辦公室輯：《廣東歷代方志集成》，廣州：嶺南美術出版社，2007 年，第152 頁。

〔註8〕 〔民國〕梁鼎芬等修，丁仁長等纂：〔民國〕《番禺縣志》卷十二實業志，廣東省地方史志辦公室輯：《廣東歷代方志集成》，廣州：嶺南美術出版 2007 年，第244 頁。

〔註9〕 姚賢鎬：《中國近代對外貿易史資料（1840～1895）》第二冊，北京：中華書局，1962 年，第1215 頁。

〔註10〕 〔民國〕陳及時等纂修：《廣東省始興縣志》卷四輿地略實業，臺北：成文出版社，1974 版，第318 頁。

殊性。此為特殊物流。特殊物流之外的其他物流都可稱作普通物流。據載：
「（1886 年廣東）……，各省鐵斤、鐵器，定例不准下海，所以預防移濟洋盜
也。……。粵鐵尤屬精良，而銷路不廣，即欲行銷沿海各口，陸運腳費既繁，
海運又冒法網，徒使洋鐵到處通流，大利盡為所奪。」〔註11〕可見，1886 年
由於清政府的限制，廣東的鐵製品物流具有特殊性，其一般只能走陸路而不
能煙海路進行。

（四）按運輸方式分類

物資流動離不開載體，按照載體的不同，可以將清代廣東物流分為水路
物流與陸路物流兩大類。水路物流又可分為河運與海運兩個亞類，水運物流
運量大、成本低，速度較慢。陸路物流也可分為一般道路物流與鐵路物流兩
個亞類，一般道路物流方便靈活、運量較小，鐵路物流運量大，速度快，成
本低，但靈活性較差。廣東各地因自然條件的不同，而形成不同載體的物流
方式，如澳門瀕海，其海路水運物流非常重要，據載：「絲業方面，柏棲人運
往孟買的買賣很好，還有出口黃絲運往歐洲。這種絲是機器繅製的，澳門的
機器繅絲業，一般說來，經營很成功。澳門的其他輸出品尚有大米、糖、海
參、油脂等。澳門的各行各業中最引人注意的是帆船運輸。由於與中國簽訂
了條約，帆船業非常發達，大部分來自香港的進口貨都是帆船運來的；另外
還有大批沿海貿易。……。綠島水泥廠（The Green Island Cement Works）是
澳門一項新設的工業，其產品已經運至上海，它給澳門帶來的利益是顯而易
見的。（N.C.H., 1890 年 10 月 1 日，pp.453-4.）」〔註12〕可見，1890 年的澳門
輸品，無論是絲，還是大米、糖、海參、油脂，又或是水泥，都主要靠帆船
海運物流傳送。而清遠山區，又有北江及其支流通過，則形成水陸並濟的物
流路線。早期，清遠的陸路運輸以人力負擔為主，據載：「地無曠原沃壤，力
耕火種最為辛勤，無長溪洪河，肩擔皆負，最為勞苦。」〔註13〕後期，清遠
陸路運輸增加了鐵路運輸的新方式，據載：「粵漢鐵路於光緒三十四年築至清

〔註11〕姚賢鎬：《中國近代對外貿易史資料（1840～1895）》第三冊，北京：中華書
　　　　局，1962 年，第 1377 頁。
〔註12〕姚賢鎬：《中國近代對外貿易史資料（1840～1895）》第二冊，北京：中華書
　　　　局，1962 年，第 766 頁。
〔註13〕〔清〕汪永瑞修：〔康熙〕《廣州府志》卷七風俗，廣東省地方史志辦公室輯：
　　　　《廣東歷代方志集成》，廣州：嶺南美術出版社，2007 年，第 48 頁。

遠」。〔註14〕除陸路之外，清遠有北江流過，水運較爲發達，就連墟市貿易也會用到船艇，據載：「（清遠）蔗：……。邑中所種玉蔗少糖蔗多，賣糖趁朝市列船成行，十月至正月每朝或五六十船、或七八十船，泊二碼頭對面。（採訪冊）」〔註15〕可見，處於山區的清遠形成了水路與陸路並重的雙重物流路線。

（五）按物流流向分類

按照物資流動的方向不同，清代廣東物流可分爲正向物流和逆向物流兩種形式。

1、正向物流

正向物流，是指物資按照生產－消費方向的流動方式。如「桂皮每年運往外洋銷售約四萬餘擔。」〔註16〕桂皮出口是由生產區到消費區，因此屬於正向物流。

2、逆向物流

逆向物流，是指與正向物流相反的物資流動方式，包括廢棄物的處理、包裝品的回收復用等具體形式。如舊洋鐵的回收利用：「（瓊州）……。當地鐵匠很喜歡舊洋鐵，他們發現舊洋鐵有各種的形狀和尺碼，可以很容易地選擇到一塊與他要製造的器具約略相當的鐵料。這與他們的拙劣的手藝很適合，而更重要的則是能夠節省燃料。」〔註17〕又如舊煤油桶的回收：「……。隨著煤油進口的迅速增加，用煤油洋鐵桶製造物品的行業已成長起來。幾乎每項家庭用具都可以用舊煤油桶洋鐵皮製造，從事這項製造業的小販數目是很多的。（Trade Reports，1889 年，瓊州，p.497.）」〔註18〕清代廣東地區舊洋鐵及舊煤油桶的回收利用，都會相應地形成逆向物流。又有謂：「蛹皆發與農家下塘養魚，最易肥大，故魚塘多處則銷路廣而價高。……。廢繭之用途，

〔註14〕〔民國〕吳鳳聲，余榮謀修；朱汝珍纂：《民國清遠縣志》卷十一市政，《中國地方志集成》，上海：上海書店出版社，2003 年，第 371 頁。

〔註15〕〔清〕李文煊修，朱潤芸等纂：《廣東省清遠縣志》卷二輿地，臺北：成文出版社，1967 年版，第 28 頁。

〔註16〕〔清〕鄭蕚等修，桂坫等纂：〔宣統〕《南海縣志》卷四輿地略三，廣東省地方史志辦公室輯：《廣東歷代方志集成》，廣州：嶺南美術出版社，2007 年，第 153 頁。

〔註17〕姚賢鎬：《中國近代對外貿易史資料（1840～1895）》第三冊，北京：中華書局，1962 年，第 1440 頁。

〔註18〕姚賢鎬：《中國近代對外貿易史資料（1840～1895）》第三冊，北京：中華書局，1962 年，第 1447 頁。

視其廢之如何，不能一概而論。常有人到鋪收買，多用以緔粗絲。」〔註 19〕
可見，繅絲業的廢料蛹及廢繭也形成了回收利用的逆向物流。

二、清代廣東物流環節

清代廣東物流包括運輸、倉儲、卸運、加工、包裝、配送等環節。

（一）運　輸

運輸是使物品在空間上發生位移的物流活動。運輸的主要目的是改變物品
的空間位置。如東莞席草運往連灘，席草的空間位置因而改變：「……。聞得東
莞之草，亦有運往連灘織造者，……。（光緒三十四年九龍口華洋貿易情形論略，
通商各關華洋貿易總冊，下卷，頁 100）」〔註 20〕運輸幫助商品實現從供應地向
需求地的轉移，實現墟市商品的使用價值，體現墟市商品的空間效益，提升產
品的價值。如清代廣州是省城，消費能力高，故南海白石堡白岡鄉的糯米運到
廣州，就能獲得較高的利潤，據載：「白石堡白岡鄉林族有大糯田數畝，所出糯
米純而不雜，每年四月初旬運至省城米埠，比常價倍之。」〔註 21〕

（二）倉　儲

倉儲具有保護、管理、貯藏物品的功能。倉儲的主要目的是改變物品的
時間狀態。倉儲克服生產與消費在時間上的差異，實現墟市商品的時間效益，
從而提升商品的價值。清代廣東，與物流相關的倉儲業在發展。如漁業物流
之中，倉儲一環起著重要作用。據載：「魚苗　……。網取後歸總塘鋪，鋪置
方塘數口，分蓄魚苗，俟客到購，價之低昂隨時漲落。其銷路北江之韶州等
處，以大頭扁魚爲最多。東江則以鯪魚爲最多，其販運於外省外埠者，則旺
滯殊無定也。」〔註 22〕材料中的「總塘鋪」是一個倉儲中心，鋪內所置之數

〔註 19〕　〔清〕鄭蓁等修，桂坫等纂：〔宣統〕《南海縣志》卷四輿地略三，廣東省地方
　　　　　史志辦公室輯：《廣東歷代方志集成》，廣州：嶺南美術出版社，2007 年，第
　　　　　157 頁。
〔註 20〕　彭澤益編：《中國近代手工業史資料》（第二卷），北京：中華書局，1962 年，
　　　　　第 408 頁。
〔註 21〕　〔清〕鄭蓁等修，桂坫等纂：〔宣統〕《南海縣志》卷四輿地略三，廣東省地方
　　　　　史志辦公室輯：《廣東歷代方志集成》，廣州：嶺南美術出版社，2007 年，第
　　　　　152 頁。
〔註 22〕　〔清〕馬呈圖纂輯：《廣東省宣統高要縣志》卷十一食貨篇二實業，臺北：成
　　　　　文出版社，1974 年版，第 486～487 頁。

口方塘即多個倉庫。從河裏網取回的魚苗先存放在倉儲中心「總塘鋪」的各個倉庫——數口方塘之中，然後運送至北江、東江、外省、外埠等處。如果沒有倉儲一環，整個魚苗物流則無法運轉。清後期，已有公司專門承辦與倉儲相關的業務。

（三）卸　運

卸運是指裝卸搬運。裝卸搬運是銜接其它物流環節的物流活動，主要包括裝貨、卸貨、入庫、出庫、堆垛、拆垛等具體活動。裝卸搬運的速度影響整個物流活動的速度。清代廣東，水運是最常用的運輸方式，特別是在珠江三角洲，墟市物流常常依賴河流水運，據載：「瓜菜市：有橫水農艇泊西隆堡江邊，載貨來往。（佛山堡）」〔註23〕那麼，貨物之上、下船都離不開裝卸搬運。

（四）加　工

加工是指流通加工。流通加工是指在流通階段對商品進行再加工的物流活動。流通加工的作用是多方面的，主要包括：提高原材料的利用率；彌補生產加工的不足；保護產品的使用價值；滿足需求的多樣化；提高物流的效率；促進產品的銷售。流通加工使墟市產品帶上了附加值，其價值也因此得到提升。爲了使產品在國內銷路更廣，土布生產者對洋布進行配合中國人的土布情結的流通加工，首先是染藍：「汕頭出口的所謂土布，原來是從香港進口的最著名的英國漂白市布，在運入汕頭並繳納進口稅後，即送往潮州府染藍，然後運回，於繳納出口稅後出口。……。」〔註24〕然後是裁剪與貼牌：「……，染藍之後，並裁成 11～12 華尺長，然後按橫幅的一半整齊地摺疊成匹，一匹足以做一件中國人穿的長衫；也許因爲它織得很緊密，並具有光彩，所以名叫竹布，貼上汕頭廣足莊製的商標，……。」〔註25〕通過流通加工後，用洋布改造成的新土佈在國內頗爲流行：「（漂白市布）最適於潮州用藍靛加染，因爲它在加染以後既鮮豔又結實，因而在全中國都很流行。……。（Trade Reports，1879 年，汕頭，p.211.）」〔註26〕

〔註23〕〔清〕鄭夢玉等修，梁紹獻等纂：《廣東省南海縣志》卷五建置略二，臺北：成文出版社，1967 年版，第 129 頁。

〔註24〕姚賢鎬：《中國近代對外貿易史資料（1840～1895）》第三冊，北京：中華書局，1962 年，第 1431 頁。

〔註25〕姚賢鎬：《中國近代對外貿易史資料（1840～1895）》第三冊，北京：中華書局，1962 年，第 1430 頁。

〔註26〕姚賢鎬：《中國近代對外貿易史資料（1840～1895）》第三冊，北京：中華書

（五）包　裝

包裝是指在流通過程中，採用一定的材料，對商品施加一定的技術方法的物流活動，以達到保護產品、方便儲存、促進銷售的目的。為了方便運輸、保護產品上，商品常常會被進行包裝，如出口草席的打包：「通常出口到美國和南美洲的是素白的和帶紅方格的，每 40 碼捲成一捆，……，每張草席必須晾乾才能打包。每年從廣州出口 39,000 擔以上，每捆平均價格為 4 圓。……。（S. W. Williams: The Chinese Commercial Guide, p.127.）」〔註 27〕又始興地區為了配合煙葉外運而形成了捆菸業〔註 28〕。此外，包裝除起到保護商品的作用外，還可在一定程度上提升商品的附加值。例如，清代廣東的茶業需要大量的鉛來對產品進行保護與增值：「（廣州）……。在廣東有大量的生鉛被製成白鉛和紅鉛輸往上海。也有大量的鉛用來做茶箱的裏襯。（Commercial Reports, 1877-78，廣州，p.21.）」〔註 29〕

（六）配　送

配送，是指在配送中心或其他物流據點進行包裝加工、裝卸搬運、倉儲管理、配貨運輸等活動的物流綜合形式。配送是物流全程的一個縮影，其集物流與商流於一體。据《粵海關十年報告（1892～1901）》載：「1900 年，採取了一個旨在促進本地區煤油貿易的措施：在花地岸邊建築一個油庫和蓄油槽。這項事業由德商瑞記洋行（Messrs. Arnhold, Karberg, &Co.）承擔辦理。蓄油槽中的散裝油就地改裝成小罐，然後分銷到全省各地。」〔註 30〕1900 年德商瑞記洋行（Messrs. Arnhold, Karberg, &Co.）承擔辦理建築煤油倉儲中心——油庫和蓄油槽。在這樣的倉儲中心之中，煤油產品還被進行分裝包裝，然後再銷往全省各地。

局，1962 年，第 1432 頁。

〔註 27〕 姚賢鎬：《中國近代對外貿易史資料（1840～1895）》第三冊，北京：中華書局，1962 年，第 1452 頁。

〔註 28〕 〔民國〕陳及時等纂修：《廣東省始興縣志》卷四輿地略實業，臺北：成文出版社，1974 版，第 311～313 頁。

〔註 29〕 姚賢鎬：《中國近代對外貿易史資料（1840～1895）》第三冊，北京：中華書局，1962 年，第 1443 頁。

〔註 30〕 據廣州市地方志編纂委員會辦公室，廣州海關志編纂委員會編譯：《近代廣州口岸經濟社會概況——粵海關報告彙集》，廣州：暨南大學出版社，1996 年，第 946 頁。

第二節　清代廣東運輸物流

運輸是清代廣東物流中最爲重要的一環。隨著國內外環境的轉變，清代廣東運輸物流的運輸工具、運輸路線亦有所改變，這些變化都對清代廣東墟市的發展帶來具有特定意義的影響。

一、運輸工具

隨著社會經濟的發展，清代廣東物流運輸工具趨向多樣化。據載，宣統年間肇慶水運物流載體多樣，有帆船、人力車渡、輪船拖渡、單行輪船等。〔註31〕

清代廣東物流運輸工具向高效化與外來化發展。據載：「中國帆船正在迅速從商業航線上消逝，中國商人不再雇傭帆船了；海上保險的原則消滅了中國帆船。『你能保險嗎？』幾乎是所有中國商人必然要問的一個問題。（Commercial Reports, 1862-64，天津，p.121.）」〔註32〕又有謂：「查華民欲運各等貨物價貴而體質細小者，願裝於外國輪船並各色貨船，其故有二：一則洋船使快。一則洋船章程，下貨之時，任向該口洋行支錢不多，取給保單，日後倘遇船貨全壞之難，或因船不堅牢，貨有受損等情，即向保家追價，費少保重，甚爲得計。……。（籌辦夷務始末補遺，同治朝，頁6。）」〔註33〕清後期，外國輪船並各色貨船爭奪了中國帆船的絕大部分業務，中國運輸物流整體效率因而得以提升。同時，隨著外國運輸業的進入，物流保險也被引入了清代廣東物流體系。由此可見，外國運輸業憑藉運輸工具高效的技術優勢，以及物流保險等制度優勢，擊敗了廣東傳統運輸業，贏得了廣東運輸市場的極大份額，從而使清後期廣東物流表現出高效化與外來化趨勢，表現出多載體交替型特色。這有利於清後期廣東墟市商品與外國商品的交流，廣東墟市的市場輻射範圍亦因此而得到極大的拓展。

〔註31〕〔清〕馬呈圖纂輯：《廣東省宣統高要縣志》卷十一食貨篇二實業，臺北：成文出版社，1974年版，第495～496頁。

〔註32〕姚賢鎬：《中國近代對外貿易史資料（1840～1895）》第三冊，北京：中華書局，1962年，第1407頁。

〔註33〕姚賢鎬：《中國近代對外貿易史資料（1840～1895）》第三冊，北京：中華書局，1962年，第1410頁。

二、運輸路線

清代廣東的國內與國外貿易都取得了一定程度的發展，其時物流活動頻繁，物流路線複雜。但是，清代廣東物流活動又表現出集中性，大部分物流都集中在幾條主要的運輸路線上。其中，水上航線尤為重要。

（一）物流航道

清代廣東的主要物流航道，除西、北、東三江之外，還有東西海岸與西海岸航線。

1、西江航道

西江航道，是指從封川到三水的西江干流航道，其為清代廣東主要物流線路之一。首先，通過西江航道，可以上溯至廣西等地。如三水土布運銷梧州：「按三水縣境，固非植有棉花之地，但城鄉比戶業織布者極眾，是以出口土布運赴梧州者，夙稱一最大宗。本年（1904 年）復增多二千一百十四擔，估價關平銀五萬六千六百二十一兩。（光緒三十年三水口華洋貿易情形論略，通商各關華洋貿易總冊，下卷，頁 90）」〔註34〕其次，通過西江航道，可以順流而達珠三角港澳，甚至出洋。如西江上的高要，其所生產的草席與竹絲紙扇都是外銷產品，據載：「芏草　芏草可織席，以睡床席、包席為大宗。包席，其應用以米包、鹽包、糖包、箱包為最多，銀袋次之。包席亦名蒲包。包席亦名蒲包，輸出外埠甚廣。亦有編織為帆者，曰悝席。」〔註35〕又：「竹絲紙扇　此扇附城人創造，道光初年只一二店，後以價廉應用，推行漸廣。交通以來，遂暢銷於南洋各埠，附城男女多籍此藝以謀生，其法將竹絲排勻扣以線糊以紗紙成葵扇形，……此扇有行西、魚尾、大中、二中、扇仔之分。」〔註36〕草席與竹絲紙扇等高要外銷產品，通過西江運輸再轉運外國最為便利。

2、珠三角通道

珠江三角洲，是清代廣東最重要的物流通道，其為放射狀通道。其中，又以西江三角洲通道最為重要。西江三角洲，是指三水以下由西江與北江所

〔註34〕彭澤益編：《中國近代手工業史資料》（第二卷），北京：中華書局，1962 年，第 460～461 頁。

〔註35〕〔清〕馬呈圖纂輯：《廣東省宣統高要縣志》卷十一食貨篇二實業，臺北：成文出版社，1974 年版，第 490 頁。

〔註36〕〔清〕馬呈圖纂輯：《廣東省宣統高要縣志》卷十一食貨篇二實業，臺北：成文出版社，1974 年版，第 489 頁。

帶泥沙沖積而成的三角洲，它是西江與北江航線的匯合之地，是粵港澳經濟互動的紐帶，是廣東經濟最發達地區與省內各區物資交流的便利渠道，更是國際物流進出廣東的首選通道。

首先，清代，西江三角洲各地與澳門往來密切。以下兩個表格顯示清代澳門與西江三角洲部分港口的聯繫情況。

表 5-1　從澳門到西江三角洲各港口的帆船運費表（據拱北關十年報告（一）〔註37〕（1882 年～1891 年））

貨名名稱	單位	石　岐	陳　村	江　門	新會河沿岸各港口
外產生棉	包	——	——	——	——
國產生棉	包	0.1.0.0	0.1.0.0	——	——
棉紗	包	——	0.1.8.0		0.1.2.0
棉布	疋	0.0.0.5			0.0.0.5
棉布	包		0.1.8.0		
棉布	擔	——			
鹹魚	擔	0.0.4.0	0.0.6.0	0.0.2.0	0.0.4.0
花生餅	擔	0.0.2.0	0.0.3.0	0.0.2.4	——
廢鐵	擔	——			
一級藥品	擔	——			0.0.8.0
二級藥品	擔	——			0.0.8.0
花生油	擔	——	0.0.6.0	0.0.5.0	0.0.6.0
煤油	箱	0.0.2.0	0.0.2.0	0.0.2.0	0.0.4.0
鴉片	箱	2.0.0.0	2.0.0.0	2.0.0.0	2.0.0.0
稻穀	擔	0.0.3.0	0.0.2.0	0.0.2.0	——
紅糖	擔	0.0.3.0	0.0.4.0	0.0.4.0	0.0.5.0
白糖	擔	0.0.50〔註38〕	0.0.4.0	0.0.4.0	0.0.5.0

單位：兩、錢、分、釐

〔註37〕拱北海關志編輯委員會編：《拱北關史料集》，珠海：拱北海關 1998 年，第 270 ～271 頁。
〔註38〕原文如此。

表 5-2　從西江三角洲各港口到澳門的帆船運費表（據拱北關十年報告（一）〔註39〕（1882 年～1891 年））

貨名名稱	單位	石　岐	陳　村	江　門	新會河沿岸各港口
新鮮水果	擔	0.0.3.0	…	0.0.3.0	0.0.5.0
花生餅	擔	…	…	…	…
牛皮	擔	…	…	…	…
水牛角	擔	…	…	…	…
花生油	擔	…	…	…	…
紙	擔	0.0.5.0	0.0.6.0	0.0.5.0	…
豬	擔	…	…	…	…
大米和稻穀	擔	0.0.3.0	…	0.0.4.0	0.0.4.0
糖	擔	…	…	…	…
粗茶	擔	…	…	…	0.1.2.0
煙葉	擔	…	…	0.0.3.0	…
新鮮蔬菜	擔	0.0.3.0	…	0.0.3.0	…

單位：兩、錢、分、釐

　　根據以上兩個表格的顯示，澳門與西江三角洲的石岐、陳村、江門、新會河沿岸各港口聯繫緊密，西江三角洲的這些地區向澳門供應：新鮮水果、花生餅、牛皮、水牛角、花生油、紙、豬、大米和稻穀、糖、粗茶、煙葉、新鮮蔬菜等農副產品；而澳門則向西江三角洲輸送：外產生棉、國產生棉、棉紗、棉布、鹹魚、花生餅、廢鐵、一級藥品、二級藥品、花生油、煤油、鴉片、稻穀、紅糖、白糖等產品。這些來自澳門的農產品及手工業品在運達石岐、陳村、江門、新會河沿岸各港口等集散地後，還會有一部分順著三角洲密集的河道而擴散到鄉村集市當中。

　　其次，西江三角洲是廣州與香港之間貿易的主要通道。《粵海關十年報告（1882～1891）》指出：「過去十年，除了廣西和雲南一部分貿易轉向北海及1891 年在轉運證制度下它們又暫時回歸廣州之外，貿易渠道並沒有發生其他值得注意的變化。廣州地區進口貨物自然全部從香港獲得供應，其產品也全

〔註39〕拱北海關志編輯委員會編：《拱北關史料集》，珠海：拱北海關 1998 年，第 271頁。

部經香港運往外洋,西江三角洲仍然是貿易的主要通道。」〔註40〕即香港與廣州之間的運輸路線往往要經過西江三角洲。

再次,西江三角洲也是北江貨物運銷珠三角地區的主要通道。北江流域地區,特產豐富,這些產品多運銷珠三角港澳等經濟發達的消費區,其貨物運輸常常取道西江三角洲。如粵北南雄府始興縣的很多物產都運至西江三角洲的佛山、廣州等地,這些物產主要有:其一,紙:「紙分桶紙、京文紙兩種,桶紙每百斤為一擔,京文紙則輕於桶紙,每年運往佛山、省城約一萬(以上P314)四五千擔。」〔註41〕其二,黃菸:「黃菸運至佛山、省城銷行」。〔註42〕其三,花生:「花生榨油有赤生、白生之別,流通頗遠,運銷韶州、清遠、佛山等處,每歲白生油三十餘萬斤。」〔註43〕第四,黃麻:「黃麻運往韶州,每歲二十餘萬斤。竹排運往西南、佛山,每歲二三百剪。(編竹成排與木排同,惟每剪竹數較多。)」〔註44〕還有,香菰、冬筍、紅瓜子、運往韶州、省城、佛山:「每歲香菰二三千斤,紅瓜子四五千斤,冬筍二三萬斤。」〔註45〕來自北江的貨物運銷國外,也多經過西江三角洲通道。據載:「在洋紗輸入以前,供給廣東和廣西東部的土布,大部分來自吉安府。經贛江到贛州,然後通過梅嶺的舊日驛道,循廣東的北江,經過三水運至廣州附近的佛山。土布即在佛山染成廣東人最喜愛的青布,叫做長青布。這種布經常大量地向新加坡及廣東人常到的各個地方輸出。」〔註46〕吉安土布變成佛山長青布再運銷國外的路線:吉安－贛州－三水－佛山－香港－新加坡(贛江－北江－西江三角洲通道－外洋),這表明,內地貨物出洋經過西江三角洲通道。

〔註40〕據廣州市地方志編纂委員會辦公室,廣州海關志編纂委員會編譯:《近代廣州口岸經濟社會概況——粵海關報告彙集》,廣州:暨南大學出版社,1996年,第855頁。

〔註41〕〔民國〕陳及時等纂修《廣東省始興縣志》卷四輿地略實業,臺北:成文出版社,1974版,第314~315頁。

〔註42〕〔民國〕陳及時等纂修《廣東省始興縣志》卷四輿地略實業,臺北:成文出版社,1974版,第315頁。

〔註43〕〔民國〕陳及時等纂修《廣東省始興縣志》卷四輿地略實業,臺北:成文出版社,1974版,第315頁。

〔註44〕〔民國〕陳及時等纂修《廣東省始興縣志》卷四輿地略實業,臺北:成文出版社,1974版,第315頁。

〔註45〕〔民國〕陳及時等纂修《廣東省始興縣志》卷四輿地略實業,臺北:成文出版社,1974版,第315頁。

〔註46〕彭澤益編:《中國近代手工業史資料》(第二卷),北京:中華書局,1962年,第245頁。

第四，來自韓江流域的貨物，有時也經過西江三角洲出洋。據載：「自洋紗開始輸入中國後，經常由江西、興寧及其鄰近地帶移居的客家人便用洋紗織布。他們把這種布循廣東的東江經惠州運至佛山，染成青布，叫做沖青布，即仿「長青布」。這種布和它所仿製的布一樣，大部分輸出至新加坡。洋紗是由汕頭輸入的，在運往興寧以前，每件要完納關稅和釐金四兩七錢五分，合計徵從價稅百分之六。這種（洋紗織的）佈在運往佛山，再由佛山運至香港的途中，當然還要收稅。我們（按指英國）的製造商如果在別的地方都能和這些土布競爭，這裏似乎是一個很有利的機會。（Report of the Mission to Chinaof the Blackburn Chamber of Commerce 1896-97, p.134）」〔註47〕即汕頭洋紗運至興寧加工成為洋紗土布，這種洋紗布被挑過山嶺到龍川後下水，通過東江運至惠州，再由惠州運到佛山，這種佈在佛山被加工成「沖青布」後，經由西江三角洲到達香港，再銷往新加坡。此過程的路線圖是：汕頭－興寧－惠州－佛山－香港－新加坡（韓江流域－東江流域－西江三角洲通道－外洋）。可見，清代來自韓江流域的貨物有時也要經過西江三角洲通道而銷往域外。

第五，南路貨物運銷也經過西江三角洲通道。如：「（清代）其時高陽貨物由恩平以出江門，……。」〔註48〕

最後，即使是在清後期複雜多變的社會經濟環境之下，西江三角洲仍然是廣東物流的最主要的通道，但在三角洲範圍之內的路線卻是常常改變的。據載「在三角洲有限的範圍內，運輸路線的選擇，往往取決於地方當局征稅的方法、輪船與帆船之間的競爭以及其他一些因素。但作為一種規律，這種變動通常只是暫時的，並不影響貿易數量或貿易進程。還沒有出現任何值得注意的運輸路線將有永久性轉移的迹象。」〔註49〕

3、西海岸航道

西海岸航道，是指珠三角以西的沿海航道，其為清代廣東的沿海運輸動

〔註47〕彭澤益編：《中國近代手工業史資料》（第二卷），北京：中華書局，1962年，第246頁。

〔註48〕〔民國〕余棨謀修，張啓煌纂，《廣東省開平縣志》卷十二建置下，臺北：成文出版社，1966年版，第86頁。

〔註49〕據廣州市地方志編纂委員會辦公室，廣州海關志編纂委員會編譯：《近代廣州口岸經濟社會概況──粵海關報告彙集》，廣州：暨南大學出版社，1996年，第855頁。

脈之一。大量的物資經由此路線輸送。首先，高、雷、廉、瓊四府之間互相通航。據載：「（石城）邑中出產以菸葉爲大宗，運銷於瓊州，至多間及於雷廉，歲獲利在百萬之譜。然惟塘蓬、長山有之，別區則無。」〔註50〕這表明高州石城之煙葉運銷路線主要有：高州（石城）－瓊州；高州（石城）－雷州；高州（石城）－廉州。其次，高、雷、廉、瓊四府與澳門之間有海路航線進行連接。以下兩個表格爲澳門與西海岸部分港口貨物往來的運費表。從中反映出澳門主要與西海岸的高州、雷州等地有貨物往來，從澳門運往西海岸的主要包括手工業產品和農產品兩類：棉紗、棉布、鹹魚、花生餅、廢鐵、一級藥品、二級藥品、花生油、煤油、鴉片、紅糖、白糖、外產生棉、國產生棉、稻穀等；從西海岸運往澳門的也包括手工業產品與農產品兩類：花生油、花生餅、紙、牛皮、水牛角、糖、粗茶、煙葉、新鮮水果、新鮮蔬菜、豬、大米和稻穀等。具體而言，澳門與西海岸各地的主要貨物往來情況如下：（1）澳門－陽江和高州：外產生棉、國產生棉、棉紗、棉布、花生餅、一級藥品、二級藥品、花生油、煤油、鴉片、稻穀、紅糖、白糖；陽江和高州－澳門：花生餅、花生油、豬、糖。（2）澳門－水東：外產生棉、棉紗、棉布、廢鐵、一級藥品、二級藥品、鴉片、稻穀、紅糖、白糖；水東－澳門：花生餅、花生油、豬、糖。（3）澳門－雷州：外產生棉、國產生棉、棉紗、棉布、廢鐵、一級藥品、二級藥品、鴉片、紅糖、白糖；雷州－澳門：牛皮、水牛角、花生油、豬、糖。

表 5-3　從澳門到西海岸港口的帆船運費表（據拱北關十年報告（一）〔註51〕（1882 年～1891 年））

貨　名　名　稱	單　位	陽江和高州	水　東	雷　州
外產生棉	包	0.3.0.0	0.4.0.0	0.2.2.0
國產生棉	包	0.1.0.0	——	0.2.2.0
棉紗	包	0.3.0.0	0.4.0.0	0.3.6.0
棉布	疋	——	——	——
棉布	包	0.3.0.0	——	——

〔註50〕〔民國〕鍾喜焯修，江珣纂，《廣東省石城縣志》卷二輿地志下實業，臺北：成文出版社，1974 版，第 191～192 頁。
〔註51〕拱北海關志編輯委員會編：《拱北關史料集》，珠海：拱北海關 1998 年，第 270～271 頁。

棉布	擔	——	0.3.0.0	0.2.6..0
鹹魚	擔	——	——	——
花生餅	擔	0.1.2.0	——	——
廢鐵	擔	——	0.0.8.0	0.0.8.0
一級藥品	擔	0.2.0.0	0.2.2.0	0.2.6.0
二級藥品	擔	0.1.5.0	0.2.2.0	0.2.6.0
花生油	擔	0.2.2.0	——	——
煤油	箱	0.0.4.0	——	——
鴉片	箱	3.0.0.0	3.0.0.0	3.0.0.0
稻穀	擔	0.0.6.5	0.0.6.5	
紅糖	擔	0.1.2.0	0.1.2.0	0.1.0.0
白糖	擔	0.1.2.0	0.1.2.0	0.1.0.0

單位：兩、錢、分、釐

表 5-4 從西海岸港口到澳門的帆船運費表（據拱北關十年報告（一）〔註 52〕（1882 年～1891 年））

貨　名　名　稱	單　位	陽江和高州	水　東	雷　州
新鮮水果	擔	…	…	…
花生餅	擔	0.1.0.0	無定數	…
牛皮	擔	…	…	0.2.4.0
水牛角	擔	…	…	0.2.0.0
花生油	擔	0.2.0.0	0.2.0.0	0.2.0.0
紙	擔	…	…	…
豬	擔	0.5.0.0	無定數	0.4.0.0
大米和稻穀	擔	…	…	…
糖	擔	0.1.0.0	0.1.0.0	0.1.0.0
粗茶	擔	…	…	…
煙葉	擔	…	…	…
新鮮蔬菜	擔	…	…	…

單位：兩、錢、分、釐

〔註 52〕拱北海關志編輯委員會編：《拱北關史料集》，珠海：拱北海關 1998 年，第 271 頁。

4、東海岸航道

東海岸航道是指珠三角以東的沿海航線，其爲清代廣東沿海物流的另一條主要路線。東海岸航道密切了潮州、惠州、嘉應州等東部州府與廣東其他地區的聯繫，也是東部州府物資與國外物資交流的主要通道，如汕頭與香港之間的物資往來是東海岸航道最重要的物流活動。汕頭開埠以後，與香港往來密切，汕頭的抽紗、刺繡以及其他產品，常常借助這一物流路線運往香港。據載：「（汕頭）抽紗屬於家庭工業，……。抽紗品物大多從揭陽、潮陽、澄海等地收購，送至潮州府刺繡，然後來到汕頭洗滌包裝輸往香港、廈門、上海、印度、安南，再從這些地方運往歐美。」〔註53〕

物流通道上墟市集聚。清代廣東最主要的物流通道——西江三角洲，其物流活動最爲頻繁，物流帶動商流，全省最大的墟市群在此形成。

（二）物流節點

物流節點即物流中心。清代廣東物流路線多有相交，其交點爲物流節點。所通過的物流量越大，物流節點越重要。對重要物流節點進行研究，有利於從另一角度上瞭解清代廣東物流。

以下表格是《拱北關史料集》所記載的「1891年各縣與各港口間運輸情況表」，其反映了清後期廣東的物流中心有：（1）廣州府：東莞城、太平、九龍、廣州、佛山、順德城、陳村、香山城、石岐、前山、拱北、斗門、新會城、江門、新寧城。（2）肇慶府：肇慶城、鶴山城、長沙、陽江城。（3）高州府：高州城、水東、暗鋪。（4）雷州府：雷州城、赤坎。（5）瓊州府：瓊州城、陵水縣、崖州城、儋州城、廉州城、北海、欽州城。（6）潮州府：汕頭。

表 5-5　1891 年廣東各主要港口的運輸情況（一）〔註54〕

		到　　中　　國	
		旅　客	貨物（噸數）
廣州府	東莞城	258	5,350
	太平	353	3,390
	九龍	1,611	6,062

〔註53〕彭澤益編：《中國近代手工業史資料》（第二卷），北京：中華書局，1962年，第 410～411 頁。

〔註54〕據拱北海關志編輯委員會編：《拱北關史料集》，珠海：拱北海關 1998 年，第 247～248 頁。

	廣東省城	284	11,800
	佛山	…	1,110
	順德城	265	4,952
	陳村	198	26,188
	香山城	38,032	65,986
	石岐	32,225	42,279
	前山	8,492	11,366
	拱北	…	10
	斗門	6,017	17,671
	新會城	11,284	32,073
	江門	9,780	65,612
	新寧城	5,297	27,645
	赤溪	4,213	27,693
肇慶府	肇慶城	119	3,831
	鶴山城	463	4,695
	長沙	6,923	23,344
	陽江城	99	7,757
高州府	高州城	2	697
	水東	10	10,653
	暗鋪	…	282
雷州府	雷州城	12	14,123
	赤坎	…	2,681
瓊州府	瓊州城	…	3,414
	陵水縣	…	666
	崖州城	…	677
	儋州城	…	1,684
廉州府	廉州城	…	…
	北海	…	2,255
	欽州城	…	…
潮州府	汕頭	…	66
國內港口總計		125,937	426,012

	來自外國	
	旅　客	貨　物（噸　數）
安南	…	14
新加坡	…	151
沙撈越	…	102
泰國	…	45
香港	505	119,211
外國總計	505	119,623
全部總計	126,442	545,635

表 5-6　1891 年廣東各主要港口的運輸情況（二）〔註 55〕

		離開中國	
		旅客	貨物（噸數）
廣州府	東莞城	314	6,314
	太平	321	2,865
	九龍	1,543	5,720
	廣東省城	388	19,797
	佛山	…	7,656
	順德城	576	4,775
	陳村	225	31,916
	香山城	39,442	66,811
	石岐	31,697	42,440
	前山	5,529	8,490
	拱北	…	128
	斗門	5,259	17,201
	新會城	10,135	28,139
	江門	9,973	60,498

〔註 55〕據拱北海關志編輯委員會編：《拱北關史料集》，珠海：拱北海關 1998 年，第 247～248 頁。

	新寧城	5,914	30,411
	赤溪	5,251	24,765
肇慶府	肇慶城	…	22,414
	鶴山城	507	4,564
	長沙	5,945	17,047
	陽江城	…	2,642
高州府	高州城	…	1,318
	水東	3	2,043
	暗鋪	…	3,651
雷州府	雷州城	…	24,176
	赤坎	42	75
瓊州府	瓊州城	…	632
	陵水縣	…	4,158
	崖州城	…	512
	儋州城	…	1,699
廉州府	廉州城	…	1,039
	北海	…	342
	欽州城	…	1,212
潮州府	汕頭	…	…
國內港口總計		123，064	445,45
		來自外國	
		旅　客	貨　物（噸　數）
安南		…	540
新加坡		…	…
沙撈越		…	…
泰國		…	…
香港		…	96,545
外國總計		…	97,085
全部總計		123,064	542,535

表 5-7 1891 年廣東各主要港口的運輸情況（三）〔註 56〕

		總 計	
		旅　客	貨　物（噸　數）
廣州府	東莞城	572	11,664
	太平	674	6,255
	九龍	3,154	11,782
	廣東省城	672	31,597
	佛山	…	8,766
	順德城	841	9,727
	陳村	423	58,104
	香山城	77,474	132,797
	石岐	63,922	84,719
	前山	14,021	19,856
	拱北	…	138
	斗門	11,276	34,872
	新會城	21,419	60,212
	江門	19,753	126,110
	新寧城	11,211	58,056
	赤溪	9,464	52,458
肇慶府	肇慶城	119	26,245
	鶴山城	970	9,259
	長沙	12,868	40,391
	陽江城	99	10,399
高州府	高州城	2	2,051
	水東	13	12,696
	暗鋪	…	3,933
雷州府	雷州城	12	38,299
	赤坎	42	2,756

〔註 56〕據拱北海關志編輯委員會編：《拱北關史料集》，珠海：拱北海關 1998 年，第
251～252 頁。

瓊州府	瓊州城	…	4,046
	陵水縣	…	4,824
	崖州城	…	1,189
	儋州城	…	3,383
廉州府	廉州城	…	1,039
	北海	…	2,597
	欽州城	…	1,212
潮州府	汕頭	…	66
國內港口總計		249，001	871,462
		來自外國	
		旅　客	貨　物（噸　數）
安南		…	654
新加坡		…	151
沙撈越		…	102
泰國		…	45
香港		505	216,756
外國總計		505	216,708
全部總計		249，506	1,088,170

　　依據「1891 年各縣與各港口間運輸情況（三）」表，可以為清後期廣東的物流中心進行排序。具體如下：

表 5-8　1891 年廣東物流中心貨物吞吐總量排序

物　流　中　心	貨　物（噸　數）	排　序
香山城	132,797	1
江門	126,110	2
石岐	84,719	3
新會城	60,212	4
陳村	58,104	5
新寧城	58,056	6

赤溪	52,458	7
長沙	40,391	8
雷州城	38,299	9
斗門	34,872	10
廣州	31,597	11
肇慶城	26,245	12
前山	19,856	13
水東	12,696	14
九龍	11,782	15
東莞城	11,664	16
陽江城	10,399	17
順德城	9,727	18
鶴山城	9,259	19
佛山	8,766	20
太平	6,255	21
陵水縣	4,824	22
瓊州城	4,046	23
暗鋪	3,933	24
儋州城	3,383	25
赤坎	2,756	26
北海	2,597	27
高州城	2,051	28
欽州城	1,212	29
崖州城	1,189	30
廉州城	1,039	31
拱北	138	32
汕頭	66	33

　　廣東最大的物流中心群位於西江三角洲。根據「1891 年廣東物流中心貨物吞吐總量排序」表，1891 年廣東貨物流通量最大的八個物流中心都位於西江三角洲地區，說明西江三角洲已經形成廣東最大的物流中心群。

1、北江的物流節點

北江航道南北走向，沿途分佈了不少物流節點，始興是其中較爲重要的一個。

清末始興商品流通活躍，物流往來頻繁。

首先，始興輸出品豐富。據載：「（始興）輸出品以杉木爲大，紙次之，菸油、石灰、黃麻各貨又次之。杉木產地，本境占十之八，南雄、仁化、曲江占十之二，然貿易皆始邑資本家爲之。春夏入山伐木，秋冬編紮成排運往小唐、江門、馬房、新沙、西南、清遠、佛山等處，每排十二剪爲一梢，每剪木株視木之大小以爲多寡，每歲輸出木排約一千五六百梢或二千梢。紙分桶紙、京文紙兩種，桶紙每百斤爲一擔，京文紙則輕於桶紙，每年運往佛山、省城約一萬四五千擔。菸有黃菸、黑菸之別，黑菸少而黃菸多，用竹笪裹纏成捆，每捆百斤左右爲一件，黑菸運至韶州、英德、西南、四會各江銷行。黃菸運至佛山、省城銷行。每歲銷黑菸五百餘件，銷黃煙一千餘件，而黃菸尤恃牛莊爲銷路。近年菸價頓跌，出產因以減少。花生榨油有赤生、白生之別，流通頗遠，運銷韶州、清遠、佛山等處，每歲白生油三十餘萬斤。石灰運往南雄，每歲三百餘萬斤。黃麻運往韶州，每歲二十餘萬斤。竹排運往西南、佛山，每歲二三百剪。（編竹成排與木排同，惟每剪竹數較多。）松筒運往韶州，每歲數十萬株。香菰、冬筍、紅瓜子運往韶州、省城、佛山：每歲香菰二三千斤，紅瓜子四五千斤，冬筍二三萬斤。香粉以百斤爲一擔，運往西南、蘆苞，每歲一千餘擔。牛皮每歲可出一千餘塊，運至韶州，轉販省城、佛山。紙爆一百包爲一擔，每擔百斤，分四季運往韶州、英德、洽洸、清遠等處，每歲二三千擔。薯莨爲染料，運往西南、佛山，歲出三四萬斤。化柴爲炭，名曰雜炭，各山俱有，惟清遠港江工人較邑人爲擅長，每歲出產七八百萬斤，運至韶州、西南、佛山及順德、東莞、新會銷行。礱板、船板俱屬松板，運售韶州、佛山，每年礱板二萬餘塊，船板四五千塊，至於樟板、橈板、櫓板、杉皮等雖爲輸出品，而出產不多，所值固無幾焉。」〔註57〕根據這一材料，可知始興主要向西南、清遠、佛山、廣州等 13 個地區輸出杉木；黑菸；竹排；香粉；薯莨；雜炭；等多種農副產品，詳見清代始興貨物輸出

〔註57〕〔民國〕陳及時等纂修：《廣東省始興縣志》卷四輿地略實業，臺北：成文出版社，1974 版，第 314～316 頁。

狀況表：

表 5-9　清代始興貨物輸出狀況〔註58〕

目的地	貨　　　　　物
西南	杉木；黑菸；竹排；香粉；薯茛；雜炭；
清遠	杉木；花生油；紙爆；
佛山	杉木；桶紙、京文紙；黃菸；花生油；竹排；香菰、多筍、紅瓜子；牛皮；薯茛；雜炭；礱板、船板；
廣州	桶紙、京文紙；黃菸；香菰、多筍、紅瓜子；牛皮；
韶州	黑菸；花生油；黃麻；松筒；香菰、多筍、紅瓜子；牛皮；紙爆；雜炭；礱板、船板；
英德	黑菸；紙爆；
四會	黑菸；
南雄	石灰；
蘆苞	香粉；
江門	杉木；
順德	雜炭；
東莞	雜炭；
新會	雜炭；

　　其次，始興輸入品多樣。據載：「（始興）輸入品來自廣州及湘贛由雄韶兩處轉運入境多者爲洋紗、布疋，次則油鹽豆糖及各貨。本地原有土棉，婦孺紡織成布，日家織布，厚重耐久，遠勝他布。然土機呆笨，紡織遲滯，洋紗既興，土紗幾至絕迹。邑人向喜用江西土布，自洋紗入境，兼以嘉應州興寧輸入各色布疋，江西布遂一落千丈。合計洋紗、布疋二宗，每歲銷行價值二十餘萬元。生油出本境，邑人獨嗜茶油，土產茶油不敷仰給，湘產歲需三十餘萬斤。火水油由廣州運入，歲需二十餘萬斤。食鹽爲雄贛埠引地，歲需八十餘萬斤。黃豆來自贛湘，歲需四五萬斤。黃糖來自曲江，間有販自清遠者；白糖、冰糖俱來自廣州。黃糖歲需十餘萬斤，白糖、冰糖則不過數千斤。海味（土人名曰京果）、鹹魚、欖豉、醬料、缸瓦、蜜餞、糖果、蕉荔柑橙俱由廣州運來，業此多南海之石井及周村人，每歲銷行價值七八萬元。藥材、

〔註58〕資料來源：〔民國〕陳及時等纂修：《廣東省始興縣志》卷四輿地略實業，臺北：成文出版社，1974版，第314～318頁。

甃漆、染靛，江西產也，贛人業之，每歲銷行價值：藥材二萬餘元，甃漆、染靛一萬餘元，土產棉苧甚稀，多由湖南運入，棉花歲需一二千斤，苧麻歲需二三萬斤。菸葉出自本境，而為肥料之菸骨，須運至江西之南安、廣州之西南，歲需十餘萬斤，其餘洋貨、故衣、鞋帽、巾襪、針線、絨絲、茶酒、銅鐵、筆墨、紙聯，皆由廣州輸入，每年銷行價值不下十萬元。惟綾羅綢緞以及珠玉等飾，因邑人樸實服之者少，每歲銷行，價值不過萬元。米穀一項本境出產可敷本境之食，附城各鄉有餘則運往韶州，而清化、都亨又需翁源、虔南米接濟，此往彼來，殆因水陸運輸之便焉。」〔註59〕對上述材料進行分析，可知清末始興主要從清遠、廣州、韶州等七個地區輸入洋紗、布疋；油鹽豆糖及各貨；火水油；白糖、冰糖；海味等中外產品。其中，廣州是始興最大的輸入產品貨源地。

表 5-10　清代始興貨物輸入狀況〔註60〕

來源地	貨　　　物
清遠	黃糖；
廣州	洋紗、布疋；油鹽豆糖及各貨；火水油；白糖、冰糖；海味（土人名曰京果）、鹹魚、欖豉、醬料、缸瓦、蜜餞、糖果、蕉、荔、柑、橙；洋貨、故衣、鞋帽、巾襪、針線、絨絲、茶酒、銅鐵、筆墨、紙聯；
韶州	洋紗、布疋；油鹽豆糖及各貨；黃糖；
南雄	洋紗、布疋；油鹽豆糖及各貨；食鹽；
興寧	各色布疋；
湖南	茶油；黃豆；棉花、苧麻；
江西	食鹽；黃豆；藥材、甃漆、染靛；

從以上材料中，可以提煉出粵北物流中心始興的幾條主要物流線路：

（1）始興——韶州（北江航線）；（2）始興——南雄（北江航線）；（3）始興——曲江（北江航線）；（4）始興——英德——清遠（北江航線）；（5）始興——四會（北江－西江航線）；（6）始興——西南——佛山、省城、順德、江門、新會（北江－珠三角航線）；（7）始興——韶州——省城、佛山（北江

〔註59〕〔民國〕陳及時等纂修《廣東省始興縣志》卷四輿地略實業，臺北：成文出版社，1974 版，第 316～318 頁。
〔註60〕資料來源：〔民國〕陳及時等纂修《廣東省始興縣志》卷四輿地略實業，臺北：成文出版社，1974 版，第 314～318 頁。

－珠三角航線）（8）始興──東莞（北江－珠三角－東江航線）；（9）始興──
──興寧（北江－韓江線路）；（10）始興－湖南；（11）始興－江西。

2、西江的物流節點

西江是清代粵省東西向的水上交通動脈，沿途形成眾多物流節點，其中，
最大的節點當數高要。高要是清代西江物流通道上在重要物流中心。不僅西
江干流與各支流的物資多要通過高要，更重要的是珠三角等沿海地區及廣西
等內陸地區的物資流動也多經過高要，詳見下表：

表 5-11　肇慶航業狀況一覽表 〔註61〕

種類	航行區域	艘　數	停　泊　地	備　考
帆船	肇慶省城	六	五艘泊塔腳太乙天都碼頭，一艘泊大簡墟碼頭。	自有輪拖航行後即已結束停業。
	肇慶佛山	五	塔腳街碼頭	全
	肇慶西南	日渡二，夜渡三	日渡泊新街碼頭，夜渡泊塔腳街碼頭。	全
	肇慶倫教	一	塔腳街碼頭	全
	肇慶龍江	一	塔腳街碼頭	全
	肇慶江門	二	新街碼頭	全
	肇慶廣利	二	學前街碼頭	全
	肇慶漕灣	二	大簡墟碼頭	全
	肇慶新橋	日渡二，夜渡二	日渡泊水街碼頭，夜渡泊塔腳街碼頭。	全
	肇慶白土	二	原泊塔腳街碼頭，現泊大街碼頭。	全
	肇慶天堂春灣	五	前泊塔腳街碼頭，後泊大簡墟碼頭。	全
	肇慶新興	五	前泊塔腳街碼頭，後泊大簡墟碼頭。	全
	肇慶永安	一	學前街碼頭	現今已無存在
	肇慶梧州	七	新街碼頭	自有輪拖航行後停業者四艘，僅存者三艘。

〔註61〕〔清〕馬呈圖纂輯：《廣東省宣統高要縣志》卷十一食貨篇二實業，臺北：成
　　　　文出版社，1974 年版，第 495～496 頁。

人力車渡	肇慶祿步	二	新街碼頭	現今仍存在
	肇慶大小湘	二	新街碼頭	仝
	肇慶六都	一	水街碼頭	自有輪拖航行後已停擺
輪船拖渡	肇慶省城	四	水街碼頭	光緒二十年始有平安早渡，其後有允記、同安兩早渡，及怡昌、電行兩午渡，至光緒三十年僅存早渡二艘、午渡二艘。
	肇慶江門	二	新街碼頭	光緒二十五年始業
單行輪船	肇慶梧州	二	水街碼頭	光緒二十年始業，船名大益及飛南，二艘開擺僅歷四五年停業。
	肇慶河口	三	水街碼頭	

3、珠三角物流節點

珠江三角洲河道密佈，水上物流路線繁複，因此形成眾多的物流節點。

（1）廣　州

廣州是重要的外貿物流中心。粵海關十年報告（1882～1891）指出：「外洋出口貿易——廣州貿易最重要的部分，其總值從 1882 年的 12609503 海關兩增長到 1891 年的 15395306 海關兩。儘管茶葉出口下降，經輪船運出的食糖也大量減少，但是，由於生絲出口的增長以及草席出口的少量增加，廣州出口貿易仍穩步增長。」〔註 62〕可見，外貿物流是流經廣州的物流的重要組成部分。

廣州與珠江三角洲各地往來密切。據載：「廣州與三角洲及東江各鄉鎮市場之間的航運，主要是由所謂『餉渡』這類船隻經營，一般載重量平均約 2000 擔，但有些船隻的載重量幾乎要多 1 倍。這類船隻共約 90 艘，按期從廣州啟航，裝載旅客和雜貨。廣州附近的市鎮，它們可以每天來往兩次，遠的地方如香山、惠州，則每年行駛 60～70 航次。目前，這些船隻幾乎全部屬於本地稱之為『車渡』的那種類型，『車渡』是 1882 年開始引進的，那時只有 4 艘，航行於廣州與佛山之間。……。」〔註 63〕

〔註 62〕據廣州市地方志編纂委員會辦公室，廣州海關志編纂委員會編譯：《近代廣州口岸經濟社會概況——粵海關報告彙集》，廣州：暨南大學出版社，1996 年，第 866 頁。
〔註 63〕據廣州市地方志編纂委員會辦公室，廣州海關志編纂委員會編譯：《近代廣州

　　廣州與內地各口岸通航。據《粵海關十年報告（1892～1901）》載：1899年，「內河航運迅速增長，形成了一支航行於廣州和內地各口岸之間的理想船隊。是年關稅收入略超過白銀 200 萬兩，可以稱爲迄今爲止的『最好紀錄』。」〔註 64〕例如，通過與內地港口之間的航線，廣州與西江流域的東安縣連灘有物資往來，據載：「河南洋莊草席，其草產自東安縣屬之連灘，及東莞縣屬虎門一帶地方採購編織，……。」〔註 65〕

　　廣州與香港、澳門、西海岸之間也有物資往來頻繁。據《粵海關十年報告（1882～1891）》載：「廣州口岸本地航運業的規模相當大，它包括各式各樣的船舶。最重要的是從事香港、澳門以及西海岸貿易的船舶。行駛香港的帆船平均載重量爲 5000 擔，但數目並不固定，以當時情況的變化爲轉移；它們裝載大米、雜貨和旅客來往於廣州與香港之間，但遇貨運清淡時，則改營出海捕魚。」〔註 66〕又：「航行澳門的帆船較小，載重量約 3000 擔，其中有三四艘船在廣州與澳門之間每年平均往來 30 航次。」〔註 67〕又：「從西海岸運鹽來廣州的帆船是較大型的船隻，載重量約 9000 擔，每年可往返 4 個航次。」〔註 68〕恩平是廣州與南路之間往來的轉運港：「（恩平）長行渡，前有由邑城往來省城兩艘出入，需十日一次。其時搭客多兩陽及高雷廉瓊四府士商。」〔註 69〕

　　　　口岸經濟社會概況——粵海關報告彙集》，廣州：暨南大學出版社，1996 年，第 888～889 頁。

〔註 64〕據廣州市地方志編纂委員會辦公室，廣州海關志編纂委員會編譯：《近代廣州口岸經濟社會概況——粵海關報告彙集》，廣州：暨南大學出版社，1996 年，第 903～904 頁。

〔註 65〕〔民國〕梁鼎芬等修，丁仁長等纂：〔民國〕《番禺縣志》卷十二實業志，廣東省地方史志辦公室輯：《廣東歷代方志集成》，廣州：嶺南美術出版 2007 年，第 241 頁。

〔註 66〕據廣州市地方志編纂委員會辦公室，廣州海關志編纂委員會編譯：《近代廣州口岸經濟社會概況——粵海關報告彙集》，廣州：暨南大學出版社，1996 年，第 906 頁。

〔註 67〕據廣州市地方志編纂委員會辦公室，廣州海關志編纂委員會編譯：《近代廣州口岸經濟社會概況——粵海關報告彙集》，廣州：暨南大學出版社，1996 年，第 906 頁。

〔註 68〕據廣州市地方志編纂委員會辦公室，廣州海關志編纂委員會編譯：《近代廣州口岸經濟社會概況——粵海關報告彙集》，廣州：暨南大學出版社，1996 年，第 906 頁。

〔註 69〕〔民國〕余丕承等修；桂坫等纂，《廣東省恩平縣志》卷之七建置二渡，臺北：成文出版社，1974 年版，第 355～356 頁。

（2）澳　門

澳門是清代廣東的重要物流中心之一。如 1888～1891 年，澳門聚集了種類繁多的進出口產品。據《拱北關史料集》所載之「1888～1891 年主要進口商品統計」表顯示：「1888～1891 年通過拱北口的主要進口商品為：鴉片（Malwa，Patna，Benares），棉布（灰色襯衫料子，白色襯衫料子，染色、有圖案，扣布，上等細麻布和平紋細布，其它棉布，英產棉紗，印度產棉紗），毛織品（英產羽絨，厚斜紋織物，長絨織物，寬幅棉布，其它毛料品），外產雜物（生棉，鹹魚，麵粉，蘑菇，美國產煤油，俄國產煤油，稻穀和米），土產品（豆類，棉布，生棉，鹹魚，花生餅，藥品，花生油，乾對蝦，絲綢布匹，紅糖，白糖，粉絲）。」〔註 70〕又 1888～1891 年通過拱北口的主要出口商品為：「棉布，鮮蛋和鹹蛋，扇子、棕櫚，柴，新鮮棵水果〔註 71〕，花生餅，草席、茶、葉、糖等〔註 72〕，花生油，茴香子油，桂油，一級紙，二級紙，陳皮，豬，家禽，米和稻穀，燒酒，白生絲，野生絲，整繭絲，絲綢廢料，絲綢布匹，紅糖，白糖，烘製紅茶，未烘製紅茶，烘製綠茶，未烘製綠茶，硬質木材板，軟質木材板，煙葉。」〔註 73〕

下面列出的「1888～1891 年拱北海關與各州、府貿易額統計數據表」顯示，集中於澳門的土貨，主要來自於省內的廣州府、肇慶府、雷州府、高州府、廉州府、瓊州府，省內其他州府亦有直接將貨物運至澳門的，但數量極少，這些州府或許是先把貨物運到珠江流域或者是南路的經濟中心，然後再從這些中心轉運至澳門。

在澳門集中的土貨中，來自廣州府與肇慶府北部的土產品價值特別高，其原因主要有以下幾點：

其一，廣州府的珠江三角洲地區是全省經濟最發達地區，其生產能力最強，產品數量最多。

其二，廣州府與肇慶府北部集中了全省高水平的工業及手工業，如廣州、佛山、高要都是全省一流的製造中心，因此，此區出產的工業及手工業產品附加值最高。

〔註 70〕拱北海關志編輯委員會編：《拱北關史料集》，珠海：拱北海關 1998 年，第 238～239 頁。

〔註 71〕原文如此。疑為「新鮮水果」。

〔註 72〕原文如此。疑為「茶葉、糖」。

〔註 73〕拱北海關志編輯委員會編：《拱北關史料集》，珠海：拱北海關 1998 年，第 239～240 頁。

　　其三，廣州府與肇慶府的北部經濟發達，吸引了全省土產品在此聚集，這些產品除供本地消費外，還會外運他方，其中就有相當一部分轉運澳門。

　　由於以上三方面的原因，所以，在集中於澳門的土產品中，來自廣州府與肇慶府北部的產品價值特別高。

表 5-12　1888～1891 年拱北海關與各州、府貿易額統計〔註74〕

州、府名	運來土產品價值	排序
1888 年	海關兩	排序
廣州府和肇慶府北半部	1,998,310	1
雷州府	523,435	2
高州府和肇慶府南半部	344,693	3
廉州府	367,456	4
瓊州府（海南）	148,381	5
其它州府	5,304	6
總計	3,387,579	
1889 年	海關兩	排序
廣州府和肇慶府北半部	2,378,681	1
雷州府	454,488	2
高州府和肇慶府南半部	314,315	3
廉州府	228,999	4
瓊州府（海南）	196,982	5
其它州府	10,313	6
總計	3,583,778	
1890 年	海關兩	排序
廣州府和肇慶府北半部	3,171,753	1
雷州府	372,847	2
高州府和肇慶府南半部	304,816	3
廉州府	243,876	4
瓊州府（海南）	129,993	5
其它州府	3,705	6
總計	4,226,990	

〔註74〕　資料來源：拱北海關志編輯委員會編：《拱北關史料集》，珠海：拱北海關 1998 年，第 241～242 頁的《1888～1891 年與各州、府貿易額統計》。

1891 年	海 關 兩	排 序
廣州府和肇慶府北半部	3,071,431	1
雷州府	338,824	2
高州府和肇慶府南半部	280,386	3
瓊州府（海南）	183,256	4
廉州府	165,480	5
其它州府	7,352	6
總計	4,046,731	

　　澳門與廣東各港口形成複雜的物流線路。《拱北關十年報告（一）（1882年～1891年）》所載的「從澳門到所列港口的帆船運費表」〔註75〕顯示，澳門與等地形成多條物流線路。又根據下面的「澳門與鄰近港口之間航程所需時間〔註76〕（據拱北關十年報告（一）（1882年～1891年））表」可知，澳門還與等港口有物資往來。綜合以上兩點，澳門主要與珠江三角洲地區的石岐、陳村、江門、新會河沿岸各港口、廣州、斗門、單水口、荻海、長沙、廣海、石龍等港口，以及西海岸的陽江、高州、水東、雷州等港口形成錯綜複雜的物流路線。而這些路線的交彙地澳門則是重要的物流中心。

表 5-13　澳門與鄰近港口之間航程所需時間〔註77〕（據拱北關十年報告（一）（1882年～1891年））

前 往 和 來 自	平 均 航 行 時 間
	每天按 12 小時計
省城	3 天
陳村	2 天
石岐	1.5 天
	8 小時，油汽艇牽引

〔註75〕拱北海關志編輯委員會編：《拱北關史料集》，珠海：拱北海關 1998 年，第 270 ～271 頁。

〔註76〕據拱北海關志編輯委員會編：《拱北關史料集》，珠海：拱北海關 1998 年，第 272 頁。

〔註77〕據拱北海關志編輯委員會編：《拱北關史料集》，珠海：拱北海關 1998 年，第 272 頁。

斗門	1.5 天
江門	2 天
單水口	2 天
荻海	2.5 天
長沙	2.5 天
廣海	2 天
陽江	2 天
石龍	3 到 4 天

（3）香　港

　　清後期物流進出口物流路線多經香港。清後期，香港是廣東各地的物資進出口的轉運中心。清後期，香港貿易發達，成爲中外往來之咽喉，據載：「（薛福成：與英外部商設香港領事情形片，光緒十六年十月初十日）香港一島，華民流寓者十四五萬，逼近廣東省城，尤爲中外往來咽喉。凡華洋各商貨物，均先至香港，然後轉運各省。……。（薛福成：出使奏疏，卷上，葉 27。）」〔註 78〕而且，香港的稅制較廣東內地有利。如同樣的貨物從香港起運就比從黃埔起運便宜，據載：「另外還由於從香港運出 10 萬擔以上，從香港裝運，可比從黃埔裝運便宜 3 角至 4 角，因爲在香港可以避免出口稅。」〔註 79〕因此，廣東的進出口貨物多先集中香港。首先，省城廣州的進口貨物多來自香港，出口貨物也一般先運集香港。據《粵海關十年報告（1882～1891）》載：「廣州地區進口貨物自然全部從香港獲得供應，其產品也全部經香港運往外洋，……。」〔註 80〕其次，西江流域的進出口貨物也集中香港，據《粵海關十年報告（1882～1891）》載：「桂皮幾乎全部經帆船運往香港，然後大部分轉運漢堡、倫敦、紐約和印度港口。」〔註 81〕因爲「肉桂

〔註78〕姚賢鎬：《中國近代對外貿易史資料（1840～1895）》第二冊，北京：中華書局，1962 年，第 761 頁。

〔註79〕姚賢鎬：《中國近代對外貿易史資料（1840～1895）》第二冊，北京：中華書局，1962 年，第 1223 頁。

〔註80〕據廣州市地方志編纂委員會辦公室，廣州海關志編纂委員會編譯：《近代廣州口岸經濟社會概況——粵海關報告彙集》，廣州：暨南大學出版社，1996 年，第 855 頁。

〔註81〕據廣州市地方志編纂委員會辦公室，廣州海關志編纂委員會編譯：《近代廣州口岸經濟社會概況——粵海關報告彙集》，廣州：暨南大學出版社，1996 年，第 865 頁。

只在西江南岸的羅定州種植」〔註 82〕，即桂皮主要來自羅定等地，故西江貨物也先集中香港再運往外國。再次，東江流域的貨物也集中香港，據《粵海關十年報告（1892～1901）》載：「約有 2/3 的地席由民船從廣州和東莞運往香港。」〔註 83〕所以，香港有廣東的保險倉庫之稱，據載：「香港這個貨物集散地，實在可以稱之為廣東省（在很大的程度上也可以說是其他省份）的保險倉庫。廣州的商人往香港購貨，從外國人的倉庫購得他所需要的貨物。這些貨物多半為他自己所有，如他認為必要，隨時都可把這些貨物運走。因此，他可以把這些貨物運往廣州，也可以運往沿海一帶地方，納稅或不納稅，或者私下了結，怎樣有利，怎樣方便，就怎樣辦，一般情況就是這樣。廣州的進口貿易完全操在中國人手裏，局外人實際知道的很少。年復一年，廣州這個城市，眼看日臻繁榮，船隻滿載著洋貨，商業的活躍，到處可以見到。香港汽船載運的往返乘客，每天達 600 至 1,200 人，可以說幾乎都是為了買賣而往返香港的，因為中國人除了做買賣以外，是很少旅行的。……。（Commercial Reports, 1872，廣州，p.9）」〔註 84〕清後期廣東進出口物流多經香港，表明廣東很多地區都能直接接受香港國際經濟中心的輻射，因而發展進程加快。這些地區出口香港的多為土特產品，而這些產品又由鄉鎮手工業單位生產，所以，清代廣東各地物流多經香港，有利於當地鄉鎮社會及墟市經濟的發展。

（4）佛　山

佛山是珠江三角洲上的主要物流中心之一。西江、北江與省、港、澳及外洋進行交流時，往往都要經過佛山。所以，佛山也是各地貨物的集散地。例如，韓江流域貨物運往佛山，據載：「洋紗是由汕頭輸入的，在運往興寧以前，每件要完納關稅和釐金四兩七錢五分，合計徵從價稅百分之六。這種（洋紗織的）布再運往佛山，再由佛山運至香港的途中，當然還要收稅。（Reportof the Mission to China of the Blackburn Chamber of Commerce 1896-97, p.134)」

〔註 82〕據廣州市地方志編纂委員會辦公室，廣州海關志編纂委員會編譯：《近代廣州口岸經濟社會概況——粵海關報告彙集》，廣州：暨南大學出版社，1996 年，第 886 頁。

〔註 83〕據廣州市地方志編纂委員會辦公室，廣州海關志編纂委員會編譯：《近代廣州口岸經濟社會概況——粵海關報告彙集》，廣州：暨南大學出版社，1996 年，第 913 頁。

〔註 84〕姚賢鎬：《中國近代對外貿易史資料（1840～1895）》第二冊，北京：中華書局，1962 年，第 761～762 頁。

〔註85〕說明了清代興寧新土布運往佛山加工。佛山的產品也銷往各地，如：「（恩平）日用器物多資外來，如鐵鍋來自佛山、陽春，……。」〔註86〕

（5）香　山

清代，香山經濟取得了一定的發展，與多個地區間建立了貿易關係。根據下列兩個表格，可知，清後期，香山主要與以下地區進行貿易：香港，澳門，廣州，佛山，江門，順德陳村、容奇、勒樓諸鄉，西北江地區，外洋。

表5-14　清後期香山縣輸入品〔註87〕

輸　入　品	輸　入　地	歲　值　約　計
洋米		三十餘萬兩
鹹魚	港澳等處	七八十萬兩
海品雜貨		一百萬兩
磚瓦		三十餘萬兩
木器、杉料	省城、佛山、西北江	三四十萬兩
竹器		十餘萬兩
柴炭	西江	二十萬兩
洋貨	省城、香港	二十萬兩
布疋、綢緞	省城等處	六七十萬兩
生熟煙		二十萬兩
藥材	省城、香港	六萬五千元
茶	佛山等處	五萬元
煙葉	江門、澳門等處	三萬元
煤油	省港奧	二十萬元
油	省城等處	一百八十餘萬元
黃糖	省城等處	十八萬元

〔註85〕彭澤益編：《中國近代手工業史資料》（第二卷），北京：中華書局，1962年，第246頁。

〔註86〕〔民國〕余丕承等修：桂坫等纂，《廣東省恩平縣志》卷之四輿地三屋制，臺北：成文出版社，1974年版，第186頁。

〔註87〕資料來源：〔清〕厲式金修，汪文炳、張丕基纂，《廣東省香山縣志》卷二輿地，臺北：成文出版社，1967年版，第67～69頁。

表 5-15　清後期香山縣輸出品〔註88〕

輸　出　品	輸　出　地	歲值約計
穀	陳村、江門	五六百萬兩
生果（烏欖、大蕉、荔枝、龍眼等居多）	香港、澳門	三十餘萬兩
荷蘭薯、椰菜等	香港、外洋	三萬餘兩
蠔蝛蝦醬	香港、省城、江門等地	十餘萬兩
鹹魚	省城、陳村、江門等地	三四十萬兩
蠔油蠔豉	香港、省城、江門等地	十餘萬兩
蠶絲	省城及順德容奇、勒樓諸鄉	百餘萬兩
夏布	外洋	數萬兩

　　香山水上物流路線較多。香山處於珠江三角洲水網區，其與外界的貿易聯繫多通過水路進行，故其水運發達，線路複雜。

　　首先，小欖是香山的航運中心。據載：「按小欖居香山之上游，其石岐渡之往省城、佛山、陳村、官山、大良、龍山、龍江、九江、容奇、桂洲、黃圃、黃連、勒樓、甘竹等處者，路所必經，都人順搭上落，日十百人，甚為利便，其灣泊處有碼頭二，一為成美堂碼頭，一為麥氏學校碼頭，地址相去不遠，各占權利，建築之費不貲，規模宏敞，上蓋木屋，下駕波濤，為一邑碼頭之鉅觀。」〔註89〕所以，在香山與外地連通的物流路線中，有相當一部分都由小欖發出。如小欖－廣州線：「小欖往省城渡二，曰恒記，曰德記，一辰刻往省，一午刻返欖。用一輪船往返拖帶，總名曰：恒德公司，由商人合股而成。」〔註90〕再如小欖－江門線：「由小欖往江門渡二，俱是帆船，祗以搬運貨物，旅客附搭者甚少。」〔註91〕

　　其次，江門是香山多條物流路線的目的地。香山與江門間的水路聯繫叫

〔註88〕資料來源：〔清〕厲式金修，汪文炳、張丕基纂，《廣東省香山縣志》卷二輿地，臺北：成文出版社，1967 年版，第 69 頁。

〔註89〕〔清〕厲式金修，汪文炳、張丕基纂，《廣東省香山縣志》卷四建置，臺北：成文出版社，1967 年版，第 255 頁。

〔註90〕〔清〕厲式金修，汪文炳、張丕基纂，《廣東省香山縣志》卷四建置，臺北：成文出版社，1967 年版，第 255 頁。

〔註91〕〔清〕厲式金修，汪文炳、張丕基纂，《廣東省香山縣志》卷四建置，臺北：成文出版社，1967 年版，第 255 頁。

多，主要有：「由黃梁都南門湧往來江門輪拖渡一。」〔註 92〕「由小濠湧往來江門輪拖渡一。」〔註 93〕「由南水埠往來江門輪拖渡一。」〔註 94〕「由沙籠湧往來江門輪拖渡一。」〔註 95〕

另外，香山有通往其他地區的物流線。如香山與澳門間的水路聯繫有：「鴉岡餉渡往來鴉岡、澳門」〔註 96〕；由小濠湧往來澳門輪拖渡一〔註 97〕。再如香山與順德間的水路聯繫有：「由大黃圃往順德大良車渡一。」〔註 98〕

香山縣內各地也形成為數不少的物流線路。就香山縣內的物流系統而言，縣境西北半部多水路路線，東南半部多陸路路線：「本邑道路自縣治起，西北諸鄉均以航行為捷，東南諸鄉則陸路交通為多。」〔註 99〕但總體而言，水運較為發達，地方之間多可通航，如香山縣大黃圃與石岐之間，就要由兩條水上路線進行聯繫：「由大黃圃往石岐輪拖渡一」〔註 100〕；「由大黃圃往石岐帆渡一，鰲山書院開設」〔註 101〕。還有不少短距離的物流路線——橫水渡：如欖邊墟渡：「欖邊墟渡，咸豐七年墟市成立，設此以裝載貨物人客往來於石岐四都各鄉，渡泊湧口門，用小艇搬運至茶園埗頭。」〔註 102〕再如由南鎮墟

〔註 92〕　〔清〕厲式金修，汪文炳、張丕基纂，《廣東省香山縣志》卷四建置，臺北：成文出版社，1967 年版，第 256 頁。

〔註 93〕　〔清〕厲式金修，汪文炳、張丕基纂，《廣東省香山縣志》卷四建置，臺北：成文出版社，1967 年版，第 256 頁。

〔註 94〕　〔清〕厲式金修，汪文炳、張丕基纂，《廣東省香山縣志》卷四建置，臺北：成文出版社，1967 年版，第 256 頁。

〔註 95〕　〔清〕厲式金修，汪文炳、張丕基纂，《廣東省香山縣志》卷四建置，臺北：成文出版社，1967 年版，第 256～257 頁。

〔註 96〕　〔清〕厲式金修，汪文炳、張丕基纂，《廣東省香山縣志》卷四建置，臺北：成文出版社，1967 年版，第 256 頁。

〔註 97〕　〔清〕厲式金修，汪文炳、張丕基纂，《廣東省香山縣志》卷四建置，臺北：成文出版社，1967 年版，第 256 頁。

〔註 98〕　〔清〕厲式金修，汪文炳、張丕基纂，《廣東省香山縣志》卷四建置，臺北：成文出版社，1967 年版，第 257 頁。

〔註 99〕　〔清〕厲式金修，汪文炳、張丕基纂，《廣東省香山縣志》卷二輿地，臺北：成文出版社，1967 年版，第 63 頁。

〔註 100〕　〔清〕厲式金修，汪文炳、張丕基纂，《廣東省香山縣志》卷四建置，臺北：成文出版社，1967 年版，第 257 頁。

〔註 101〕　〔清〕厲式金修，汪文炳、張丕基纂，《廣東省香山縣志》卷四建置，臺北：成文出版社，1967 年版，第 257 頁。

〔註 102〕　〔清〕厲式金修，汪文炳、張丕基纂，《廣東省香山縣志》卷四建置，臺北：成文出版社，1967 年版，第 256 頁。

過對圍坊的橫水渡：「大黃圍坊過南鎮墟一。又一名爲上渡，乾隆年間監生鎮堂將自置稅業建設埗頭；一名中渡；一名下渡，俱由南鎮墟過對圍坊。〔註103〕

（6）恩　平

清代恩平是高雷廉瓊四府與珠江三角洲之間物流往來的重要節點。據載：「其時高陽貨物由恩平以出江門，……。」〔註104〕又有謂：「長行渡，前有由邑城往來省城兩艘出入，需十日一次。其時搭客多兩陽及高雷廉瓊四府士商。自光緒間准用小火輪拖帶蠻船往來省城新昌，皆喜其快捷，恩省兩渡遂致停擺。後有人雇淺水電船，由船角接駁新昌省港佛輪船，又以水淺沙膠，不能依時抵境，旋開旋止，其往來新會、江門、九江帆船程途較遠，日漸稀少，惟往來赤墈三埠照常行駛而已。固以新昌外河道危險，而火輪船繼起，其遲速有不同也。」〔註105〕

西江三角洲上形成廣東最大的物流中心群，這也同時表明珠江三角洲是清代廣東物資往來最頻繁的地區，這再次證明了西江三角洲是清代廣東物流最重要的通道。

另外，還有單種產品的物流中心。如清代興寧，曾經是韓江流域的洋紗與新土布的流通中心。據載：「（興寧）往年棉紗經興寧一帶機杼，織成土布，遵陸運往廣西者甚多。今年（1902年）西省蠢動，商旅裹足不前。（光緒二十八年汕頭口華洋貿易情形論略，通商各關華洋貿易總冊，下卷，頁76）」〔註106〕「興寧爲本埠棉紗商業一大銷路，傳說此項生理，陸續有歇閉者。夫棉紗用以織土布，向日該埠工藝興旺，土布爲出口大宗，自日本棉法蘭絨等類流入中華以來，人多喜用。土布自形不佳，若不將本地製布之法改良，則此項土布終歸烏有，而棉紗勢不能不受其影響也。（光緒三十三年汕頭口華洋貿易情形論略，通商各關華洋貿易總冊，下卷，頁89）」〔註107〕再如，

〔註103〕〔清〕厲式金修，汪文炳、張玉基纂，《廣東省香山縣志》卷四建置，臺北：成文出版社，1967年版，第258頁。

〔註104〕〔民國〕余榮謀修，張啓煌纂，《廣東省開平縣志》卷十二建置下，臺北：成文出版社，1966年版，第86頁。

〔註105〕〔民國〕余玉承等修；桂坫等纂，《廣東省恩平縣志》卷之七建置二渡，臺北：成文出版社，1974年版，第355～356頁。

〔註106〕彭澤益編：《中國近代手工業史資料》（第二卷），北京：中華書局，1962年，第460頁。

〔註107〕彭澤益編：《中國近代手工業史資料》（第二卷），北京：中華書局，1962年，第460頁。

欽州爲交趾香的集中地，據《廣東新語》載：「交趾之香聚於欽」〔註108〕。又如，四會是廣寧及懷集杉竹的集散地，據《四會縣志》載：「（光緒四會）邑自設釐金廠，所抽收者以杉竹爲大宗，其實二者皆自廣寧、懷集來，至倉岡埠交客，非邑所有者，……。」〔註109〕

重要物流節點附近墟市經濟蓬勃發展。物流節點之所以重要，是因爲有大量的物資從中流過，換言之，重要的物流節點能集中大量的物資，那麼，其周圍地區就能得到較爲充足的物資供應，鄉村地區也不例外，這些地區的墟市會因爲供應產品的豐富而獲得較多的發展機會。因此，重要物流節點附近的墟市數量都相對較多。如廣州的附郭縣南海在光緒時的墟市數就達到 133 個〔註110〕，而順德物流節點周圍的鄉村也有墟市 88 個〔註111〕。

三、路線選擇

清代廣東的物流路線選則一般會受以下幾個因素影響：

（一）交通因素

交通狀況對物流影響大。如始興所產之米穀，可以滿足當地的需求，本來其米穀流只須在縣境內流動即可。但實際上，始興既有米穀出口，又需米穀進口，如此之米穀流動方式，主要受始興當地水陸交通的影響：「米穀一項本境出產可敷本境之食，附城各鄉有餘則運往韶州，而清化、都亨又需翁源、虔南米接濟，此往彼來，殆因水陸運輸之便焉。」〔註112〕

交通技術發展改變交通條件，從而改變物流路線。

其一，河運技術的提高，改變清代廣東原有的物流格局。例如，航運技

〔註108〕〔清〕屈大均：《廣東新語》，北京：中華書局，1985 年，2006 年重印，第669 頁。

〔註109〕〔清〕陳志喆等修，吳大猷纂，《廣東省四會縣志》編一物產，臺北：成文出版社，1967 年版，第 121 頁。

〔註110〕〔清〕戴肇辰等修，史澄、李光廷等纂：〔光緒〕《廣州府志》卷六十九建置略六，廣東省地方史志辦公室輯：《廣東歷代方志集成》，廣州：嶺南美術出版社，2007 年，第 1054 頁。此 133 個墟市全爲南海縣主捕與各司之墟市。另在會城之中，還有 22 個屬於南海縣的墟市。

〔註111〕〔清〕戴肇辰等修，史澄、李光廷等纂：〔光緒〕《廣州府志》卷六十九建置略六，廣東省地方史志辦公室輯：《廣東歷代方志集成》，廣州：嶺南美術出版社，2007 年，第 1055 頁。

〔註112〕〔民國〕陳及時等纂修《廣東省始興縣志》卷四輿地略實業，臺北：成文出版社，1974 版，第 316～318 頁。

術的提高改變恩平的物流路線，據載：「長行渡，前有由邑城往來省城兩艘出入，需十日一次。其時搭客多兩陽及高雷廉瓊四府士商。自光緒間准用小火輪拖帶蠻船往來省城新昌，皆喜其快捷，恩省兩渡遂致停擺。後有人雇淺水電船，由船角接駁新昌省港佛輪船，又以水淺沙膠，不能依時抵境，旋開旋止，其往來新會、江門、九江帆船程途較遠，日漸稀少，惟往來赤嵌三埠照常行駛而已。固以新昌外河道危險，而火輪船繼起，其遲速有不同也。」〔註 113〕

其二，海運的發展，改變清代廣東原有的物流格局。如開平赤坎的衰落：「赤嵌市：縣城西南卅五里，分上下埠，期趁三八，雍正康熙間建（舊有二七市，在駝駄東南之橫頭嶺附近，其貨物由牛淹水埗頭起落，因埗頭距市遠，轉運不便，乃遷建今市。 赤嵌建市後於水口、長沙，而三十年前〔註 114〕商務之盛且過之，其時高陽貨物由恩平以出江門，必取道赤嵌也，今則海道交通，水東、梅菉之貨舶徑經厓門達江門，而赤嵌之商務不如前矣。）界於上下二埠間爲賣牛場，道光二十六年關姓與司徒姓因場地爭訟，肇慶府憲楊會縣勘訊判遵勒石，縣署及松柏司署存據。（王志參訪冊）」〔註 115〕河運爲主的時代，赤嵌是高陽貨物通過恩平而出江門的必經之地，故其時其物流、客流往來頻繁，赤嵌市也因此而興盛。進入海運時代後，海運憑運量大、運費低等優勢，吸引了部分原屬於河運的物流。例如從水東、梅菉到江門的貨船，原來的運輸路線是：走內河航線經過赤嵌而出江門，至海上交通發展之後，這些貨船就改由海路經厓門達江門，赤嵌市也因此而經濟衰退。可見，交通條件影響物流路線，從而影響墟市演化。

其三，鐵路技術的應用，改變了清代廣東原有的物流格局。如清遠：粵漢鐵路於光緒三十四年築至清遠〔註 116〕，其在清遠境內的主要站點有：「銀盞坳站，光緒三十四年三月通車；迎嘴站：（光緒）三十四年六月通車。源潭站：（光緒）三十四年十一月二十日通車；潖江口站：宣統元年八月二十七日通

〔註 113〕〔民國〕余丕承等修；桂坫等纂，《廣東省恩平縣志》卷之七建置二渡，臺北：成文出版社，1974 年版，第 355～356 頁。

〔註 114〕因爲所引材料出自民國二十二年鉛印本，所以其所謂「三十年前境況」是清代之狀況。

〔註 115〕〔民國〕余榮謀修，張啓煌纂，《廣東省開平縣志》卷十二建置下，臺北：成文出版社，1966 年版，第 86 頁。

〔註 116〕〔民國〕吳鳳聲、余榮謀修，朱汝珍纂：《民國清遠縣志》卷十一市政，《中國地方志集成》，上海：上海書店出版社，2003 年，第 371 頁。

車；石陂坑站：宣統元年十二月二十日通車。舊橫石站：宣統二年四月二十四日通車。」〔註117〕隨著粵漢鐵路清遠段的通車，清遠的物流格局隨之改變，據載：「清遠當南北之中樞，昔者火車未通，上自南韶連英，下至省佛陳龍，此爲必經之道，商業繁盛。自粵漢鐵路在縣南經過，舉前時山邑經過之貨物直接逕運省垣，致本城商務一落千丈。本縣附城商店約共九百間，俱是販運貨物，絕無工藝出品，至土產之物，不過茶筍糖杉四行，亦無大宗出口，而洋米、糖、面、花生、火柴、火水、洋貨、洋布之大宗日用品，反源源輸入，充斥市場，……。」〔註118〕粵漢鐵路通車前，清遠縣城是清遠地區的物流中心，各路貨物彙聚清遠縣城。自鐵路在清遠通車後，各地貨物多集中於沿途，由於銀盞坳、迎嘴、源潭、滘江口、石陂坑、舊橫石等站點，而沒有設置火車站的清遠縣城之商務，則因此而一落千丈，貨物品種及數量皆呈下降趨勢，其物流流向與線路也因此而發生改變。同時改變的還有原有的墟市分佈格局。

（二）稅制因素

稅制對物流路線選擇造成經常性的影響，是清後期廣東物流的一個畸形現象。鴉片戰爭後，中國出現了許多奇怪的稅收制度與規定，其目的在於支持洋貨而打擊國貨。這些奇怪的稅收規定，使得清後期廣東的物流路線出現違背常理的情況。其一，物流路線常隨新規而變。據《粵海關十年報告（1882～1891）》載：「1887年春，《煙臺條約續增專條》開始實施，專條規定，在通商口岸對進口外國鴉片同時徵收關稅和釐金。雖然在新制度下經九龍、拱北放行的鴉片，與廣州及其他通商口岸一樣，徵納同樣的關稅和釐金，並享受同樣的轉運優待，但從相關數字可以看出，絕大部分鴉片立即改由外國輪船運來廣州，而帆船則只向小地方繼續運送。」〔註119〕可見，《煙臺條約續增專條》使入口的絕大部分鴉片改運至廣州。其二，物流路線隨優惠條件改變而變，即使重複運輸也在所不惜。據《粵海關十年報告（1892～1901）》載：「食

〔註117〕〔民國〕吳鳳聲、余榮謀修，朱汝珍纂：《民國清遠縣志》卷十一市政，《中國地方志集成》，上海：上海書店出版社，2003年，第372頁。
〔註118〕〔民國〕吳鳳聲、余榮謀修，朱汝珍纂：《民國清遠縣志》卷十四土產物，《中國地方志集成》，上海：上海書店出版社，2003年，第454頁。
〔註119〕據廣州市地方志編纂委員會辦公室，廣州海關志編纂委員會編譯：《近代廣州口岸經濟社會概況——粵海關報告彙集》，廣州：暨南大學出版社，1996年，第868～869頁。

糖出口貿易波動很大，原因是：運輸途徑根據所提供的優惠條件而有所改變。近來，以前由產地直接運往香港的貨物，現在則憑運照運來廣州。……。以前運往香港的惠州蔗糖都經過石龍，但最近幾年，人們發現，如果借助運照避過在石龍繳付釐金稅，把食糖運到廣州，重新包裝，然後再經輪船運往香港，這樣，其費用就會比用本地民船經由舊路線要便宜許多。」〔註 120〕

（三）競爭因素

廣州與西江各口岸之間存在著競爭。特別是在西江通航後，這种競爭尤為激烈。據《粵海關十年報告（1892～1901）》載：「1897 年西江各口岸的開放，曾對廣州產生一些不良影響。在此之前，廣州一直是所有沿江各地的貨運集散中心，而現在情況不同了，就是佛山也可以比較便利地從三水得到供貨。」〔註 121〕又《粵海關十年報告（1892～1901）》指出：「在本十年度初期，橡膠鞋的進口價值為 16867 海關兩，到 1896 年，上升到 33367 海關兩，可是1901 年又下降為 9256 海關兩。據說，這是由於西江流域直接從香港進貨所致。應該看到，香港和西江之間的直接貿易，將會逐漸影響到目前仍到廣州集散的其他商品。」〔註 122〕所以，1899 年的廣州，在激烈競爭之下仍然可以取得貿易金額的增長，確實是一個難得的「好成績」：「1899 年，本口岸（廣州）的貿易金額比以前最好的年份——1895 年——增長了白銀 900 萬兩，創造了一個『新紀錄』。各行各業生意均一派興旺。內河航運迅速增長，形成了一支航行於廣州和內地各口岸之間的理想船隊。是年關稅收入略超過白銀 200 萬兩，可以稱為迄今為止的『最好紀錄』。不要忘記，這一成就是在洋貨直接由香港運往西江各口岸而西江口岸土貨也同樣直接出口的情況下取得的。」〔註 123〕

〔註 120〕據廣州市地方志編纂委員會辦公室，廣州海關志編纂委員會編譯：《近代廣州口岸經濟社會概況——粵海關報告彙集》，廣州：暨南大學出版社，1996 年，第 912～913 頁。

〔註 121〕據廣州市地方志編纂委員會辦公室，廣州海關志編纂委員會編譯：《近代廣州口岸經濟社會概況——粵海關報告彙集》，廣州：暨南大學出版社，1996 年，第 905 頁。

〔註 122〕據廣州市地方志編纂委員會辦公室，廣州海關志編纂委員會編譯：《近代廣州口岸經濟社會概況——粵海關報告彙集》，廣州：暨南大學出版社，1996 年，第 908 頁。

〔註 123〕據廣州市地方志編纂委員會辦公室，廣州海關志編纂委員會編譯：《近代廣州口岸經濟社會概況——粵海關報告彙集》，廣州：暨南大學出版社，1996 年，第 903～904 頁。

產地與轉運地的競爭。如《粵海關十年報告（1882～1891）》稱：「桂皮幾乎全部經帆船運往香港，然後大部分轉運漢堡、倫敦、紐約和印度港口。」〔註124〕又《粵海關十年報告（1882～1891）》指出：「除廣州口統計量外，更大數量的食糖是經帆船從產地直接運往香港。」〔註125〕

輪船與帆船的競爭。據《粵海關十年報告（1892～1901）》：「本十年度內，由於輪船的競爭，行使港澳的帆船已減少了約 50%，但是，各江上游的航運業則爲適應貿易發展的需要而增長了 20%。」〔註126〕

本省與外省的競爭。「在像中國這樣一個出產豐富又有勤勞的人民的國家裏，那裏〔註127〕有需要，那裏〔註128〕就會有供給；換句話說，如果中國人發現他們能夠出售某種東西，他們就能生產出這種東西來。廣州茶葉市場因福州口岸的開放而遭到破壞，也同生絲市場因上海開埠而遭到破壞一樣。……。（Commercial Reports, 1872 年，Part Ⅰ，廣州，p.10.）」〔註129〕

以上各种競爭，都會對物流路線的選擇產生影響。

（四）其他因素

原材料價格的起伏對物流路線選擇的影響。據載：「製造爆竹以廣利、硯州人爲最多，約有三百餘家，製法分上、中、下三等，上等爆專備出口之用，同光間銷流極旺，爲出口貨大宗，四班各鄉胥沾其利。光緒二十年後，因硝磺加價，獲利逐微，業爆竹者陸續遷往鹽埗、澳門等處營業，以就硝磺價。此後日漸衰頹，至今幾不可復振。」〔註130〕爆竹原材料硝磺價格的上升，致

〔註124〕據廣州市地方志編纂委員會辦公室，廣州海關志編纂委員會編譯：《近代廣州口岸經濟社會概況──粵海關報告彙集》，廣州：暨南大學出版社，1996 年，第 865 頁。

〔註125〕據廣州市地方志編纂委員會辦公室，廣州海關志編纂委員會編譯：《近代廣州口岸經濟社會概況──粵海關報告彙集》，廣州：暨南大學出版社，1996 年，第 865 頁。

〔註126〕據廣州市地方志編纂委員會辦公室，廣州海關志編纂委員會編譯：《近代廣州口岸經濟社會概況──粵海關報告彙集》，廣州：暨南大學出版社，1996 年，第 940 頁。

〔註127〕疑爲「哪裏」之誤。

〔註128〕疑爲「哪裏」之誤。

〔註129〕姚賢鎬：《中國近代對外貿易史資料（1840～1895）》第三冊，北京：中華書局，1962 年，第 1463 頁。

〔註130〕〔清〕馬呈圖纂輯：《廣東省宣統高要縣志》卷十一食貨篇二實業，臺北：成文出版社，1974 年版，第 491～492 頁。

使高要爆竹製造業轉移至鹽埗、澳門等處，那麼，原有的高要爆竹運銷路線亦隨之改變矣。

生產技術的進步改變物流路線。據《粵海關十年報告（1892～1901）》載：「廣州的醃薑和蜜餞一向聞名於世，但這項貿易已逐漸衰退，因爲把原料運往香港，在那裏設立大工廠加工醃製，更爲便宜合算。」〔註131〕即因爲香港的生產技術先進，使用大工廠加工製作醃薑和蜜餞，其成本相對較低、利潤較高，所以廣州的醃薑和蜜餞生產在與之競爭中失敗，此項生產遂由廣州轉向了香港。那麼，相關的物流路線有所改變：原來的廣州至香港之間的醃薑及蜜餞成品的運輸線，變成廣州至香港之間的醃薑及蜜餞的原料的運輸線。

無論何種原因導致清代廣東的物流路線發生改變，其結果多會對墟市格局產生影響。首先，物流路線的改變，會對改變物資輸出地的墟市經濟狀況。如高要製造爆竹「以廣利、硯州人爲最多」，「同光間銷流極旺，爲出口貨大宗，四班各鄉胥沾其利」，〔註132〕那麼，同光間廣利及硯州的墟市經濟會因爆竹業的興旺而發展良好，然而，「光緒二十年後，因硝磺加價，獲利逐微，業爆竹者陸續遷往鹽埗、澳門等處營業，以就硝磺價。此後日漸衰頹，至今幾不可復振。」〔註133〕，那麼，這會對依賴爆竹業的廣利及硯州的墟市經濟造成一定的負面影響。其次，物流路線的改變，也會影響沿途墟市的經濟狀況。例如，清後期，原來經過開平赤墈市的高陽貨物，改由海道經厓門達江門，而不走赤墈一線，這導致赤墈市出現「商務不如前矣」的局面。〔註134〕

四、物流與墟市

物流帶動商品實體的流轉，商流帶動商品所有權的流轉，在清代廣東商品經濟條件下，物流往往與商流相伴相生。

〔註131〕據廣州市地方志編纂委員會辦公室，廣州海關志編纂委員會編譯：《近代廣州口岸經濟社會概況——粵海關報告彙集》，廣州：暨南大學出版社，1996年，第915～916頁。
〔註132〕〔清〕馬呈圖纂輯：《廣東省宣統高要縣志》卷十一食貨篇二實業，臺北：成文出版社，1974年版，第491～492頁。
〔註133〕〔清〕馬呈圖纂輯：《廣東省宣統高要縣志》卷十一食貨篇二實業，臺北：成文出版社，1974年版，第491～492頁。
〔註134〕〔民國〕余榮諜修，張啓煌纂，《廣東省開平縣志》卷十二建置下，臺北：成文出版社，1966年版，第86頁。

（一）物流與墟市相生

物流催生墟市。清代廣東物流與商流的同生共榮特性，使得在物資流動的過程中，各個層次、大小不等的墟市也應運而生。物流還為各級墟市網絡的形成提供了商品交換的供求運動及其運動渠道。

物流的流速、流量、流向對墟市經濟發展的影響。（1）物流流速與墟市發展。商品於不同地點，具有不同的價格，如此的空間差異，為物流帶來了「空間價值」；通過運輸活動，可以將商品運往價高處售，從而實現商品的空間效益；在此，提升商品的運輸速度，有利於物流活動整體效益的提升。商品於不同時間，亦具有不同的價格，如此的時間差異，亦為物流帶來了「時間價值」；通過倉儲活動，可以將商品留待價高時售，從而實現商品的空間效益；在此，減緩商品的流動速度，亦有利於物流活動整體效益的提升。故運輸與倉儲均能為墟市產品帶來附加值。墟市的發展需要運輸之疾與倉儲之緩為支撐。（2）物流流量與墟市發展正相關。物流流量大、品種多則墟市發展興旺。（3）物流流向的改變亦會對墟市造成影響。

（二）物流與墟市共榮

首先，墟市是物流各種活動的交接地，是物流各方利益平衡的調節器。清代廣東物流的效益背反特性，決定了各方利益需要平衡。清代廣東物流領域的效益背反現象非常突出，即在物流的功能要素之間，存在著利益此長彼消的現象，如包裝環節簡化了包裝節省了成本，那麼，在運輸環節就有可能因包裝簡陋而對產品保護不足而使產品受損嚴重，從而影響了運輸環節的效率與效益。物流的效益背反特性，決定了物流活動中的各個環節之間以及各種因素之間都在尋求一種利益平衡，以期達到利益均霑的穩定局面。這是物流系統中各種要素相互制約、相互競爭的一種表現形式。（1）第一方物流、第二方物流與第三方物流在墟市得以交接。墟市為物流各方利益的平衡提供條件。據載：「在本省，茶是許多小生產者種植的，他們在鄉間市場上把茶葉賣給收茶人，而這些收茶人或者把茶運往口岸出賣，或在當地賣與廣東商人。外國商人則向廣東商人或收茶人收買。……。（Decennial Reports, 1882-91 年，廣州，p.553.）」〔註135〕材料中的茶葉生產者將產品運到鄉間市場的活動屬於第一方物流，而收茶人在鄉間市場收購茶葉後將之運往口岸出賣，這一過程

〔註135〕姚賢鎬：《中國近代對外貿易史資料（1840～1895）》第二冊，北京：中華書局，1962 年，第 1215 頁。

則屬於第三方物流。第一方物流與第三方物流在鄉間市場（即墟市）得到轉換。（2）長距離運輸與短距離配送在墟市得以交接。據載：「（英德）河頭市在望夫岡河邊，一名魚花埠，在北帝廟前，每春南海、九江客販賣魚花，必泊舟於此，四方來買魚花者皆聚此。」〔註136〕那麼，河頭市就是一個魚花的配送中心，南海、九江的魚花先通過較長的距離運到這一配送中心，再通過較短距離的配送，輸送至英德各地及周邊地區。短距離配送是長距離運輸的必要補充，其使整個物流網絡運轉順暢。墟市往往是清代廣東物流長距離運輸與短距離配送的交接地。各方利益的平衡，有利於清代廣東物流系統的穩定；各種物流活動的順利交接，有利於清代廣東物流網絡的暢順運行。

其次，墟市商流範圍影響物流範圍。墟市輻射範圍的擴大，可以促進物流活動範圍的擴展。據載：「從汕頭對外貿易剛一開始時，汕頭的糖就已經運到外國，希望開展汕糖的對外貿易，但至今尚無多大成就。從 1839 年起，汕頭就以帆船及輪船運糖往歐洲大陸、英國及美國。只有在西印度群島及南美糖產歉收時，中國糖才可能在歐洲找到有利可圖的銷場。同時，因為路程這樣遠，很可能在向中國定購的糖運到以前，市場上已經有其他地方的糖供應了。（Trade Reports, 1877 年，汕頭，p.213.）」〔註137〕可見，汕糖的銷售範圍從國內擴展到國外，那麼，汕糖的物流活動範圍也就隨之擴展到了歐洲大陸、英國及美國。

清代廣東物流與墟市商流雙生共榮。

第三節　物流影響下的廣東墟市演化──以大埔縣為典型

清代大埔縣，東臨福建漳州府，北接福建汀州府，西界嘉應州，南連豐順縣，範圍大致相當於今天的梅州市大埔縣，是梅州客都的一個重要組成部分。大埔是客家人的主要聚居地之一，於明代嘉靖年間置縣，清代屬潮州府管轄。韓江貫穿其境，水運發達，是清代閩粵贛邊客家經濟區不或缺的一環。

清代大埔墟市，是受商品流通影響較大的山區型墟市。據有關學者研究

〔註136〕〔清〕黃培燦，劉濟寬修；陸殿邦纂：《道光英德縣志》卷之四輿地略下風俗，《中國地方志集成》，上海：上海書店出版社，2003 年，第 313 頁。
〔註137〕姚賢鎬：《中國近代對外貿易史資料（1840～1895）》第二冊，北京：中華書局，1962 年，第 1234 頁。

認爲，明清時期廣東墟市的興盛，與當時的經濟發展相適應。其一，建築在農業手工業發展的基礎上；其二，有的墟市是爲適應宗族發展需要而開闢的。〔註138〕大埔縣墟市是廣東墟市的一個組成部分，它除了體現清代廣東墟市發展的共性外，還帶有自身發展的個性。清代，隨著國內外經濟格局的演變，大埔縣墟市在腹地經濟與過境貿易的影響下，形成了獨特的演化軌迹。可將其作爲清代廣東山區墟市發展的一個典型案例進行研究。

一、清代大埔縣墟市經濟的形成與特點

清代，隨著經濟的發展，地處閩粵贛邊的大埔縣墟市，逐步形成網絡，並且不斷發展壯大。大埔於嘉靖五年立縣，其地東接汀、漳，北抵程鄉，皆峻嶺崎嶇，盜賊出沒之，所故立縣以扼之。〔註139〕大埔縣扼粵、閩、贛之要衝，處於惠潮兩州通京的通道之上，在政治、經濟上的地位頗爲重要。同時，區內韓江水運發達，水路交通便利。韓江主要由自福建而來的汀江、梅潭河及自嘉應州而來的梅江組成，此三大支流於三河匯合，繼而南流潮汕入海。在河流分段上，三河以上稱上游，河道險阻較多，較爲典型的是梅江蓬辣灘，而汀江石上及虎頭沙以北河段不能通航貨船；三河至潮州府城段稱中游，府城以下稱下游，此二者通航條件都較好，對大埔縣墟市的發展起了原始推動作用。

由於具有邊境區位優勢及良好水運條件，清代大埔縣的經濟模式主要表現爲腹地地經濟及過境貿易。在內河航運爲主的時代，臨河之地通常都會有較大的發展。大埔縣位於閩粵贛邊區，居韓江流域的中、上游，從而形成獨特的經濟發展模式：

其一，大埔縣擁有多重腹地身份，曾先後受到不同經濟中心的輻射。清代，大埔縣曾受到汀州經濟中心、潮州府城及汕頭等經濟中心的先後影響，曾經成爲它們的腹地。首先，清初，汀、潮經濟中心的交替。據有關學者研究，明代汀州府已相當繁榮，嘉靖年間，汀州府有不少大市集，每年在汀州還舉行一些有特色的周期性大型貿易集會。汀州府已儼然已成爲閩粵贛邊的

〔註138〕可參閱李龍潛：明清廣東社會經濟研究，上海：上海古籍出版社，2006年，第 137 頁。

〔註139〕〔明〕戴璟、張岳等纂修：〔嘉靖〕《廣東通志初稿》卷六沿革，廣東省地方史志辦公室輯：廣東歷代方志集成，廣州：嶺南美術出版社，2006年，第 126 頁。

經濟中心。〔註140〕根據地理學的空間衰減原理，各種經濟活動或區域的影響力是隨空間距離的增大而呈減小的趨勢，所以，汀州府經濟中心對靠近它的大埔縣北部影響較大，導致了明末大埔縣墟市主要集中在轄區的北境，如虎頭沙、神泉、三河等。〔註141〕這顯然是受到汀州府經濟中心的影響。同時，大埔縣的南面有另一經濟中心崛起，它就是潮州府城。又據相關研究表明，嘉靖後，潮州府城以東韓江下游沿岸興起了眾多固定墟市。清開禁後，潮州府城成爲閩粵贛經濟區的中心。〔註142〕由此看來，明清交替之際，閩粵贛邊區曾先後出現了汀州府經濟中心及潮州府城經濟中心。這對大埔縣經濟的發展具有重要意義。

清前期，南北兩中心共存，大埔縣成爲這兩個經濟中心的共同腹地。新經濟中心的出現與舊經濟中心的衰落都是一個漸進的過程。一方面，康雍乾時期的汀州府，承前代發展，仍繼續保持繁榮。據載：雍乾時期，上杭「百貨具有」〔註143〕，商業發展較好。位於大埔縣北部的石上埠與虎頭砂，是因轉運往來汀州的貨物而興起的兩個墟市。康雍乾時期，兩個墟市受汀州府經濟形勢的影響，也出現了較好的經濟局面。據《康熙埔陽志》載：凡潮惠仕商赴京入閩者，舟止石上埠，轉運絡繹不絕。〔註144〕爲了維持汀埔之間的貿易，閩省汀州人江兆鳳於康熙二十二年在大埔捐置虎頭沙渡。〔註145〕乾隆時期，石上埠與虎頭沙都是逐日市〔註146〕，交易頻繁。說明康雍乾年間，通過大埔縣而進出汀州府的貿易流仍有一定規模，汀州府經濟中心的吸引力仍然

〔註140〕可參閱黃挺、杜經國：《宋至清閩粵贛邊的交通及其經濟聯繫》，《汕頭大學學報》（人文科學版）1995（2），第76～84頁。

〔註141〕〔明〕戴璟、張岳等纂修：〔嘉靖〕《廣東通志初稿》，卷二十五民物，廣東省地方史志辦公室輯：廣東歷代方志集成，廣州：嶺南美術出版社，2006年，第637頁。

〔註142〕可參閱黃挺、杜經國：《宋至清閩粵贛邊的交通及其經濟聯繫》，《汕頭大學學報》（人文科學版）1995（2），第76～84頁。

〔註143〕〔清〕郝玉麟等：《福建通志》卷九，《文津閣四庫全書》（第178冊，史部地理類），北京：商務印書館影印2005年，第149頁。

〔註144〕〔清〕宋嗣京修，藍應裕等纂：《康熙埔陽志》卷一地紀，《中國地方志集成》（廣東府縣志輯，21），上海：上海書店出版社，2003年，第325頁。

〔註145〕〔清〕阮元修，陳昌濟等纂：〔道光〕《廣東通志》卷二百五十五建置略，廣東省地方史志辦公室輯：《廣東歷代方志集成》，廣州：嶺南美術出版社，2006年，第2538頁。

〔註146〕〔清〕周碩勳纂修：《廣東省潮州府志》卷十四墟市，《中國方志叢書》，臺北：成文出版社，1967年，第174頁。

很大。另一方面，在同一時期，潮州府城的經濟影響力也逐漸增大。這種力量牽引大埔縣墟市向南〔註 147〕發展，據乾隆《潮州府志》載：在新增的七個墟市中，靠南部的居多。〔註 148〕因此，在交替過程中，汀州府經濟中心與潮州府城經濟中心，曾在某一段時間內共存，這段時間極有可能是康雍乾時期。清中期，潮州府城經濟中心愈發強大，大埔縣受其影響亦不斷增大，這一現象持續到清後期。鴉片戰爭後，世界與中國的經濟格局都發生了改變，韓江流域經濟中心亦隨之發生劇烈變動，由府城移到了汕頭。清末，汕頭取代了潮州府城的位置，成為大埔縣南面的新經濟中心。汕頭因瀕海得風氣之先爰告崛起。洋船昔之泊於樟林港者亦轉而泊於沙汕頭，人煙輻輳，浮積加廣，交通既便，潮州地方對外經濟貿更集中到汕頭港來。汕頭港遂成為粵東、贛南和閩西南部分地區的交通樞紐，有『粵東門戶』之稱，遂取代郡城商業地位。此時，潮汕關係已發生了質的改變：舉凡潮州出入口貿易皆以汕頭為吐納，若郡城、樟林、東里等處，雖有遺存商業，僅同轉駁之站，已降而為附庸。〔註 149〕清代大埔縣先後受到汀州府經濟中心、潮州府城及汕頭的影響，所以，大埔縣腹地曾服務於不同的經濟中心。其腹地經濟在不同階段具有不同特點：清前期受南北兩商業中心的同時拉動；清中期南方的經濟吸引力不斷增強；清後期潮汕的經濟吸引力疊加，來自南面的經濟動力深刻地影響著大埔縣的經濟發展。

其二，大埔縣作為過境貿易通道，轉運經濟十分發達。大埔縣位於潮汕、上杭、長汀等經濟中心之間，因此就順理成章地成為了這些地區經貿往來的通道。韓江便利水運對繁盛的大埔縣過境貿易有重要的支持作用。大埔縣地區具有多條過境貿易路線：

〔註 147〕 以縣城茶陽為界，根據空間近鄰效應（各種經濟活動或區域的影響力是隨空間距離的增大而呈減小的趨勢。）〔據李小健主編：《經濟地理學》，北京：高等教育出版社，1999 年，第 183 頁。〕，茶陽北部的經濟受汀州商業中心的影響較大，茶陽南部的經濟受潮州府城影響較大。

〔註 148〕 〔清〕周碩勳纂修：《廣東省潮州府志》卷十四墟市，《中國方志叢書》，臺北：成文出版社，1967 年，第 174～175。茶陽以南的六個墟市分別是：長興墟、大麻墟、太平墟、南豐墟、永豐墟、廣安墟，位於茶陽以北的是校場墟。

〔註 149〕 據鄭可茵、趙學萍、吳里陽輯編點校：《汕頭開埠及開埠前後社情資料》，汕頭：潮汕歷史文化研究中心、汕頭市文化局、汕頭市圖書館 2003 年，第 197頁；饒宗頤總纂，潮州市地方志辦公室編：《潮州志》，潮州：潮州市地方志辦公室 2005 年，第 1166～1167 頁。

　　南北線貿易。大埔縣的南北方向上的貿易主要是沿汀江及韓江干流進行。北線貿易：經大埔縣向北與閩、贛等省的貿易，此線可直通長江流域、東部沿海、黃河流域及北京等地。大埔縣向北可達福建汀州府的上杭、永定、長汀等地。據載：「（汀州府）南至廣東潮州府大埔縣界三百里」〔註150〕，有汀江可通，往來方便，如「長汀東有鄞江，……，自寧化縣流入，下流經廣東大埔。」〔註151〕而永定縣則比長汀、上杭更加靠近大埔，其至大埔縣蕉葉坪界僅四十里。〔註152〕乾隆時的永定主要貨物有：篾枕、箸、杉板、煙（即淡芭菰細切爲絲者）。其中煙是較爲重要的產品：煙始於閩，故福煙獨著名天下。永以膏田種煙者多，近奉文嚴禁，即種於旱地高原，亦損肥田之糞十之五、六。但貨於江西、廣東，多帶米、布、棉、苧之類回邑及用，是兩利也。既然煙草貨與廣東，那麼，近鄰大埔縣則是其入粵的較好通道。南線貿易：經大埔縣南下潮州、汕頭，再出海。大埔縣是潮、汕的腹地，其竹木柴炭及其它農產品大部分運銷潮汕。另一方面，由於大埔縣缺米，且大埔、汀州、贛南喜食潮鹽。故大埔地區及閩西南、贛南地區所需的鹽米、海產，大多從這一南線貿易通道向北輸送，而鹽米爲不可缺品，故此貿易線路終清一代而不廢。據載：「（光緒長汀）縣境連江接廣，客販絡繹……按汀運潮鹽以給民食，餘則發賣，江販裕如也。（鹽法志）惟米食仰給於江右之贛寧，而杭永及潮又往往資販糴於郡，稍留滯乏繼，市價躍騰。（策田裏增置租田碑記）」〔註153〕

　　東西線貿易。大埔縣的東西方向上的貿易主要是沿韓江支流梅江及梅潭河進行。東線貿易：經大埔縣向東可通平和、漳州等閩省各地，乃至東南沿海。據載：平和與大埔有水路可相通，其河頭溪可達三河。〔註154〕而平和縣多山林川谷，可耕之地少，康熙時亦種煙草以貸外省。而和邑商賈則散於

〔註150〕〔清〕劉國光，謝昌霖等纂修：《長汀縣志》卷二疆域，臺北：成文出版社，1967 年，第 42 頁。

〔註151〕〔清〕劉國光，謝昌霖等纂修：《長汀縣志》卷三山川，臺北：成文出版社，1967 年，第 57 頁。

〔註152〕〔清〕曾曰瑛修，李紱等纂：《福建省汀州府志》卷四疆域，臺北：成文出版社，1967 年，第 55 頁。

〔註153〕〔清〕劉國光，謝昌霖等纂修：《長汀縣志》卷三十風俗，臺北：成文出版社，1967 年，第 483 頁。

〔註154〕〔清〕李鋐、王相等修，昌天錦等纂：《福建省平和縣志》卷一疆域，臺北：成文出版社，1967 年，第 46 頁。

四方，於吳於楚於越於廣矣。〔註 155〕地域相連、水路相通、物產有餘、商人有出邑貿易的習慣，這些都是大埔縣與平和之間的經貿往來的有利條件。西線貿易：經大埔縣向西可通嘉應州、惠州、省城，以及廣東西部、廣西，乃至西南地區。但此線貿易的發展頗受限制，原因主要有三：第一，此線的水路通道主要是經三河後向西過蓬辣灘方可達嘉應州有閩粵通衢之稱的鬆口堡〔註 156〕，此堡有鬆口墟市。〔註 157〕但其間要經過險要的河段，如蓬辣灘，詩人用「亂流眞險絕」、「水石爭稜角」、「乾坤互蕩磨」、「怒蛟轟浪鼓」等詞語來形容它的河流狀況；第二，嘉應州因經濟實力問題而吸引力較弱；第三，根據地理空間衰減原理，惠、廣等經濟中心因距離太遠而對大埔縣的影響力不足。

除水路外，大埔縣與潮州、嘉應州、福建、江西等地間的陸路聯繫亦較爲發達，如：虎頭沙隘與閩省永定縣錦峰窰接壤，路通上杭之三圖。再如：長窰隘路通閩境。又如：楓朗隘路通饒平之上下扇諸處。又如：大麻隘路通嘉應州之銅鼓嶂。〔註 158〕又如：豐順占頭村有大埔往來潮州的陸路捷徑。〔註 159〕這種陸路聯繫合理地完善了大埔縣的水網運輸系統，使得大埔地區的交通更爲便捷、過境貿易更加繁榮。

清代，在閩粵邊區，大埔縣交通系統與周邊的交通網絡對接，形成了一張內通潮嘉惠、外連粵閩贛，溝通珠江流域和長江流域的巨大貿易網。所以，大埔縣的轉運貿易經久不衰。從而促進了墟市經濟的發展。

由於交通條件便利、區位條件良好，清代大埔縣是廣東東北部客家山區墟市發展最好的地區之一。據載，康熙時，大埔縣墟市有 15 個〔註 160〕，東粵東北部客家山區的其它地區的墟市數量都比大埔縣少，如嘉應州墟市 13

〔註155〕 〔清〕李鉉、王相等修，昌天錦等纂：《福建省平和縣志》卷十風土，臺北：成文出版社，1967 年，第 195 頁。

〔註156〕 〔清〕吳宗焯修，溫仲和纂：《嘉應州志》卷四，臺北：成文出版社，1968年，第 61 頁。

〔註157〕 〔清〕王之正等纂修：〔乾隆〕《嘉應州志》卷一疆域，《故宮珍本叢刊》第 174 冊，海口：海南出版社，2001 年，第 201 頁。

〔註158〕 〔清〕周碩勳纂修：《廣東省潮州府志》卷三十四關隘，《中國方志叢書》，臺北：成文出版社，1967 年，第 835 頁。

〔註159〕 〔清〕劉禹輪修，李唐纂：《中華民國新修豐順縣志》卷五建置，《中國地方志集成》（廣東府縣志輯，21），上海：上海書店出版社，2003 年，第 529 頁。

〔註160〕 〔清〕宋嗣京修，藍應裕等纂：《康熙埔陽志》卷一地紀，《中國地方志集成》（廣東府縣志輯，21），上海：上海書店出版社，2003 年，第 325 頁。

個〔註161〕，興寧縣墟市 12 個〔註162〕，長樂縣墟市 13 個〔註163〕，平遠縣墟市 8 個〔註164〕，鎮平縣墟市 3 個〔註165〕。乾隆時，大埔墟市達 20 個〔註166〕，而鎮平縣墟市還是只有 3 個〔註167〕。隨著數量的增加，清代大埔墟市網絡不斷延伸，覆蓋面逐漸增大。康熙時，大埔縣墟市已有相當數量，是萬曆年間的兩倍；〔註168〕乾隆年間，大埔的農村墟市數量又有所增加，達 20 個。大埔縣墟市不僅數量多，而且分佈較廣，各方皆有：在縣北者八——神泉、渡頭岡、洋曼岡、溪口、虎頭沙、石上埠、赤石岩、較場，在縣南者八——漳溪、高陂、三河壩、太平、百堠、楓朗、永豐、廣安，在縣東者一——長興，在縣西者一——大麻，在縣東南者二——梅子磜、南豐。〔註169〕除了覆蓋範圍較廣外，貿易時間亦較多，如，乾隆時大埔縣的逐日市或每旬三日之市常見，據載：洋曼岡、溪口、虎頭沙、石上埠、赤石岩、梅子磜、高陂、三河壩等為逐日市，太平、百堠、楓朗等為每旬三日市。〔註170〕隨著大埔農村商品經濟的發展，有些墟市還從初級市場升級為地區市場，出現了固定的店鋪，如《康熙埔陽志》云：清初三河壩市已有水上店鋪。〔註171〕據施

〔註161〕〔清〕王之正等纂修：〔乾隆〕《嘉應州志》卷一疆域，《故宮珍本叢刊》第 174 冊，海口：海南出版社，2001 年，第 200～202 頁。

〔註162〕〔清〕王之正等纂修：〔乾隆〕《嘉應州志》卷九興寧縣，《故宮珍本叢刊》第 174 冊，海口：海南出版社，2001 年，第 381 頁。

〔註163〕〔清〕王之正等纂修：〔乾隆〕《嘉應州志》卷十長樂縣，《故宮珍本叢刊》第 174 冊，海口：海南出版社，2001 年，第 437 頁。

〔註164〕〔清〕王之正等纂修：〔乾隆〕《嘉應州志》卷十一平遠縣，《故宮珍本叢刊》第 174 冊，海口：海南出版社，2001 年，第 200～202 頁。

〔註165〕〔清〕王之正等纂修：〔乾隆〕《嘉應州志》卷十二鎮平縣，故宮珍本叢刊第 174 冊，海口：海南出版社，2001 年，第 508 頁。

〔註166〕〔清〕周碩勳纂修：《廣東省潮州府志》卷十四墟市，《中國方志叢書》，臺北：成文出版社，1967 年，第 174～175 頁。

〔註167〕〔清〕潘承焯等修：〔乾隆〕《重修鎮平縣志》卷一疆域，《故宮珍本叢刊》第 175 冊，海口：海南出版社，2001 年，第 28 頁。

〔註168〕〔明〕郭棐纂修：〔萬曆〕《廣東通志》卷四十郡縣，廣東省地方史志辦公室輯：《廣東歷代方志集成》，廣州：嶺南美術出版社，2006 年，第 126 頁。〔清〕宋嗣京修，藍應裕等纂：《康熙埔陽志》卷一地紀，《中國地方志集成》（廣東府縣志輯，21），上海：上海書店出版社，2003 年，第 325 頁。

〔註169〕〔清〕周碩勳纂修：《廣東省潮州府志》卷十四墟市，《中國方志叢書》，臺北：成文出版社，1967 年，第 174～175 頁。

〔註170〕〔清〕周碩勳纂修：《廣東省潮州府志》卷十四墟市，《中國方志叢書》，臺北：成文出版社，1967 年，第 174～175 頁。

〔註171〕〔清〕宋嗣京修，藍應裕等纂：《康熙埔陽志》卷一地紀，《中國地方志集成》

堅雅研究，郵政地位能顯示經濟中心地的地位。〔註 172〕光緒九年，清政府在大埔縣城及三河設置郵政二級局，有掛號、通匯兌等郵務；其後又在石上、高陂墟設立郵政三級局，在大麻墟、湖僚墟設立郵政代辦所。〔註 173〕由此可見，清末大埔縣墟市層次清晰：三河爲最高級墟市中心，石上、高陂次之，大麻、湖僚再次之，其它墟市又次之。〔註 174〕而且，像三河這樣的地區已從墟市初級市場升級爲地區市場。清代大埔墟市發展之良好態勢，使其成爲廣東東北部客家山區墟市發展的典型。

大埔縣墟市在腹地經濟與過境貿易的經濟模式下發展，具有一些較爲顯著的特點：

其一，沿韓江及其支流分佈的墟市體系。腹地經濟與過境貿易的具體運作主要由大埔縣經濟體系的基礎節點——墟市來承擔。因而墟市體系亦具有腹地經濟及過境貿易影響的特徵。腹地，即爲一定經濟中心提供農副產品的地區，同時它也是經濟中心工業產品的銷售區。因此，腹地經濟要求大埔縣墟市必須在交通條件好、農業林業基礎好的地區形成。過境貿易要求交通暢順及補給方便。所以，河流匯合處及水陸轉運處往往是墟市的發生地。腹地經濟與過境貿易都要求墟市沿主要水陸交通線布局。而在河運爲主的時代，主要河流是墟市布局的首選。所以，大埔縣墟市主要布局在南北走向的汀江－韓江及其東西走向支流梅潭河上。通常，只要腹地經濟及過境貿易的性質不變，這些墟市基本上就能長期存在，甚至會有進一步的發展。但這種墟市的發展或衰落取決於所服務的經濟中心的發展與否。經濟中心的變動會導致墟市分佈格局的重構。

其二，南北強、東西弱的墟市結構。韓江連接了府城及汀州府經濟中心，汀、潮雙中心導致大埔縣墟市主要呈南北向分佈。清前期，大部分仍爲農村地區的大埔縣，受北面的汀州府經濟中心及南面潮州府城經濟中心的共同影響，成爲此二者的共同腹地，沿韓江從南北方向上經過大埔縣的人流、物流、信息流強於東西方向。據《潮州志》載：「各縣城市墟鎮之年貿易額中，其對

（廣東府縣志輯，21），上海：上海書店出版社，2003 年，第 325 頁。

〔註 172〕施堅雅主編；葉光庭等合譯：《中華帝國晚期的城市》，北京：中華書局，2000 年，2002 年重印，第 404 頁。

〔註 173〕劉織超修，溫廷敬等纂：《民國新修大埔縣志》卷九交通志，《中國地方志集成》（廣東府縣志輯，22），上海：上海書店出版社，2003 年，第 218 頁。

〔註 174〕本文所討論的墟市範圍不包括縣城。

汕頭之買賣當占大部分。」〔註175〕可見，民國時大埔縣各墟市與汕頭間的南北向貿易仍占貿易總量的較大份額。這樣的經濟要素流動方向，影響了大埔縣墟市的分佈：墟市群呈沿韓江及汀江南北分佈的態勢。如乾隆年間，大埔縣的主要墟市都分佈在韓江－汀江水運線上，從北到南分別是：虎頭沙、石上埠、神泉、三河、高陂、大麻等等。

二、清代大埔縣核心墟市的發展與局限

核心墟市，指在墟市網絡中穩定性強，長時間存在，起核心作用的墟市。核心墟市能反映地區經濟較爲穩定的優勢。核心墟市的組合，能反映地區墟市體系及地區經濟的特徵。同時，核心墟市結構，是經濟大環境在區域經濟中的投射，因此，對核心墟市進行研究，能進一步探明在國內外經濟變動中，地區經濟體系發展的特殊動向。

（一）發展狀況

下面根據明、清及民國的幾本方志，對清代大埔縣核心墟市進行判別。

表 5-16　大埔縣墟市〔註176〕

時間	數量（個）	具　　體　　名　　稱
嘉靖	4	神泉　三河　梅子潭　虎頭沙
萬曆	7	神泉　三河　梅子潭　虎頭沙　石上埠　高陂　蕉坪道
康熙	15	神泉　三河　梅子潭　虎頭沙　石上埠　高陂 漳溪　洋曼岡　溪口　中軍營　白堠　楓朗　渡頭崗 北新街　赤石岩

〔註175〕饒宗頤總纂，潮州市地方志辦公室編：《潮州志》，潮州：潮州市地方志辦公室 2005 年，第 1271 頁。

〔註176〕資料來源：〔明〕戴璟、張岳等纂修：〔嘉靖〕《廣東通志初稿》卷二十五民物，廣東省地方史志辦公室輯：廣東歷代方志集成，廣州：嶺南美術出版社，2006 年。〔明〕郭棐纂修：〔萬曆〕《廣東通志》卷四十郡縣，廣東省地方史志辦公室輯：《廣東歷代方志集成》，廣州：嶺南美術出版社，2006 年。〔清〕宋嗣京修，藍應裕等纂：《康熙埔陽志》卷一地紀，《中國地方志集成》（廣東府縣志輯，21），上海：上海書店出版社，2003 年。〔清〕周碩勳纂修：《廣東省潮州府志》卷十四墟市，《中國方志叢書》，臺北：成文出版社，1967 年。劉織超修：溫廷敬等纂：《民國新修大埔縣志》卷十民生志，《中國地方志集成》（廣東府縣志輯，22），上海：上海書店出版社，2003 年。

雍正	15	神泉　三河　梅子潭　虎頭沙　石上埠　高陂 **漳溪**　**洋曼岡**　溪口　中軍營　**白堠**　**楓朗**　**渡頭崗** 北新街　赤口岩
乾隆	20	神泉　三河壩　梅子磜　虎頭沙　石上埠　高陂 **漳溪**　**洋曼岡**　溪口　**白堠**　**楓朗**　**渡頭崗**　赤石岩 校場墟　長興墟　大麻墟　太平墟　南豐墟　永豐墟（舊名泰安墟）　廣安墟
民國	45	三河壩　虎頭沙　石上埠　高陂 **漳溪**　**洋曼岡**　**百侯**　**楓朗** 大麻墟　永豐墟 鴉鵲坪　上黃沙　橫沙　廣陵　排樓壩　古村　左弼 溪上　福緣　沙崗　良泉 崑崙龍頸凹　銀溪口　黨溪　湖僚　恭洲　楊梅口 莒村　嵩坑村　黃坑　南山　大塘頭　雙溪　沫教 永泰　永和　平原　九子社　澄坑　窩嶺　三洲坑中心 三洲口　桃花口　泥源
備註	| 從嘉靖到民國，大埔地區長期存在的墟市有： 神泉、三河、虎頭沙、石上埠、高陂、漳溪、洋曼岡、百侯（白侯）、楓朗、大麻、永豐	

　　據上表分析可知，清代大埔地區長期存在的墟市有：神泉、三河、虎頭沙、石上埠、高陂、漳溪、洋曼岡、百侯（白侯）、楓朗、大麻、永豐。它們是大埔地區的核心墟市，且組成了清代大埔縣墟市體系的骨架。核心墟市與相互間的交通線共同組成了一個軸帶網絡〔註177〕，即一張覆蓋大埔地區的運銷網絡。

　　跳躍式發展的沿江多核心墟市分佈格局。首先，在腹地經濟與過境貿易的經濟背景下，韓江及其支流成為最主要的運輸動脈，而與商品流通密切相關的核心墟市，都無一例外地分佈在韓江及其支流上：在南北走向的汀江－韓江沿岸的墟市有虎頭沙、石上埠、洋曼岡、神泉、三河、高陂、大麻，這一走向的核心墟市較多；在東西走向的梅潭河上的墟市有漳溪、百侯（白侯）、楓朗、永豐分佈這一走向的核心墟市較少。因此，核心墟市的空間分佈格局

〔註177〕軸帶網絡：指以鐵路、公路、水路等主軸帶為基幹而形成的網絡系統。（據施堅雅主編：葉光庭等合譯：《中華帝國晚期的城市》，北京：中華書局，2000年，2002年重印，第166頁。）

也表現出南北強東西弱的特點。其次，清代大埔縣沿江分佈的多個核心墟市，是跳躍式發展的，並未形成連片的市鎮帶，這既受墟市發展水平的限制，又受經濟要素在地域分佈上的不均勻所影響：要麼，這些接受擴散的地區，雖然與汀、潮、汕等經濟中心在空間上不相鄰，但整體發展水平相對較高，具備接受擴散的良好條件。要麼，這些接受擴散的地區存在某些方面的發展機遇或潛力，在眾多的地區中成為集聚地區進行擴散的優選對象。〔註 178〕

這樣的核心墟市空間結構，把分散於大埔縣各地的相關資源和要素連接起來，形成各種經濟活動，並且產生一定的經濟效益：

首先，使汕頭上二三盤貿易格局得以形成與維持。汕頭貿易素有上二三盤之分，通常買賣上盤多屬大宗批發，售給二盤及各縣城市批發商店；二盤則售給三盤及各縣城市之零售商店；三盤則專營當地零售。〔註 179〕大埔縣墟市網絡是汕頭的上二三盤貿易格局的重要組成部分，這主要體現在：通過汀江－韓江及梅潭河的聯繫，大埔縣各核心墟市的連通性好，使得貨物在二盤與三盤之間的流轉暢通無阻。其次，使得縣際貿易成為可能。此核心墟市網絡，與鄰縣亦有水陸路相通，如汀江通上杭、長汀；梅潭河通平和；梅江通嘉應州府城、興寧。這使得經濟貿易不限於同一縣境自相供給買賣，而求取買賣之便利。〔註 180〕有助於潮汕經貿原則的形成，且至民國依然如此：「各縣之相互貿易，大概以有餘易不足為原則，如瀕海地區以出產之魚鹽易取近山地區之柴炭、陶器。或以其不需要易取所需要，如澄海銷出其較粗之土織布，易入精美之羽綾；揭陽銷出其較貴價之本米易入較平價的外米。」〔註 181〕產品的供需集散，都主要通過核心墟市進行調控。

（二）發展探因

清代，大埔縣核心墟市一直存在，影響其發展的或有多方面因素，既有內因的推動，也有外因的作用。

內因包括區位因素、水陸交通及物產等方面。在區域發展早期，雖然內

〔註 178〕據李小健主編：《經濟地理學》，北京：高等教育出版 1999 年，第 182 頁。

〔註 179〕據饒宗頤總纂，潮州市地方志辦公室編：《潮州志》，潮州：潮州市地方志辦公室 2005 年，第 1271 頁。

〔註 180〕據饒宗頤總纂，潮州市地方志辦公室編：《潮州志》，潮州：潮州市地方志辦公室 2005 年，第 1280 頁。

〔註 181〕饒宗頤總纂，潮州市地方志辦公室編：《潮州志》，潮州：潮州市地方志辦公室 2005 年，第 1271～1272 頁。

部的經濟發展水平差異不是很顯著，但由於各地區之間的資源稟賦不同，墟市就會在條件較好的地方首先發展。如果墟市在某些地點長期存在，或是曾經衰落後來又在相同或相近的地方興起，那麼這些地方肯定具有長期的經濟發展優勢。表2從區位、交通物產等方面分析了大埔縣核心墟市的優勢。

表 5-17　清代大埔縣核心墟市優勢分析〔註182〕

墟市名稱	與縣城茶陽的方位關係	優　　勢		
		水路可通達的地區	陸路可通達地區	物　　產
虎頭沙	北（四十里）	可通茶陽、三河、潮汕。	東通長治，北通永定。	
石上埠	北〔註183〕	可通茶陽、三河、潮汕。	北通上杭、峰市	
洋曼岡	北（十五里）	居全村（大寧甲小靖村）水口	（其所在地大寧甲）當縣城往永定交通之要路	所在的大寧甲出產煙葉、甘蔗、生果。〔註184〕
神泉	北（關外二里）	濱河		
三河	南（四十里）	向南可達潮州府城及汕頭而通海；向北可達上杭、長汀等地；向東通過梅潭河可達湖僚、百侯、平和等地；向西還可通過梅江通往嘉應州屬地。	陸路交通亦重要。〔註185〕	出產以色酒、豆腐乾著名
漳溪	南（四十里）	水路可通縣城。	當縣城至平和及永定下洋至同仁岩上等甲要道。	漳溪墟所在的保安甲出產松杉柴木。

〔註182〕 資料來源：〔清〕宋嗣京修，藍應裕等纂：《康熙埔陽志》卷一地紀，《中國地方志集成》（廣東府縣志輯，21），上海：上海書店出版社，2003 年。〔清〕周碩勳纂修：《廣東省潮州府志》卷十四墟市，《中國方志叢書》，臺北：成文出版社，1967 年。劉織超修，溫廷敬等纂：《民國新修大埔縣志》卷十民生志，《中國地方志集成》（廣東府縣志輯，22），上海：上海書店出版社，2003 年。

〔註183〕 因與虎頭沙隔河遙對，故四十里左右。

〔註184〕 劉織超修，溫廷敬等纂：《民國大埔縣志》卷二地理志，《中國地方志集成》，上海：上海書店出版社，2003 年，第 37 頁。

〔註185〕 劉織超修，溫廷敬等纂：《民國大埔縣志》卷二地理志，《中國地方志集成》，上海：上海書店出版社，2003 年，第 46 頁。

百侯	南（六十里）	水路交通有小舟溯梅潭河上通楓朗及至平和界，下通同仁甲之湖僚。	向東一路經楓朗達饒平和平和縣境；西向一路經湖僚至縣城；北向一路經松柏坑過岩上甲亦可達縣城；東北一路可至平和；西南一路可至高陂。	出產煙絲、柴炭。〔註186〕
永豐	南（九十里）		所在之蘭沙甲大埔角：陸路東、南皆可達饒平，西南由逆流通高陂，西由黃蘭到高陂，北通百侯，東北到楓朗鄉。	
高陂〔註179〕	南（一百四十里）	可通向北可通三河、茶陽等地，向南可達潮汕。	陸路通饒平、平和。	附近之高陂村產綠竹。〔註188〕
大麻	西（六十里）	可通向北可通高陂、三河、茶陽等地，向南可達潮汕。	陸路交通分三路：上一路經大留至三河甲陰那坑至鬆口，中一路經筱留至梅縣石僚及丙村，下一路經竹洋龍頸凹至高陂。	柴炭、竹木
楓朗	東南（八十里）	梅潭河橫貫南北，舟楫上通大產下通百侯，楓朗墟在其南岸。	當埔饒陸路交通之要衝	煙葉、青靛爲大宗。其所在之蘭沙甲物產有柴木、陶器、煙葉、青靛。〔註189〕

根據表5-17可知，大部分核心墟市的內在優勢都是多方面，既包括了水

〔註186〕劉織超修，溫廷敬等纂：《民國大埔縣志》卷二地理志，《中國地方志集成》，上海：上海書店出版社，2003年，第56頁。

〔註179〕老墟原在高陂寨，清乾隆三十年移此，初稱烏槎墟，惟各鄉出市者因習慣多呼舊名，故仍稱高陂。

〔註188〕劉織超修，溫廷敬等纂：《民國大埔縣志》卷二地理志，《中國地方志集成》，上海：上海書店出版社，2003年，第65頁。

〔註189〕劉織超修，溫廷敬等纂：《民國大埔縣志》卷二地理志，《中國地方志集成》，上海：上海書店出版社，2003年，第61頁。

陸交通優勢，也包括了物產優勢。

其一，清代大埔縣核心墟市具備水陸交通優勢，這體現在以下兩方面：

首先，位於交通要衝。交通要衝指兩條或兩條以上陸路或水陸交彙的地方。在清代大埔縣的核心墟市中，不乏這樣的要衝，最突出的當數三河。三河距縣城四十里，以三水匯合於此：汀河自北經永興甲界入境，南流出大麻甲下潮汕；梅江自西由梅縣之蓬辣灘入境，至三河城下會汀河、梅潭河，自東南同仁甲界入境，至洲角院會入汀河，三水會流，舟楫交通極爲便利。三河之陸路交通亦重要。〔註 190〕三河以其地接閩廣、水陸之衝的優勢，成爲埔之雄鎮。這樣的區位及交通優勢亦使三河成爲大埔縣的貿易中心之一：明代，三河是大埔縣的主要墟市；康熙年間，三河的貿易相當繁盛：「在新寨城外，舟楫輻輳，貿易者爲浮店，星布舟滸，凡魚鹽布粟器用百貨悉備。春水泛溢，洲滸湮沒，乃撤浮店，登岸高鋪貿易，水落洲出如前。冬月百貨尤聚焉。埔地窄民貧，倚壩市爲衣食之源」；〔註 191〕乾隆時期，三河已經發展成爲墟市的高級形態——逐日市。〔註 192〕其次，大埔地區的交通要衝還有永豐墟：永豐墟所在的大埔角，陸路東、南皆可達饒平，西南由逆流通高陂，西由黃蘭到高陂，北通百侯，東北到楓朗鄉。〔註 193〕

其次，在水陸交通線上。除以上情況外，其餘的核心墟市幾乎都在主要交通線上。如：神泉在神泉社，濱河。〔註 194〕神泉河發源汀州，經上杭碇頭出岩石中，水勢澎湃，西流經縣治會入大靖、小靖二溪，爲閩汀捷徑，灘高石險，舟行上水頗難。〔註 195〕再如白侯（百侯）「路通漳泉」〔註 196〕，具體而言，水路交通有小舟溯梅潭河上通楓朗及至平和界，下通同仁甲之湖

〔註 190〕劉織超修，溫廷敬等纂：《民國大埔縣志》卷二地理志，《中國地方志集成》，上海：上海書店出版社，2003 年，第 46～47 頁。

〔註 191〕〔清〕宋嗣京修，藍應裕等纂：《康熙埔陽志》卷一地紀，《中國地方志集成》（廣東府縣志輯，21），上海：上海書店出版社，2003 年，第 325 頁。

〔註 192〕〔清〕周碩勳纂修：《廣東省潮州府志》卷十四墟市，《中國方志叢書》，臺北：成文出版社，1967 年，第 174 頁。

〔註 193〕劉織超修，溫廷敬等纂：《民國大埔縣志》卷二地理志，《中國地方志集成》，上海：上海書店出版社，2003 年，第 62 頁。

〔註 194〕〔清〕宋嗣京修，藍應裕等纂：《康熙埔陽志》卷一地紀，《中國地方志集成》（廣東府縣志輯，21），上海：上海書店出版社，2003 年，第 325 頁。

〔註 195〕〔清〕周碩勳纂修：《廣東省潮州府志》卷十六山川，《中國方志叢書》，臺北：成文出版社，1967 年，第 210 頁。

〔註 196〕〔清〕宋嗣京修，藍應裕等纂：《康熙埔陽志》卷一地紀，《中國地方志集成》（廣東府縣志輯，21），上海：上海書店出版社，2003 年，第 325 頁。

僚。陸路向東一路經楓朗達饒平和平和縣境；西向一路經湖僚至縣城；北向一路經松柏坑過岩上甲亦可達縣城。東北一路可至平和，西南一路可至高陂。〔註 197〕又如楓朗墟，墟內梅潭河橫貫南北，舟楫上通大產下通百侯，楓朗墟在其南岸，當埔饒陸路交通之要衝，〔註 198〕「通饒平、平和諸路」〔註 199〕。又如洋曼岡所在的大寧在縣城之東北。東界福建永定縣，當縣城往永定交通之要路。而洋曼岡則居全村（大寧甲小靖村）水口，為一村險要之地。〔註 200〕又如漳溪：當縣城至平和及永定下洋至同仁岩上等甲要道，水路可通縣城。再有大麻墟：水路交通：沿韓江而下，可通潮汕，溯韓江而上可通三河、茶陽。陸路交通分三路：上一路經大留至三河甲陰那坑至鬆口，中一路經筱留至梅縣石僚及丙村，下一路經竹洋龍頸凹至高陂。〔註 201〕可見，清代大埔縣的核心墟市都具有交通運輸優勢，這反映了大埔縣以腹地經濟與過境貿易為主的特點。

其二，清代大埔縣的核心墟市也具有物產方面的優勢：

首先，資源較為豐富。清代大埔的部分核心墟市，是出產物資較為豐富的地方。清代大埔縣的腹地經濟模式，要求部分核心墟市擁有較為豐富的農副產品或手工業製品，這樣才能滿足經濟中心之所需。如高陂墟的出口貨以碗竹為大宗。〔註 202〕又如百侯，出口柴炭、煙絲〔註 203〕、楓朗出口煙葉〔註 204〕、大麻出產柴炭、杉木〔註 205〕。換言之，在腹地經濟的影響下，一些交通便利又資

〔註 197〕劉織超修，溫廷敬等纂：《民國大埔縣志》卷二地理志，《中國地方志集成》，上海：上海書店出版社，2003 年，第 56 頁。

〔註 198〕劉織超修，溫廷敬等纂：《民國大埔縣志》卷二地理志，《中國地方志集成》，上海：上海書店出版社，2003 年，第 61 頁。

〔註 199〕〔清〕周碩勳纂修：《廣東省潮州府志》卷十四墟市，《中國方志叢書》，臺北：成文出版社，1967 年，第 175 頁。

〔註 200〕劉織超修，溫廷敬等纂：《民國大埔縣志》卷二地理志，《中國地方志集成》，上海：上海書店出版社，2003 年，第 37 頁。

〔註 201〕劉織超修，溫廷敬等纂：《民國大埔縣志》卷二地理志，《中國地方志集成》，上海：上海書店出版社，2003 年，第 50 頁。

〔註 202〕劉織超修，溫廷敬等纂：《民國大埔縣志》卷二地理志，《中國地方志集成》，上海：上海書店出版社，2003 年，第 65 頁。

〔註 203〕劉織超修，溫廷敬等纂：《民國大埔縣志》卷十民生志，《中國地方志集成》，上海：上海書店出版社，2003 年，第 236 頁。

〔註 204〕劉織超修，溫廷敬等纂：《民國大埔縣志》卷十民生志，《中國地方志集成》，上海：上海書店出版社，2003 年，第 236 頁。

〔註 205〕劉織超修，溫廷敬等纂：《民國大埔縣志》卷十民生志，《中國地方志集成》，上海：上海書店出版社，2003 年，第 235 頁。

源相對豐富的地方，更加容易形成墟市。

其次，水陸轉運地。位於水陸轉運地的核心墟市，能聚集各方貨物，間接地豐富了當地的物產資源，提升了其經濟競爭力。大埔縣的部分轄區屬於韓江上游地區，因此，某些河段不能通航，北來貨物要在此下水，南來貨物要在此上岸，這樣的水運起運點位置，又是水陸轉運的地點，常常會讓眾多物流、人流在此停留，從而拉動當地的經濟發展。例如，汀江上的虎頭沙和石上埔就是因位於閩粵貿易的水陸轉運點而發展起來的。據載：虎頭沙，北連永定、上杭交界地。河流多石險阻，商貨至此必起陸肩挑入杭、定銷售，〔註 206〕「客商貨物來往潮惠汀漳若胥此轉運」〔註 207〕；石上埔：「在縣北上杭碇頭界，與虎頭砂市相近，接閩省上杭碇頭界，為閩粵要隘，凡潮惠仕商赴京入閩者，舟至此過山」；〔註 208〕因往來上杭峰市直貨物必由此起陸挑運，鹽升亦由此轉包，故該村人有碼頭數處，以供貨物起卸，全村即靠此挑運、裹鹽為生活。民國時亦如此。〔註 209〕當水陸轉運地之核心墟市，物產輻輳、人員集聚，長盛不衰。

以上水陸交通與物產資源優勢，是大埔縣核心墟市長期存在的內在因素。

外因也在核心墟市長期存在中起作用。清前、中期，腹地經濟及過境貿易的發展，使墟市的發展具備了外部環境。清後期，特別是在鴉片戰爭之後，國內外經濟形勢的發展，更為核心墟市的長期存在提供了新的有利條件。這主要表現在：

首先，大埔縣產品的銷售市場更加寬廣，很多產品的銷售半徑增加。一方面，汕頭開埠後，大埔縣也被納入了世界大市場之中，某些產品及通過其轉運的部分過境物品的銷售半徑，大為增加。這體現在貿易路線延長上，包括大埔縣在內的潮汕地區的產品，可以運銷至新加坡、香港、西貢，以及廈

〔註 206〕劉織超修，溫廷敬等纂：《民國大埔縣志》卷十民生志，《中國地方志集成》，上海：上海書店出版社，2003 年，第 40 頁。

〔註 207〕〔清〕宋嗣京修，藍應裕等纂：《康熙埔陽志》卷一地紀，《中國地方志集成》（廣東府縣志輯，21），上海書店出版社，2003 年，第 325 頁。

〔註 208〕〔清〕周碩勳纂修：《廣東省潮州府志》卷十四墟市，《中國方志叢書》，臺北：成文出版社，1967 年，第 174 頁。〔清〕宋嗣京修，藍應裕等纂：《康熙埔陽志》卷一地紀，《中國地方志集成》（廣東府縣志輯，21），上海：上海書店出版社，2003 年，第 325 頁。

〔註 209〕劉織超修，溫廷敬等纂：《民國大埔縣志》卷二地理志，《中國地方志集成》，上海：上海書店出版社，2003 年，第 41 頁。

門、福州、寧波、牛莊、芝罘、天津等地。〔註210〕市場的擴大離不開航運技術的支持。據載：試一溯潮開港之初，汕頭與本國沿岸及臺灣等處大部分之貿易，專靠帆船為之輸運，即遠至南洋群島間，往來帆船之數，亦不下數百餘艘之多。此等行駛遠地之帆船，大抵一年來往一次。後汽船入港，帆船貿易衰退，汽船貿易則日漸發展。同治年間，在汕頭、香港、福州沿岸間，就已有汽船的航路。光緒年間，日本汽船航行於汕頭、香港、臺灣之間。此外，汕頭與國內沿岸及新加坡、暹羅、海防、蘇門答臘各地間，交通日繁，貨物之輸出入日多。貿易額亦以次激增，逐漸形成今日中國南部繁盛之市場，而為中國通商口岸有數之良港。〔註211〕另一方面，海外市場產生了對特定物品的新的需求，促進了部分墟市的發展。據載：輸出貨物除抽紗品及少數原料外，其餘各貨均以海外華僑為銷售對象，因潮人僑居暹羅、馬來亞、安南等處，人數甚多，生活習慣仍不脫故鄉風尚。〔註212〕例如，光緒廿一年（1895）潘乃光有機會參加一個外交使團出訪外國，路過新加坡，在當地品嘗潮菜，還賦詩云：「海外潮菜　買醉相邀上酒樓，唐人不與老番侔。開廳點菜須庖宰，半是潮州半廣州。（潘乃光《海外竹枝詞》）〔註213〕海外潮人為了保持原有的生活習慣，必然需要很多家鄉的物產，這些物產或由汕頭直接輸出，或由香港轉駁運往，土產出國後復售諸國人……〔註214〕在這些以海外華人為銷售對象的貨物中，陶瓷是較受歡迎的產品之一，這增加了大埔陶瓷的出口量，也帶動了陶瓷主要出口地高陂墟的發展，據宣統元年的人口調查數據顯示，高陂人口逾五萬，已可稱鎮矣。〔註215〕可見，隨著國外需求的擴大，大埔縣墟

〔註210〕據汕頭檔案局編：《汕頭檔案》，鄭可茵，趙學萍，吳里陽輯編點校：《汕頭開埠及開埠前後社情資料》，汕頭：潮汕歷史文化研究中心，汕頭市文化局，汕頭市圖書館 2003 年，第 189 頁。

〔註211〕據汕頭檔案局編：《汕頭檔案》，鄭可茵，趙學萍，吳里陽輯編點校：《汕頭開埠及開埠前後社情資料》，汕頭：潮汕歷史文化研究中心，汕頭市文化局，汕頭市圖書館 2003 年，第 190～191 頁。

〔註212〕饒宗頤總纂，潮州市地方志辦公室編：《潮州志》，潮州：潮州市地方志辦公室 2005 年，第 1245 頁。

〔註213〕芳信編著：《潮汕竹枝百首》，潮汕歷史文化中心編：《潮汕歷史文化小叢書》（第四輯），（出版地不詳）：藝苑出版社，2001 年，第 69 頁。

〔註214〕饒宗頤總纂，潮州市地方志辦公室編：《潮州志》，潮州：潮州市地方志辦公室 2005 年，第 1245 頁。

〔註215〕劉織超修，溫廷敬等纂：《民國新修大埔縣志》卷七經政志，《中國地方志集成》（廣東府縣志輯，22），上海：上海書店出版社，2003 年，第 156 頁。

市的農業剩餘產品的集散中心的作用得到進一步發揮。

其次，外來產品更爲豐富，充實了墟市交易的內容。開埠後，汕頭的經濟地位得到提升，對人流、物流的吸引力得到增強，《汕頭竹枝詞》中有首戴瀘巾的《商船到港》，對此有所描述：「落南船到趁南風，透北船來風不同。南北有船齊到港，東西擺列市西東。」〔註 216〕在汕頭港日漸繁榮的同時，人們對汕頭的形象慢慢有了新的認識，如李勳的《汕頭不易居》所云：「汕頭不易居　一把鋤頭一釣蓑，賺錢爭似汕頭多？汕頭卻是銷金窩，山易生風水易波。（李勳《澄海竹枝詞》）」〔註 217〕無論是客觀的市容還是主觀的印象，都反映出汕頭經濟的發展。一方面，發展了的汕頭成爲當地的貿易樞紐，而潮州府城次之，各縣城墟市又其次焉。大抵以汕頭與各縣城市爲買賣之雙方，既銷出土貨，又輸入外貨，而各縣土產亦多由出產地運銷汕頭，再以轉售各市場，如南澳、潮陽、惠來等縣之鹹魚、脯料，潮陽之薯粉、爆竹，澄海之海介、土布、紙箔，大埔、豐順之柴炭、竹木等皆是。至各縣城市貿易類，僅銷行轄境間及鄰縣之接壤地區而已。惟潮安縣城貿易範圍稍廣，既與興梅屬各縣發生聯繫，而潮屬如大埔、豐順、饒平、揭陽等縣亦直接與有貿易也。〔註 218〕另一方面，隨著汕頭集聚效應的增強，潮汕地區成爲越來越多外來產品的銷售地。在長期運送竹木柴炭鹽米海產的大埔通道上，也開始運輸越來越多的外來物品。這些物品主要包括：從外國輸入的火柴、煉乳、煤油、大米、小麥、窗玻璃、洋傘、〔註 219〕棉紗、鴉片、洋布、〔註 220〕礦物〔註 221〕等，以及從國內各港口輸入的棉布、豆圈（又稱豆粕或豆餅）藥

〔註 216〕芳信編著：《潮汕竹枝百首》，潮汕歷史文化中心編：《潮汕歷史文化小叢書》（第四輯），（出版地不詳）：藝苑出版社，2001 年，第 83 頁。

〔註 217〕芳信編著：《潮汕竹枝百首》，潮汕歷史文化中心編：《潮汕歷史文化小叢書》（第四輯），（出版地不詳）：藝苑出版社，2001 年，第 85 頁。

〔註 218〕饒宗頤總纂，潮州市地方志辦公室編：《潮州志》，潮州：潮州市地方志辦公室 2005 年，第 1270～1271 頁。

〔註 219〕Commercial Reports，姚賢鎬編：《中國近代對外貿易史資料》（1840～1895），北京：中華書局，1962 年，第 1101 頁。

〔註 220〕汕頭檔案局編：《汕頭檔案》，鄭可茵，趙學萍，吳里陽輯編點校：《汕頭開埠及開埠前後社情資料》，汕頭：潮汕歷史文化研究中心，汕頭市文化局，汕頭市圖書館 2003 年，第 197～198 頁。

〔註 221〕汕頭檔案局編：《汕頭檔案》，鄭可茵，趙學萍，吳里陽輯編點校：《汕頭開埠及開埠前後社情資料》，汕頭：潮汕歷史文化研究中心，汕頭市文化局，汕頭市圖書館 2003 年，第 189 頁。

材、陶瓷器、竹紙等類。〔註 222〕隨著外來產品的豐富，墟市的工業產品向農村擴散中心的地位得到進一步的鞏固。

（三）發展局限

雖然清代大埔縣墟市得到了一定程度的發展，但是終清一代，大埔地區的貿易仍以墟市爲主。經過長期的發展，清代大埔縣墟市的服務能力不斷增強，很多墟市已經出現了固定的店鋪，但仍然按固定的墟期進行墟市貿易。從而限制了大埔縣經濟的飛躍發展。如：清代大埔縣墟市的這種發展態勢，有自身的原因，也有外來的原因，主要歸結爲以下幾點：

其一，糧食自給不足，農產品不甚豐富，墟市發展的基礎薄弱。總體而言，大埔地狹民貧，糧食產量不足，需要從外地輸入。據載：「惟是邑自展復以來，海不揚波，富商巨賈率操奇贏興販他省，上溯津門，下通臺廈，象犀金玉與夫錦繡皮幣之屬，千艘萬舶悉由澄分達諸邑，其自海南諸郡轉輸米石者，尤爲全潮所仰給……」〔註 223〕這種情況在鴉片戰爭外來產品大量湧入後更爲嚴重。《民國大埔縣志》對這一現象分析的頗爲透徹：「本邑非通商口岸，貿易商務本無甚可紀，然以山多田少之故，邑中所產糧食只足供三個月需要，於是糧食之所需皆取給於異地，此外布帛、油、糖、海產、雜貨更無待言。邑內之需要取給於外者既多，則邑內之產物必當設法運售於外，以爲抵償之代價。此一出一入之間通功易事，豈徒日中爲市可以畢其功？況韓江縱貫，閩、汀、杭、永之出產必經邑境，而後可通水運。其所需之供給亦必由吾邑起陸挑運，而後能達。益以海外通商以來，外貨之銷售內地者日益繁夥，內地產物之運銷海外者，亦較百十年前激增倍蓰，由是而貿易之事日加繁盛，擬諸通商口岸固不及遠甚，而內地人民生計繫於商業者固不在小也。」〔註 224〕由於大埔縣與周邊一些地區存在著較大的糧食缺口，故從汕頭入口的糧食數量較多，特別是在出現災荒的年份。相關數據表明，1886 年的汕頭，大米輸入 102,623 擔，小麥輸入 216,917 擔，前者比 1885 年多 30%，

〔註 222〕汕頭檔案局編：《汕頭檔案》，鄭可茵，趙學萍，吳里陽輯編點校：《汕頭開埠及開埠前後社情資料》，汕頭：潮汕歷史文化研究中心，汕頭市文化局，汕頭市圖書館 2003 年，2003 年，第 189 頁。

〔註 223〕〔清〕李書吉等纂修：《澄海縣志》卷八埠市，《中國地方志集成》，上海：上海書店出版社，2003 年，第 76 頁。

〔註 224〕劉織超修，溫廷敬等纂：《民國新修大埔縣志》卷十民生志，《中國地方志集成》（廣東府縣志輯，22），上海：上海書店出版社，2003 年，第 232～233 頁。

後者多 600%。小麥全部來自北方各口岸，似乎在糧荒時，極受歡迎，因為價錢較大米低廉。糧食輸入大大增長，是由於遇著一個異常乾旱的年成和稻作的部分欠收。〔註 225〕由於過分依賴外來糧食填補缺口，大埔縣的經濟發展基礎不穩，這使得墟市難以長期穩健發展。

　　其二，外來工業產品的衝擊，阻礙了民族工業的發展；經濟對外依賴性強，墟市發展的能量不足。竹枝詞《番舶》云：「阿媽爐前祝一杯，農家績業莫傾隤。生憎番舶無情甚，載去夫君載布來。」〔註 226〕這首竹枝詞以個體的哀歎折射出外國洋貨輸入對潮汕本地手工業的打擊。由於技術差異及競爭的不公平，本地產品的利潤遠比洋貨小，於是洋貨逐漸佔領了主要市場。甚至有實為洋貨的偽土貨出現，其代表為汕頭出口的「土布」：汕頭出口的所謂土布，原來是從香港進口的最著名的英國漂白市布，在運入汕頭並繳納進口稅後，即送往潮州府染藍，然後運回，於繳納出口稅後出口，運往上海和長江各埠。〔註 227〕由於從汕頭出口「土布」，需要付兩次正稅和一次半稅，〔註 228〕因此可以想見，在香港的加染業發展起來之後，潮汕本地的同一行業會處於頗為不利的地位。其原因是：土染洋市布是從香港進口的，因為是從外國（指香港）來的，它們由本埠運入內地時，享有子口單的保障，而工料完全相同的本地土染洋布，則得不著這種優遇。〔註 229〕而且，由於運費等問題，汕頭加染業也敵不過長江沿岸各地的加染業，如：「在近十年（1882～1891）的前五年間，汕頭加染的洋佈在中國市場與外國染色棉布的競爭，頗為成功；但到 1886 年，本地（鎮江）的染坊建立起來後，汕頭加染的洋布的進口顯然受到阻礙。」〔註 230〕在外來原料及產品的衝擊下，包括大埔縣在內的潮汕地區市場的對外依賴性越來越強，這對大埔縣墟市長遠發展造成了極大的限制。

〔註 225〕《Commercial Reports》，姚賢鎬編：《中國近代對外貿易史資料》（1840～1895），北京：中華書局，1962 年，第 1101 頁。

〔註 226〕芳信編著：《潮汕竹枝百首》，潮汕歷史文化中心編：《潮汕歷史文化小叢書》（第四輯），（出版地不詳）：藝苑出版社，2001 年，第 81 頁。阿媽即媽祖。

〔註 227〕《Trade Reports》，姚賢鎬編：《中國近代對外貿易史資料（1840～1895）》，北京：中華書局，1962 年，第 1431 頁。

〔註 228〕《Trade Reports》，姚賢鎬編：《中國近代對外貿易史資料（1840～1895）》，北京：中華書局，1962 年，第 1431 頁。

〔註 229〕《Trade Reports》，姚賢鎬編：《中國近代對外貿易史資料（1840～1895）》，北京：中華書局，1962 年，第 1433 頁。

〔註 230〕《Trade Reports》，姚賢鎬編：《中國近代對外貿易史資料（1840～1895）》，北京：中華書局，1962 年，第 1433 頁。

其三，人口外流，本地需求受抑制，墟市升級受阻礙。大埔地區山多田少、地狹民貧，為求生存，部分民眾遠走他鄉，或是務工或是務農或是從商。大埔鄉民或至潮至汕，或旅廣旅佛，甚至遠赴蘇州、漢口，更有甚者足迹到達東南亞等海外地區。〔註231〕如：大麻墟，糧食不敷，多經商南洋為生。〔註232〕上文所引的竹枝詞《番舶》中的「載去夫君載布來」一句，反映了當時潮汕地區的「過番」情況，這是一種人口外流現象。大埔地區也有類似現象。鴉片戰爭後，由於旅居東南亞的人口越來越多，勢力也越來越大，所以，大埔人在這些地方建立了一些維護同鄉利益的公益團體，如咸豐丁巳創建的星加坡茶陽會館、光緒丙午創立的星加坡啟發學校、光緒年間的麻六呷茶陽醫社，等等。〔註233〕人口外流導致市場需求不能穩定增長，從而致使大埔縣墟市發展的潛力不足，這嚴重阻礙了其升級、質變的進程。總而言之，清鴉片戰爭後的經濟形勢，在促成大埔縣墟市短期繁榮的同時，阻礙了其進一步的升級發展。

第四節　清代廣東商業文化的互動變化

商業文化，是指人類受商業發展之影響而創造出來的物質財富與精神財富的總和。商品屬於商業文化的物質財富部分，同時也是商業文化精神財富傳播的主要載體之一。人們對某種商品接受的同時，往往也表示其對隱含於商品背後的世界觀、人生觀、價值觀等意識形態的認同。

清代廣東墟市形成一個網絡系統，通過這個系統，城鄉物資得以交換，中外物產得以流通。在墟市網絡運行的過程中，物流進出所表達的文化亦隨之傳播。鴉片戰爭後，大量的洋貨與仿洋貨通過這個網絡滲透到廣大的鄉鎮地區，引發了廣東鄉鎮社會生活的新變革。這一變革過程，實際上是鄉鎮民眾對洋貨、仿洋貨等新產品的認識過程，這是一個由陌生到熟悉再到樂用的過程。在廣東鄉鎮接受洋貨及仿洋貨的過程中，城市起到了新產品使用示範區的作用。通過本籍傳教士、本籍洋商、外出謀生者、富商、因避難而遷入

〔註231〕劉織超修，溫廷敬等纂：《民國新修大埔縣志》卷十民生志，《中國地方志集成》（廣東府縣志輯，22），上海：上海書店出版社，2003年，第247～248頁。
〔註232〕劉織超修，溫廷敬等纂：《民國大埔縣志》卷二地理志，《中國地方志集成》，上海：上海書店出版2003年，第50頁。
〔註233〕劉織超修，溫廷敬等纂：《民國新修大埔縣志》卷十民生志，《中國地方志集成》（廣東府縣志輯，22），上海：上海書店出版社，2003年，第247～248頁。

鄉鎮者等群體的橋梁效應，城市作爲洋貨及仿洋貨使用區的示範作用，有效地影響鄉鎮，從而引起鄉鎮社會生活的改變。

一、城市商業文化的興旺發達

清代洋貨及仿洋貨首先在廣州等城市流行，引起城市生活文化的改變。這一過程大致經過三個十年。

第一個十年（1882～1891），實用類洋貨在廣東城市流行。1882～1891 的十年間，廣東城市社會普遍對迫切需要的實用品洋貨較感興趣。據《粵海關十年報告（1882～1891）》載：「十年來，合乎本地人胃口和需求的外國產品，種類不多，似乎只限於迫切需要的實用品種。如布匹則以外國棉紗爲主；照明則用煤油和火柴；車間則需求五金和染料。本地人對美國麵粉感興趣，大概是由於受西方加工精製食品的先進技術影響所致。還有迹象表明，對煉乳的需求也在上升，1891 年就進口了 1.2 萬多打罐裝煉乳。這種食品不但大人食用，而且富有的廣東家庭還用來餵養嬰兒。這說明一個意味深長的事實，即：人們正在考慮，該食品對這個民族的未來也許會有積極的影響。」〔註234〕其中，麵粉、火柴、煤油、金屬等爲城市民眾所廣泛接受，這些產品的銷路都很好。（1）麵粉。《粵海關十年報告（1882～1891）》指出：「使人感到非常驚奇的是對美國麵粉的需求穩步增長。1891 年，僅經外國船舶載運進口的美國麵粉就有 118076 擔，而 1882 年只有 12875 擔。在廣州街頭出售的餅乾及糕點，據說都是用這種麵粉製成的，比較富裕階層的人們也普遍樂用這種麵粉。」〔註235〕（2）火柴。有謂：「和世界上其他地方一樣，小販最樂意做火柴生意。在廣州，一個小販出售火柴——例如最好的『猴』牌——按每盒兩三個銅幣的低價出售（約合 1/8 便士），小販本人、零售商、批發商，也許還有製造商，都有盈利。」〔註236〕（3）煤油。《粵海關十年報告（1882～1891）》稱：「從

〔註234〕據廣州市地方志編纂委員會辦公室，廣州海關志編纂委員會編譯：《近代廣州口岸經濟社會概況——粵海關報告彙集》，廣州：暨南大學出版社，1996 年，第 858 頁。

〔註235〕據廣州市地方志編纂委員會辦公室，廣州海關志編纂委員會編譯：《近代廣州口岸經濟社會概況——粵海關報告彙集》，廣州：暨南大學出版社，1996 年，第 857 頁。

〔註236〕據廣州市地方志編纂委員會辦公室，廣州海關志編纂委員會編譯：《近代廣州口岸經濟社會概況——粵海關報告彙集》，廣州：暨南大學出版社，1996 年，第 857 頁。

廣州、九龍和拱北的進口情況來看，煤油的消費量已從 1888 年的約 300 萬加
侖增加到 1891 年的 950 萬加侖，而這些顯然僅是廣東、廣西兩省的消費量。
煤油價格低廉，使用方便，因而被普遍使用，然而消費量遠未達到極限。……。
另外這種商品也為小販們提供了有利可圖的職業，他們把煤油拿到街頭零
售，價格大約是每斤 4.5 分，每箱可獲利約 9 分。」〔註237〕此外，外國奢侈
品為富貴階層所關注。據《粵海關十年報告（1882～1891）》載：「在中國官
員和富裕階層中，最近似乎出現了一種欣賞外國奢侈品的趨勢，對諸如扶手
椅、沙發、彈簧床之類的西方高級傢具頗感興趣。」〔註238〕（4）金屬。《粵
海關十年報告（1882～1891）》指出：「在日常用品方面，金屬正逐步取代竹
木材料。門窗的欄柵插閂等目前幾乎一律都是用鐵做的，本地商店和住宅前
面已普遍可以見到鐵門和鐵欄柵。擁擠在河面上的龐大的汽艇船隊，當然對
金屬製品有著經常性的需求。」〔註239〕

第二個十年（1892～1901），城市民眾對外國新機器與新型產品漸感興
趣。機器型新產品為城市民眾所樂用。據《粵海關十年報告（1892～1901）》
載：「許多個人和小商號，為了謀利或娛樂，現都紛紛使用格式各樣的機器。
例如磨麵粉的機器、私人用的發電機、電鈴、汽水機等。制鞋和縫衣服用的
縫紉機，數量很多，紡織機也偶可見到。曾經試圖引進座式小型煤油機，用
於驅動切割寶石和其它石塊的工具，但未獲成功。各類車床也不少。機械玩
具，從日本產的粗陋兒童小玩具到仿製的留聲機等，諸如此類的東西，都很
普遍——有一個人竟以擁有 X 光機為榮。廣州人對諸如此類的機械儀器確實
很感興趣，或為省力，或為娛樂。他們在使用和修理（當機器出現故障時）
這些東西方面，表現出相當的聰明才智。」〔註240〕又新式外國產品也頗受歡

〔註237〕據廣州市地方志編纂委員會辦公室，廣州海關志編纂委員會編譯：《近代廣州
　　　　口岸經濟社會概況——粵海關報告彙集》，廣州：暨南大學出版社，1996 年，
　　　　第 857 頁。
〔註238〕據廣州市地方志編纂委員會辦公室，廣州海關志編纂委員會編譯：《近代廣州
　　　　口岸經濟社會概況——粵海關報告彙集》，廣州：暨南大學出版社，1996 年，
　　　　第 858 頁。
〔註239〕據廣州市地方志編纂委員會辦公室，廣州海關志編纂委員會編譯：《近代廣州
　　　　口岸經濟社會概況——粵海關報告彙集》，廣州：暨南大學出版社，1996 年，
　　　　第 856～857 頁。
〔註240〕據廣州市地方志編纂委員會辦公室，廣州海關志編纂委員會編譯：《近代廣州
　　　　口岸經濟社會概況——粵海關報告彙集》，廣州：暨南大學出版社，1996 年，
　　　　第 947～948 頁。

迎。據《粵海關十年報告（1892～1901）》載：「棉紡織品進口有顯著的增長。同時，市場對一些新產品的需求也日益增長，這些新產品包括印刷紙張、搪瓷器、玩具和錢包等等。所有這些都顯示出人們生活富裕的狀況。」〔註241〕

　　第三個十年（1902～1911），各種類型的洋貨在廣東城市大行其道，仿洋貨也開始流行。首先，實用類洋貨仍然暢銷。如麵粉，據載：「（廣東）查美貨以麵粉為大宗，而銷用麵粉又以餅行為大宗，今餅行首提實行抵制。（時報，光緒三十一年五月初七日）」〔註242〕再如煤油，有謂：「本十年間，煤油進口有了顯著的增加：1902 年輸入 9462593 加侖，而 1911 年增加到了 25180667 加侖，比 1902 年增加 166%強。隨著交通設施的改善，對煤油的需求量將日益增長，此項獨特的貿易看來會有令人豔羨的前景。」〔註243〕又如日用器具：「（廣東）惟據人云：華人家常所用之瓷器，已為外國琺瑯、白鐵器及鐵器所攪奪。（光緒三十年廣州口華洋貿易情形論略，通商各關華洋貿易總冊，下卷，頁 81）」〔註244〕其次，其他各類外國產品也很受歡迎。據《粵海關十年報告（1902～1911）》載：「1903 年和 1910 年這兩年需要特別注意。貿易淨值 1910 年比 1903 年多 300 餘萬兩，是創本口岸貿易淨值最高紀錄的一年。這兩年情況都是異常的。1903 年，土產大米進口價值超過 1700 萬兩——比這十年中其他任何一年的大米進口價都多兩倍以上。1910 年，由於國外的特殊需求，本地貨物出口價值增長了。除去這兩年，廣州進口洋貨和出口土貨的貿易淨值均呈逐漸增長之勢。進口洋貨方面，棉織品中所有早在十年前已享盛譽的傳統商品，除了印度棉紗和粗斜紋布略為下降外，都穩步增長；而且值得注意的是，棉織品的種類比以前更加繁多了。五金製品方面，值得注意的是有了更多可供選擇的品種，從中我們發現，鐵和軟鋼以及金屬薄片、金屬板、金屬條、鐵釘——十年前並不重要——現在佔有顯著的地位；另一方面，鉛錠

〔註241〕據廣州市地方志編纂委員會辦公室，廣州海關志編纂委員會編譯：《近代廣州口岸經濟社會概況——粵海關報告彙集》，廣州：暨南大學出版社，1996 年，第 906 頁。
〔註242〕彭澤益編：《中國近代手工業史資料》（第二卷），北京：中華書局，1962 年，第 497 頁。
〔註243〕據廣州市地方志編纂委員會辦公室，廣州海關志編纂委員會編譯：《近代廣州口岸經濟社會概況——粵海關報告彙集》，廣州：暨南大學出版社，1996 年，第 956 頁。
〔註244〕彭澤益編：《中國近代手工業史資料》（第二卷），北京：中華書局，1962 年，第 486 頁。

和日本銅塊的進口量與本十年的初期比較，則有所減少。除了羽紗、毛嗶嘰、哆囉呢、沖衣著呢、中衣著呢外，所有主要的毛紡織品都有所增加，而且新品種如花呢、嗶嘰、毛毯和小地毯等，越來越受到顧客的歡迎。水泥、香煙和雪茄、日本煤和（安南）東京煤、電器材料、紙、汗衫、褲子和短襪、鐘、錶以及其他類似的雜貨，需求量都很大，而且還在日益增長。本十年間，煤油進口有了顯著的增加：1902 年輸入 9462593 加侖，而 1911 年增加到了 25180667 加侖，比 1902 年增加 166%強。隨著交通設施的改善，對煤油的需求量將日益增長，此項獨特的貿易看來會有令人豔羨的前景。白糖的進口量也越來越多。〔註 245〕值得注意的是，這一時期，國產洋貨仿製品開始替代進口的外國同類產品。據載：「另一方面，精梳落絲紗和日本火柴輸入量有所減少，後者大部分已為質量相同、市場售價同樣便宜（如果不是更便宜的話）的國產火柴所代替。」〔註 246〕

外國產品的中國式利用。在直接利用進口產品之外，清代廣東民眾還根據本地條件或者傳統習慣，對部分進入中國的外國產品進行改造式利用。經過改造，這部分洋貨失去了原有的用途及功能，卻更加符合廣東社會生活之所需，因此，這種洋貨的改造式利用又可稱作「外國產品的中國式利用」，這種利用方式遍及日常生活各個方面：（1）衣飾。據《粵海關十年報告（1882～1891）》載：「毛巾已普遍使用，並淘汰了國產品；據說較大的幾種毛巾被用來做內衣。」〔註 247〕又據《粵海關十年報告（1882～1891）》載：「毛織品在這個亞熱帶地區不大吃香，只有羽紗和毛嗶嘰兩種才有極少量的消費。但有趣的是，現在本地人都喜歡用毛線紮辮子，因此這種商品的進口量穩步增長。」〔註 248〕（2）住行。《粵海關十年報告（1882～1891）》稱：「這種舊油

〔註 245〕據廣州市地方志編纂委員會辦公室，廣州海關志編纂委員會編譯：《近代廣州口岸經濟社會概況——粵海關報告彙集》，廣州：暨南大學出版社，1996 年，第 956 頁。

〔註 246〕據廣州市地方志編纂委員會辦公室，廣州海關志編纂委員會編譯：《近代廣州口岸經濟社會概況——粵海關報告彙集》，廣州：暨南大學出版社，1996 年，第 956 頁。

〔註 247〕據廣州市地方志編纂委員會辦公室，廣州海關志編纂委員會編譯：《近代廣州口岸經濟社會概況——粵海關報告彙集》，廣州：暨南大學出版社，1996 年，第 856 頁。

〔註 248〕據廣州市地方志編纂委員會辦公室，廣州海關志編纂委員會編譯：《近代廣州口岸經濟社會概況——粵海關報告彙集》，廣州：暨南大學出版社，1996 年，第 856 頁。

罐〔註249〕用途無限：家裏的僕人們都把它們當成方便實用的容器，並把它們製成輕巧的器皿，供日常使用；它們可以經過加工製成油燈、鐵盒、兒童玩具以及其他家用物品；還有一種常見的用途，就是經過打平並焊接之後，往往和草席一起做成船隻或小屋的頂蓋；出口的豬油和生薑也用這種鐵罐做包裝。從這裏運往北方口岸的鐵皮製品，主要包括以煤油罐製成的塗了油漆的油燈、盒子和各種小物品。」〔註250〕（3）嗜好品。《粵海關十年報告（1882～1891）》云：「……，國產煙土在廣州已有出售，全部用於摻合洋煙土，其消費量正在緩慢增長。」〔註251〕

　　清後期廣東城市物質生活因洋貨與仿洋貨的大量流通而變得充實，城市的文化亦因廣泛融入外國商業文化元素而更加絢麗多彩。

二、城市商業文化的傳播途徑

　　清後期廣東商業文化繁盛，其先在城市形成文化高壓，然後向四周鄉村輻射。而某些群體，其與鄉鎮具有各種聯繫、對城市生活又非常熟悉，他們往往成爲城市文明向鄉鎮傳播的橋梁。清代廣東城鄉之間具有文化傳遞橋梁效應的群體主要有以下幾種：

　　其一，本籍傳教士。據載：「宗教（新增）釋道二教傳流中國既久，本境雖有人崇奉，亦不甚多，康熙間方洞何姓往客澳門，入天主教歸，設天主堂於方洞，此爲西洋宗教入境之始。光緒初年，德國教士設福音堂於南門，旋遷建於修仁，嗣造教堂於劉鎮營及米行街。天主教徒亦於光緒丁未年建教堂於禾場頭，計本境奉基督教及天主教者各數百人，惟回教、喇嘛教則無有。」〔註252〕在澳門入教的始興本鄉人士何某，最早將天主教傳入始興，其所依賴的是鄉誼之情、血緣之親。同樣，本籍傳教士同樣可以通過親情及鄰誼而將外來先進文化帶入鄉村。

〔註249〕指裝煤油的罐子。
〔註250〕廣州市地方志編纂委員會辦公室，廣州海關志編纂委員會編譯：《近代廣州口岸經濟社會概況——粵海關報告彙集》，廣州：暨南大學出版社，1996年，第857～858頁。
〔註251〕據廣州市地方志編纂委員會辦公室，廣州海關志編纂委員會編譯：《近代廣州口岸經濟社會概況——粵海關報告彙集》，廣州：暨南大學出版社，1996年，第871頁。
〔註252〕〔民國〕陳及時等纂修：《廣東省始興縣志》卷四輿地略宗教，臺北：成文出版社，1974版，第307頁。

傳教士之影響深入廣東鄉村。據載：「（恩平）教堂：耶穌教堂一在城較場尾，一在聖堂墟，一在君堂墟，一在船角墟，一在牛江渡墟，一在沙湖新墟，一在那吉墟，一在橫陂墟，一在楊橋舊墟，一在金雞水墟，一在赤水墟。」清代恩平的 10/11 的耶穌教堂分佈在墟市，說明了墟市是外國傳教士傳教的主要陣地。由此可見，墟市不僅是中外、城鄉經濟交流的地方，還是文化向鄉村傳播的主要場地。

其二，本籍洋商。據載：「（光緒四會）粵俗之侈莫甚於洋商，道光間邑人有充洋商者，十三行中所稱嚴興泰行者是也，衣服飲食習慣自然見者爭相慕傚，靡然成風，俗遂漸趨於侈。」〔註253〕洋商是城鄉聯繫之橋梁之一。

其三，外出謀生者。清中後期到城市謀生的鄉鎮民眾頗多，他們生活在城市，往往會受到城市文明的感染，生活習慣慢慢與城市民眾趨同，據《粵海關十年報告（1882～1891）》載：「……，越來越多的廣東人，特別是手工藝人，穿起了西式汗衫和綿短襪。」〔註254〕這些「穿起了西式汗衫和綿短襪」的手工藝人回到家鄉後，在親朋鄰里間會造成一定的影響，讓更多的鄉鎮民眾認識城市文明。再如開平碉樓。

第四，城鎮及農村的富商。據相關材料表明，清代廣東的鄉鎮居住著一定數量的富商，如據《拱北關十年報告（一）（1882 年～1891 年）》載：「每一幫都有專門的稱號，並各自派人出來進行敲詐勒索。居住在人口稠密的村莊或城鎮的富商，在人口稀疏的農村的貧苦陶工，還有在他自己開墾的土地上耕作的農民，都輪流成爲受害者。」〔註255〕這些鄉鎮富裕階層，有較爲高檔的洋貨及仿洋貨的消費能力，他們成爲鄉鎮之間洋貨及仿洋貨先進性介紹的主力軍。如陳啟源引進繅絲機。

第五，因避難而遷入鄉鎮者。戰爭或動亂都會產生移民，這種移民中，常有從城市遷入鄉鎮者，隨著他們一同進入鄉鎮的，不僅是其資本及消費力，還有他們的城市生活習慣及城市意識。這些都會對鄉鎮社會產生一定的影響。

〔註253〕〔清〕陳志喆等修，吳大猷纂：《廣東省四會縣志》編一風俗，臺北：成文出版社，1967 年版，第 109 頁。

〔註254〕據廣州市地方志編纂委員會辦公室，廣州海關志編纂委員會編譯：《近代廣州口岸經濟社會概況——粵海關報告彙集》，廣州：暨南大學出版社，1996 年，第 856 頁。

〔註255〕拱北海關志編輯委員會編：《拱北關史料集》，珠海：拱北海關 1998 年，第 256 頁。

可見，在清代廣東城鄉之間，具有文化傳遞橋梁效應的群體較多，他們的相關活動促進了城市文化、外來文化、商業文化在鄉村地區的多途徑傳播，有效地推動城鄉之間的互動。

三、城市商業文化的鄉村輻射

清後期城市商業文化在鄉村的傳播，主要以物質形式爲主，其體現在鄉村社會對洋貨與仿洋貨的逐漸接受，以及鄉村生活因此而改變方面。

外國產品滲入鄉鎮。據載：「洋人心計甚工，除洋布大宗之外，一切日用，皆能體華人之心，仿華人之制，如藥材、顏料、瓶盎、針、鈕、肥皂、燈燭、鐘錶、玩器，悉心講求，販運來華，雖僻陋市集，靡所不至。（柯來泰：救商十議，見皇朝經世文三篇，卷 31，頁 3。）」〔註256〕又有謂：「中國自通商以來，洋貨日銷，土貨日絀，洋紗洋布，歲銷五千三百萬。其餘鐘錶、機器、呢絨、毛毯、火油、食物，以至鈕扣、針線之細，皆規我情形，探我玩好，務奪我小工小販一手一足之業者，而乃銷流日廣，始於商埠，蔓於內地，流於邊鄙。吾華靡貧靡富，靡長靡幼，日用之需，身體之間，靡不有洋式之物，捨此莫好，相習而忘，故歲耗萬萬，罔知底極。夫彼耗萬萬之資材，耗於有形，猶可數計，而小工小販，因失業以坐失萬萬資財者，實耗於無形，而不可以算。如以吾粵論，佛山針行，向稱大宗，傭工仰食以千萬計，自有洋針，而離散殆盡矣，鄉邑婦女，多藉紡織以謀食，自有洋布，而土布無過問矣，其餘鈕扣線襪，向之著名專利者，亦冷落無趣，勢將坐食。吾粵如是，余省可知矣。（劉楨麟：論各省善堂宜設工藝廠以養貧民，見倚劍生：中外大事彙記，論說彙，卷首之二，頁 24。）」〔註257〕又有謂：「中國人雖然保守，卻也不知不覺地使用起外國貨。現在不僅在口岸市鎮和沿海地帶到處可以看到鐘、錶、火柴、洋燈、紅毯，就是在遙遠的內地，也都可以看到這些東西。（A.R. Colquhoun：The Opening of China, p.39）」〔註258〕

在外國產品及國產仿洋貨的衝擊之下，清代廣東的鄉鎮生活發生一定的

〔註256〕姚賢鎬：《中國近代對外貿易史資料（1840～1895）》第二冊，北京：中華書局，1962 年，第 1094 頁。

〔註257〕姚賢鎬：《中國近代對外貿易史資料（1840～1895）》第三冊，北京：中華書局，1962 年，第 1360～1361 頁。

〔註258〕姚賢鎬：《中國近代對外貿易史資料（1840～1895）》第二冊，北京：中華書局，1962 年，第 766 頁。

改變：

其一，衣洋布或由洋紗織成之布。清後期，洋布已爲各地民眾所廣泛接受。據載：「1897 年，各地，無論通都大邑，僻壤遐陬，衣大布者不過十之二三，衣洋布者已有十之八九。（朱祖榮：勸種洋棉說，光緒 23 年 12 月下，農學報，第 18 冊。）」〔註 259〕洋布與土布各有所長，它們在日常生活中被交替使用，如漢口地區：「（漢口）各鄉織布，其業逐年增進。而同時色洋布輸入，亦益增加。現在漢口地方，四鄉之婦女老幼，其耕作用衣裳，皆使用自製土布，然其他或祭祀，或應酬，或往稠人廣眾之中，皆穿洋布細密光澤者，以爲外觀美麗；且夏時最爽涼，又價額亦比土布不甚相遠，自然厭土布粗重，亦人情也。然實用耐久利用三節，則洋布決不能凌駕土布。向來土布弊衣，尚可爲男女鞋底之用，或供掃布之用。洋布則遠不如，且每加洗濯，損其質與色澤，故鄉間老成婦女子，特購入棉絲，以自織成其所好土布，餘剩則賣卻，以爲一舉兩得之策。（譯東十月通商彙纂，東西商報，1900 年，商 60，頁 10）」〔註 260〕廣東地區的情況亦然，洋布也廣爲流行，洋紗織成之布頗受歡迎，如始興：「輸入品來自廣州及湘贛由雄韶兩處轉運入境多者爲洋紗、布疋，次則油鹽豆糖及各貨。本地原有土棉，婦孺紡織成布，曰家織布，厚重耐久，遠勝他布。然土機呆笨，紡織遲滯，洋紗既興，土紗幾至絕迹。邑人向喜用江西土布，自洋紗入境，兼以嘉應州興寧輸入各色布疋，江西布遂一落千丈。合計洋紗、布疋二宗，每歲銷行價值二十餘萬元。」〔註 261〕

其二，鄉鎮照明因煤油而改變：煤油代替植物油。廣東鄉鎮照明之燃料，向來喜用植物油。如花生油：「（恩平）落花生，……邑人多種之，取其實榨油，用以食則其氣清香，用以燈則其光明澈，……。」〔註 262〕又如茱子油：「（道光英德）茱子油：……，其油色黃，氣微腥，以點燈良。」〔註 263〕清後期外

〔註 259〕彭澤益編：《中國近代手工業史資料》（第二卷），北京：中華書局，1962 年，第 232 頁。

〔註 260〕彭澤益編：《中國近代手工業史資料》（第二卷），北京：中華書局，1962 年，第 239 頁。

〔註 261〕〔民國〕陳及時等纂修：《廣東省始興縣志》卷四輿地略實業，臺北：成文出版社，1974 版，第 316〜317 頁。

〔註 262〕〔民國〕余丕承等修；桂坫等纂：《廣東省恩平縣志》卷之五輿地物產，臺北：成文出版社，1974 年版，第 203 頁。

〔註 263〕〔清〕黃培爍，劉濟寬修；陸殿邦纂：《道光英德縣志》卷十六物產略，《中國地方志集成》，上海：上海書店出版社，2003 年，第 496 頁。

國煤油大量輸入，據載：「（廣州）（進口洋貨）雜貨之中，以煤油自來火兩項
為最，計煤油所銷之數，分往本省各內地有一百五十五萬三千六百加侖，分
往廣西省有七十三萬七千一百加侖，分往貴州省有三十六萬六千七百五十加
侖。此兩項銷流如此之多者，蓋因近年以來各處鄉村皆喜用之，咸以從前火
石油鐙二物為不便故也。（光緒二十八年廣州口華洋貿易情形論略，通商各關
華洋貿易總冊，下卷，頁 82～83）」〔註 264〕煤油物美價廉且使用方便，因而
取代了傳統的點燈燃料，據載：「（開平）花生：……。從前邑人近山者多種
之，尤以長塘洞、蜆岡等地方為最多。除當小品啖食外，概用以榨油，其渣
為豆麩，可糞田，利甚溥。為邑中出產一大宗。自煤油灌入而此物竟少收成，
不能獲利，種者寥寥。〔註 265〕」另外，火柴也被鄉鎮社會所接受。據《粵海
關十年報告（1882～1891）》載：「火柴——幾乎全是日本製造的——現在即
使在最邊遠的地區也可以見到。」〔註 266〕

其三，生產方式融入外國元素。如手工生產融入外國資本，據載：「（汕
頭）抽紗屬於家庭工業，起源於約二十三年前，由美國浸禮會授予女基督教
徒的職業。產品都送到美國出售，利潤一部分分給女工們，一部分用來興辦
教育，……。抽紗一家一家地逐漸傳佈開來，不久，又開設了一些抽紗店鋪，
許多人，包括一些基督教徒，都因此致富。抽紗業的繁盛就是依靠賤價的勞
動和出口免稅的特許。……約十年前，經營抽紗的店鋪只有十幾家，近來店
鋪和抽紗的人家數目都大大增加。除很少幾家自己雇有工人（女工）的資本
家企業外，抽紗品物大多從揭陽、潮陽、澄海等地收購，送至潮州府刺繡，
然後來到汕頭洗滌包裝輸往香港、廈門、上海、印度、安南，再從這些地方
運往歐美。大抽紗行直接將貨物運往西洋市場，小販也直接賣給路過該口岸
的輪船乘客，由於這些負販，和很多抽花都是用包裹運出，所以每年的產量
不可能得到一個可靠的數字，最高的利潤是由直接運往歐美銷售的抽紗獲得
的。（DecennialReports, 1912-1921, Vol.II, pp.178-179）」〔註 267〕再如洋紗在鄉

〔註 264〕彭澤益編：《中國近代手工業史資料》（第二卷），北京：中華書局，1962 年，
　　　　第 477 頁。
〔註 265〕〔民國〕余榮謀修，張啓煌纂：《廣東省開平縣志》卷六輿地下，臺北：成文
　　　　出版社，1966 年版，第 58 頁。
〔註 266〕據廣州市地方志編纂委員會辦公室，廣州海關志編纂委員會編譯：《近代廣州
　　　　口岸經濟社會概況——粵海關報告彙集》，廣州：暨南大學出版社，1996 年，
　　　　第 857 頁。
〔註 267〕彭澤益編：《中國近代手工業史資料》（第二卷），北京：中華書局，1962 年，

村織布業中的廣泛應用。又如機器在鄉村生產的應用（繰絲業）。

清後期廣東鄉村生活的品質，因洋貨與仿洋貨等近代商品的廣泛介入，而得到部分提升。

小　結

清代廣東，農產品豐富，手工業發達。清代廣東的農產品有：嗜好類作物、糧食作物、糖料作物、油料作物、調料作物、布料作物、編料作物、竹木、水果、瓜菜類作物、家禽家畜、水產品等。在手工業之中，紡織業業發達；編織業發達；加工業發達，有金屬器具加工業、石器加工業、磚瓦陶瓷製造業、竹木器具加工業、皮材與皮具加工業等類別；還有繰絲、紡織、榨油、製糖、釀酒、造紙等各業。故清代廣東的手工業產品多種多樣。另外還有各類礦產品。但是清代廣東的各類產品在地域分佈上極不均勻。

運輸改變產品分佈不均狀況，實現產品的空間效益。由於清代各地物產分佈不均，各地手工業水平參差不齊，故各地需求不同，因此商品的地區價格亦有所不同。清代廣東物流中的運輸活動，將貨物運至價高之地出售，從而實現了商品的空間效益。

運輸離不開通道，西江三角洲通道，是清代廣東最主要的物流通道。清代，西江三角洲是廣州與香港之間貿易的主要通道，澳門與西江三角洲各地往來也很密切。北江貨物運銷珠三角地區，多通過西江三角洲通道。來自韓江流域的貨物，有時也經過西江三角洲出洋。南路貨物運銷也常常經過西江三角洲通道。即使是在清後期複雜多變的社會經濟環境之下，西江三角洲仍然是廣東物流的最主要的通道，只不過在三角洲範圍之內的路線常常會發生改變。

清代廣東物流路線相交形成物流中心，此為物流路線上的重要節點。（1）廣州——歷史悠久的物流中心。廣州市是廣東的主要外貿物流中心之一，發展歷史悠久。清代廣州，與珠江三角洲各地往來密切，與內地各口岸通航，與香港、澳門、西海岸之間也有頻繁的物資來往。（2）澳門——清代廣東的重要物流中心之一。清後期，澳門與廣東各港口形成複雜的物流線路：澳門主要與珠江三角洲地區的石岐、陳村、江門、新會河沿岸各港口、廣州、斗

第 410～411 頁。

門、單水口、荻海、長沙、廣海、石龍等港口，以及西海岸的陽江、高州、水東、雷州等港口形成錯綜複雜的物流路線。清後期，在集中於澳門的土貨中，來自廣州府與肇慶府北部的土產品價值特別高，其原因是：①廣州府的珠江三角洲地區是全省經濟最發達地區，其生產能力最強，產品數量最多。②廣州府與肇慶府北部集中了全省高水平的工業及手工業，如廣州、佛山、高要都是全省一流的製造中心，因此，此區出產的工業及手工業產品的附加值最高。③廣州府與肇慶府的北部經濟發達，吸引了全省土產品在此聚集，這些產品除供本地消費外，還會外運他方，其中就有相當一部分轉運澳門。所以在清後期集中於澳門的土貨中，來自廣州府與肇慶府北部的土產品價值特別高。（3）香港──清後期廣東各地的物資進出口的轉運中心。（4）珠江三角洲上的物流中心群：①佛山。西江、北江與省、港、澳及外洋進行交流時，往往都要經過佛山；佛山的產品也銷往各地。佛山是各地貨物的集散地。②香山。清代香山與多個地區間建立了貿易關係。清後期香山主要與以下地區進行貿易：香港，澳門，廣州，佛山，江門，順德陳村、容奇、勒樓諸鄉，西北江地區，外洋。香山水上物流路線較多。小欖是香山的航運中心，而江門則是香山多條物流路線的目的地，香山與澳門間也有水路聯繫，香山縣內各地也形成為數不少的物流線路。除佛山、香山外，還有江門、恩平等也是珠江三角洲物流中心群的組成部分。（5）始興──清後期北江上的重要物流中心之一。其輸入輸出品都較多，其與珠三角聯繫密切，廣州是始興最大的輸入產品貨源地。（6）高要──西江上的物流中心。

　　清代物流路線的選擇。清代廣東的物流路線選則一般受到以下幾個因素影響：（1）交通。交通狀況對物流影響大；交通技術發展可以改變交通條件，從而改變物流路線。例如，河運技術的提高、海運的發展、鐵路技術的應用等，都促使清代廣東原有的物流格局發生改變。（2）稅制。稅制對物流路線選擇造成經常性的影響，是清後期廣東物流的一個畸形現象。鴉片戰爭後，中國出現了許多奇怪的稅收制度與規定，其目的在於支持洋貨而打擊國貨。這些奇怪的制度與規定，導致清後期廣東的物流路線出現違背常理的情況。①物流路線常隨新規而變。②物流路線隨優惠條件改變而變，重複運輸也在所不惜。因為清後期廣東的經濟環境失常，所以與之相適應的物流模式顯出畸形之態。（3）競爭。廣州與西江各口岸之間存在著競爭，特別是在西江通航後，这种競爭尤為激烈。另外，產地與轉運地之間、輪船與帆船之間，也

存在著競爭。（4）其他影響物流路線選擇的因素。清代廣東，原材料價格的起伏會對物流路線選擇產生影響。生產技術的進步也能改變物流路線。

另外，清代廣東物流活動中的倉儲能實現商品的時間價值，其他物流環節如裝卸搬運、包裝、流通加工、配送等都是清代廣東物流系統正常運轉的有力保障。

清代廣東墟市形成一個網絡系統，通過這個系統，城鄉物資得以交換，中外物產得以流通。在此，物流因商流而生。鴉片戰爭後，大量的洋貨與仿洋貨通過這個網絡滲透到廣大的鄉村地區，引發了廣東鄉村社會生活的新變革。這一變革過程，實際上是鄉村民眾對洋貨、仿洋貨等新產品的認識過程，這是一個由陌生到熟悉再到樂用的過程。在廣東鄉村接受洋貨及仿洋貨的過程中，城市起到了新產品使用示範區的作用。

首先，洋貨與仿洋貨改變廣東城市生活文化。清代洋貨及仿洋貨首先在廣州等城市流行，引起城市生活文化的改變。這一過程大致經過三個十年。第一個十年（1882～1891），實用類洋貨在廣東城市流行。第二個十年（1892～1901），城市民眾對外國新機器與新型產品漸感興趣。第三個十年（1902～1911），各種類型的洋貨在廣東城市大行其道，仿洋貨也開始流行。

外國產品的中國式利用。在直接利用進口產品之外，清代廣東民眾還根據本地條件或者傳統習慣，對部分進入中國的外國產品進行改造式利用。經過改造，這部分洋貨失去了原有的用途及功能，卻更加符合廣東社會生活之所需，因此，這種洋貨的改造式利用又可稱作「外國產品的中國式利用」，這種利用方式遍及日常生活各個方面。如用毛巾來做內衣，再如用進口毛線來紮辮子，又如，用舊油罐製成輕巧的器皿，或加工製成油燈、鐵盒、兒童玩具以及其他家用物品，或與草席一起做成船隻或小屋的頂蓋，或包裝出口的豬油和生薑，或製成運往北方口岸的油燈、盒子及各種小物品，等等。〔註268〕

其次，某些群體，其與鄉鎮具有各種聯繫、對城市生活又非常熟悉，他們往往成為城市文明向鄉鎮傳播的橋梁。這些群體包括：本籍傳教士、本籍洋商、外出謀生者、富商、因避難而遷入鄉村者等，通過他們的橋梁效應，城市作為洋貨及仿洋貨使用區的示範作用，有效地影響鄉鎮，從而引起鄉鎮

〔註268〕據廣州市地方志編纂委員會辦公室，廣州海關志編纂委員會編譯：《近代廣州口岸經濟社會概況——粵海關報告彙集》，廣州：暨南大學出版社，1996年，第 857～858 頁。

社會生活的改變。

再次，清代洋貨及仿洋貨的流行推動廣東城鎮鄉村社會文化的演化。在外國產品及國產仿洋貨的衝擊之下，清代廣東的鄉鎮生活發生一定的改變：其一，鄉鎮民眾衣洋布或由洋紗織成之布。其二，鄉鎮生產方式融入外國元素，如用洋紗來織布。其三，鄉鎮照明因煤油而改變：煤油代替植物油。另外，火柴也被鄉鎮社會所接受。

本章第三節主要從經濟環境變化對墟市造成影響的角度，對因物流而興的清代大埔縣墟市的總體狀況作了初步探討，以期從中觀的角度反映清代廣東物流對墟市格局的影響。結論大致如下：清代大埔縣墟市，是在過境物流活動頻繁的環境中演化的。其在腹地經濟與過境貿易的經濟條件下，受南（府城）北（汀州）雙經濟中心的影響，形成了南北強東西弱的跳躍式核心墟市結構。鴉片戰爭後，汕頭開埠並取代府城，成為不斷強大的經濟中心，與國內外貿易往來逐漸增強。在汕頭經濟中心的影響下，大埔縣墟市的銷售市場得到擴大、交易內容更加豐富，出現繁榮景象。但農業基礎薄弱、外來依賴性強及人口外流造成需求不足等缺陷，終使大埔縣墟市之長遠發展受阻。然而，除此之外，大埔縣墟市還有很多地方值得研究。僅一首潮汕竹枝詞就展現了豐富的墟市內容：「墟人趁墟漩沸渦，喧闐聲亂鴨與鵝。凌晨裹飯食不飽，日中入市肩相摩。客舟因臥餐具盡，起視所有須無多。苦筍縱橫正登筥，一物已足充嘉蔬。血肉淋漓兩觳觫，烹肥群飲飲且歌。殺牛得錢汝勿喜，汝田不耕將奈何？」〔註269〕正如上詩所云，受過境物流影響極大的大埔縣墟市，其研究還應涉及墟市產品、墟市管理、墟市交易、趁墟方式、墟市的信息傳遞功能等方面的內容。另外，由大埔設縣、縣城選址等歷史事件來看政治與墟市發展的相互關係，研究政治對墟市發展的影響，以及墟市在政治管理中的作用，這些都是不應忽視的內容。如此種種主題，有待另文探討。

〔註269〕〔民國〕溫廷敬（丹銘）輯，吳二持、蔡啓賢校點：《潮州詩萃》，汕頭：汕頭大學出版社，2001年，第516頁。

結　語

　　本文綜合運用歷史地理學、哲學、生物學等多學科的理論與方法，對清代廣東墟市進行了橫向與縱向交叉，宏觀、中觀與微觀結合的研究。研究結論大致如下：

一、在理論建構上

　　本文對「清代廣東墟市系統」與「清代廣東墟市群落」等兩個理論嘗試建構，並將此二者運用於文章的研究之中。

二、在具體內容上

　　本文有以下幾點發現：

　　清代廣東墟市與環境互動，在互動中運行分化與整合的系統演進程序。清代廣東墟市與環境之間互動互應，逐步建立起與環境相適應的墟市系統，從而出現了清前中期欣欣向榮、齊頭並進的共同發展景象。而且，清代廣東墟市系統在與環境相協調的過程中，形成了交彙區特色、丘陵區特色及江海區特色。以鴉片戰爭爲起點的近代環境的轉變，給清代廣東墟市系統帶來了一系列衝擊，也開啓了廣東墟市系統的轉型歷程。在此過程中，廣東墟市系統接受環境的篩選，走上了淘汰落後組分、保留先進組分的分異演化道路，同時整合一切有利的新因素，逐步演化成爲新的墟市系統。

　　清代廣東墟市在空間發展上存在分異現象，這主要表現爲墟市經濟的地區發展不平衡。其一，從墟市子系統的發展上看，清前期，南路墟市子系統的總體發展水平最高；珠江流域墟市子系統屈居第二；韓江流域墟市子系統最低。其二，從地區墟市經濟發展上看，清代廣東墟市經濟最發達的三個地

區分別是：珠江三角洲地區（特別是西江三角洲地區），西海岸及瓊州府北部地區，南肇慶府地區。其三，從動態角度考察清代廣東墟市經濟發達區的空間演化軌迹，有三個值得注意的趨勢：（1）墟市發達區的面積不斷擴大；（2）墟市發達區有連片發展的趨勢；（3）墟市經濟增長點表現出趨海發展的態勢。

清代廣東墟市系統的組分通過互動作用，或分化或聯合或演變，逐漸形成墟市群落。清代廣東的任何一個墟市（墟市聯合體）都不是單獨存在的，而是與其它墟市（墟市聯合體）互動而存的，這種墟市（墟市聯合體）之間，以及墟市（墟市聯合體）與它們賴以生存的經濟環境之間，都保持著密切的聯繫，從而形成一種相對穩定的具有一定規律的集體群——清代廣東墟市群落。清代廣東墟市群落包括鎮層次、墟市層次、季節性層次，以及層間經濟體（街）。群落之中元素之間、層次之間互動互應，共同演繹清代廣東墟市群落的原生演替、次生演替、順行演替、逆行演替。從墟開始形成，到演替成爲穩定墟市群落，要經歷一系列的過程，這一過程構成爲演替序列。演替序列包括量變系列與質變系列。在量變系列中，清代廣東墟市通過墟市增殖、墟市聯合等方式達成聚集成群的目標。同時，清代廣東墟市在質變系列中實現由墟升級爲市，或由墟市升級爲鎮。其中，鎮是清代廣東墟市群落的主要組成部分，其整合了墟與市。墟市演化爲鎮中心的過程稱爲鎮區演化過程，其包括「墟市增加（含增殖）——墟市集群——群內分工——街區形成」等分異、組合階段。上述這種由墟市演化而來的鎮可稱爲墟市鎮，除此之外，清代廣東的鎮還包括巡檢司鎮（即鎮名與巡檢司名相同者），而且巡檢司鎮還是清代廣東鎮的重要組成部分，其所佔比例高達 80%。無論巡檢司鎮還是墟市鎮，其與墟市都有著很深的淵源，其形成過程一般都包括由墟市演化成爲鎮中心的過程。在鎮形成後，鎮域範圍內包含一定數量的墟市，這些墟與市繼續演化。一個墟或市順行演化的結局，是成爲一片商業街區，但在這一片街區上又會誕生出其他墟或市，正如森林中一棵老樹倒下了，卻會留下許多幼苗繼續成長一樣，墟市演化是一種總體數量不斷增長的演化，墟市演化沒有盡頭，生生不息，循環不止。

城鄉貨物與文化交流，中外商品與文明互動。清代廣東墟市形成一個網絡系統，通過這個系統，城鄉物資得以交換，中外物產得以互通。鴉片戰爭後，大量的洋貨與仿洋貨通過這個網絡滲透到廣大的鄉村地區，引發了廣東鄉村社會生活的新變革。這一變革過程，實際上是鄉村民眾對洋貨、仿洋貨

等新產品的認識過程，這是一個由陌生到熟悉再到樂用的過程。在廣東鄉村接受洋貨及仿洋貨的過程中，城市起到了新產品使用示範區的作用。而本籍傳教士、本籍洋商、外出謀生者、因避難而遷入鄉村者等群體，其與鄉鎮有著各種聯繫，又對城市生活非常熟悉，所以，他們往往成為外國文明、城市文明、商業文化向鄉鎮傳播的橋梁，起到推動鄉鎮社會生活文化發展的作用。

　　清代廣東墟市系統，在各種各樣的互動互應中分化、整合，不斷演進。

三、通過研究，還可發現清代廣東墟市具有兩大演化趨勢：

（一）清代廣東墟市的外向化趨勢

　　國際物流直接導致清代廣東墟市具有外向性。清中後期，國際物流往來頻繁是廣東經濟環境的主要特點之一。國際物流又可分為外國商品進口及國產商品出口兩股物流，此二者的存在與運動，皆起到推動清代廣東墟市全面走上外向化道路的作用。

1、出口物流對墟市外向化的直接推動

　　清代廣東鄉村物流網絡與國際物流網絡對接，廣東墟市與國際市場共振。清代廣東出口商品以農副特產為主的特點，決定了清代廣東墟市具備為收集出口貨物服務的功能。清代廣東出口商品常先聚集墟市，然後再通過通商口岸出口。據載：「在本省，茶是許多小生產者種植的，他們在鄉間市場上把茶葉賣給收茶人，而這些收茶人或者把茶運往口岸出賣，或在當地賣與廣東商人。外國商人則向廣東商人或收茶人收買。……。（Decennial Reports, 1882-91 年，廣州，p.553.）」〔註 1〕所以，鄉村物流網絡通過口岸與國際物流網絡連通。國際市場的震動會迅速地傳遞到廣東鄉村物流網絡，如「外國糖市的衰落，影響了汕頭，使運往歐美的糖完全陷於停頓；因為馬尼拉糖和爪哇糖侵入香港代替了汕頭糖，以致對香港的出口，也大為減少。（Trade Reports, 1885 年，汕頭，p.315.）」可見，廣東鄉村經濟受外來因素影響頗大。這在同時期的順德織布業上亦有所體現，順德織布業在與洋布的競爭中衰落，據載：「（1853 年前順德）斜紋布出桃村，夷船四倍價令倍度織之，明年貨至，明年貨至，洋織盛而土織衰矣。按女布遍於縣市，自西洋以風火水牛運機成布，舶至賤售，女工機停其半。（馮奉初：《順德縣志》卷 3，頁 45。）」〔註 2〕既

〔註 1〕 姚賢鎬：《中國近代對外貿易史資料（1840～1895）》第二冊，北京：中華書
　　　　 局，1962 年，第 1215 頁。
〔註 2〕 姚賢鎬：《中國近代對外貿易史資料（1840～1895）》第三冊，北京：中華書

然之前順德「女布遍於縣市」，那麼，「自西洋以風火水牛運機成布，舶至賤售，女工機停其半」後，順德的布市也會因此而削減。由此觀之，國際市場的波動會引起廣東鄉村經濟的起伏。

2、進口物流對墟市外向化的間接推動

進口物流間接導致清代廣東墟市具有外向性。進口物流推動清代廣東手工業的變革，從而促成外國商品在廣東鄉村的傳播，墟市商品品類因此而加入了外國元素。

頻繁往來的國際物流帶動了廣東手工業的變革。首先，外國商品物流的輸入，引起廣東手工業生產的變革。對於如洪水般湧入的新奇洋貨，廣東人樂於仿製。據載：「（廣州）近年來廣州在製造適合於一般中國人嗜好和習慣的貨品方面，出現了模仿各種最複雜的洋貨的許多行業。與中國人接觸時常常會感到，他們看到任何一件外國製造品時，通常立刻就說那是廣州貨。事實上由於廣州是最早進口洋貨的唯一市場，這種模棱的說法是有相當根據的；實際上卻掩藏著有時也可以感覺到的他們真正要表示的一種輕蔑。現在，這種說法完全是一種很合理的假設，因為即使在外國人看來，也很難區別一件按外國設計和習慣製造出來的貨物，究竟是外國製造的還是廣州仿製的（Trade Reports, 1874 年，廣州，p.173.）」〔註 3〕。洋貨仿製活動，帶動了清代廣東手工業格局的調整，增加了清代廣東手工業的整體競爭力，這又在個別行業的市場競爭勝利中有所體現，如自鳴鐘業：「自鳴鐘——現在中國匠人製造著大量的木鐘和銅鐘，以至把鐘的進口減少至微不足道的地步。……。（S. W. Williams: The Chinese Commercial Guide, p.86.）」〔註 4〕又如工藝鏡業：「（北海）外國鏡子不能與廣州造的『帶畫的鏡子』競爭，後者在 1885 年進口了 94,762 面，約值 350 磅（Commercial Reports，1885 年，Part I，北海，p.15.）」〔註 5〕。其次，清代進口物流促使廣東某些地區形成新型手工業：「目前人民對於新工業的愛好，由於孟買新建的紡紗廠生產的印度洋紗輸入中國而得到滿足。洋紗的輸入正值由於人口大量增長而人民逐漸無力購買貴重衣料的時候。印度洋紗適於織成堅牢耐

局，1962 年，第 1357 頁。

〔註 3〕　姚賢鎬：《中國近代對外貿易史資料（1840～1895）》第三冊，北京：中華書局，1962 年，第 1448 頁。

〔註 4〕　姚賢鎬：《中國近代對外貿易史資料（1840～1895）》第三冊，北京：中華書局，1962 年，第 1448 頁。

〔註 5〕　姚賢鎬：《中國近代對外貿易史資料（1840～1895）》第三冊，北京：中華書局，1962 年，第 1448 頁。

用的粗布。例如，現在這種洋紗已經進口到廣東省東部，在過去，那一帶的紡織頁並不多。……。去年北海一個小港口進口的洋紗超過其他所有進口貨物總值的一半。廣州這一大港進口洋紗的價值，在進口貨中僅次於鴉片。汕頭的情況也是如此。……。（N.C.H., 1890 年 12 月 19 日，p.746.）」〔註6〕廣東洋紗進口量的持續增加，無疑代表著利用洋紗織布的新型業紡織業的不斷發展。

　　手工業的變革促進洋貨在鄉間的銷行，進而使清代廣東墟市貿易具有外向性。據載：「至粵省民間素用花生油，……。花生既收，必須榨製，工作萬千，藉儀以糊口。即榨油所餘之花生枯，如北方之豆餅，用以糞田種蔗，取資甚多，爲利甚厚，所銷亦復不貲，故土產之貨，花生油花生枯爲大宗；高廉兩府，生理尤大。自火油盛行，相形件絀，銷路愈滯，價值日昂。種植少則害在農，榨製稀則害在工，販賣微則害在商，吾民生計所關，實應禁止。（張之洞：光緒十三年四月二十三日致總署，見張文襄公全集，書箚 4，卷 217，頁 6～7。）」〔註7〕花生的廣泛種植，使得鄉間以花生油爲主要燃料，那麼，其時花生、花生油、花生枯等產品應該是墟市貿易的主要商品之一。後來煤油因價廉物美而暢銷鄉村，大有取代花生油之勢，花生種植及榨製因而受挫，那麼，其時墟市之花生及其產品的需求量與供應量齊減。從花生油到煤油的更替，反映了在近代新經濟環境下，在國際物流往來的影響下，廣東墟市商品品類加入外國元素的歷史事實。

3、墟市外向化對廣東鄉村地區的影響

　　墟市又帶動鄉村地區的外向化。在國際物流的影響下，墟市趨向於外向型發展，支撐墟市經濟運轉的農業及鄉村手工業也因此沾染了外向性色彩。例如，十九世紀七十年代初廣州口岸粵絲出口的增加，拉動了鄉村墟市的桑、絲、繭貿易，從而帶動鄉村地區種桑、養蠶、繰絲等各業的發展。首先是桑樹種植面積的擴大：廣州地區桑林種植面積的增加，據載：「粵絲增加的原因在於它在英國市場上日益風行，粵絲軟而細，適於織造特種絲綢，並可與華北各埠的粗絲混合使用；此時本地人正在鄰近地區增種桑樹，從前作其他用途的大片土地，現在也都變成了桑林。絲的出口在本埠貿易中將取得一個很

〔註 6〕　姚賢鎬：《中國近代對外貿易史資料（1840～1895）》第三冊，北京：中華書局，1962 年，第 1418 頁。

〔註 7〕　姚賢鎬：《中國近代對外貿易史資料（1840～1895）》第三冊，北京：中華書局，1962 年，第 1389 頁。

重要的位置。（Commercial Reports，1871 年，廣州，pp.91-92.）」〔註 8〕更有易稻爲桑者：「粵絲出口的增加是很顯著的，並且已經達到幾年來沒有預期到的數量和重要地位。……。向來種稻的大片土地，現在已經或正在辟爲桑林，因此每年的出口都可望增加。（Commercial Reports，1872 年，廣州，pp.13.）」〔註 9〕又：「雖然粵絲在品質方面不能與華北（例如浙江和江蘇）一些省份所產的絲相抗衡，然而歐美對於絲的需要的日益增加，以及近年來歐洲蠶瘟所引起的生產不足，對於廣東絲業是有利的，致使廣東人把許多稻田改成桑地。（Trade Reports, 1871-72，廣州，p.213.）」〔註 10〕在其後十年，墟市外貿絲的需求推動廣東其他地區的種桑業與養蠶業的發展，如潮汕地區：「桑，邑桑不甚多，前知府朱丙壽教民養蠶，栽桑漸盛。（盧蔚獻：海陽縣志，光緒二十四年〔註 11〕，卷，8，頁 4。）」〔註 12〕又「……。在過去的兩年間，特別在潮陽、普寧、揭陽、庵埠、澄海、嘉應州等地，曾大量的種植桑樹，現在這些地區養蠶的事業也發達起來了。……（Trade Reports, 1888 年，汕頭，p.361.）」〔註 13〕如上所述，清代廣東絲業的商品銷售與原料生產都受到國際市場的影響，所以，清代廣東絲業生產也因國際需求的增或減而盛或衰。由此可見，清代廣東鄉村的農工商各業都具有外向性特點，鄉村經濟因此而走上外向化道路。

清代廣東墟市，在經濟大環境的塑造下具有外向性趨勢。墟市的外向化又帶動了廣東鄉村地區的整體外向化發展。

（二）清代廣東墟市的城鎮化趨勢

清代廣東墟市引領鄉村地區城鎮化。首先，墟市發展促使鄉村地區在土地利用上的城鎮化。墟市是鄉村的經濟貿易中心，其結構與功能都與以農業生產爲主的鄉村地區有所不同，或許可以說，墟市的出現是鄉村異質化（城鎮化）

〔註 8〕 姚賢鎬：《中國近代對外貿易史資料（1840～1895）》第三冊，北京：中華書局，1962 年，第 1488 頁。

〔註 9〕 姚賢鎬：《中國近代對外貿易史資料（1840～1895）》第三冊，北京：中華書局，1962 年，第 1488 頁。

〔註 10〕 姚賢鎬：《中國近代對外貿易史資料（1840～1895）》第三冊，北京：中華書局，1962 年，第 1488 頁。

〔註 11〕 光緒二十年即 1898 年。

〔註 12〕 姚賢鎬：《中國近代對外貿易史資料（1840～1895）》第三冊，北京：中華書局，1962 年，第 1489 頁。

〔註 13〕 姚賢鎬：《中國近代對外貿易史資料（1840～1895）》第三冊，北京：中華書局，1962 年，第 1488 頁。

的開始。隨著經濟的進一步發展，墟市規模在不斷擴大，就會出現類似城市的景觀：「近來似城郭，茶肆酒樓新」〔註14〕，這是墟市的鄉村異質化（城鎮化）的繼續。此時的墟市，或許已經成為某個新鎮的中心，或是某個鎮的新增中心。因為鎮是墟、市、街的集合，在鎮形成後，其範圍內的墟與市仍然存續與演化。隨著鎮域內的墟市不斷發展，鎮會出現多個中心，這些已是城市建成區的中心由於不斷擴展而有連成一片的可能。那麼，隨著墟市經濟的不斷發展，鎮域內的建成區面積會越來越大，而鄉村地區則越來越小。如此發展下去，鎮就有可能轉化為城市了。原來，是鄉村商業（墟市）首先帶動城鎮化。其次，墟市發展促使鄉村居民在職業構成上的城鎮化。例如，南海籮竹墟就有相當一部分居民從事織造業：「籮竹墟（墟分上中下三處，上墟皆民居，中下墟店鋪相連，約二百餘家，墟內以織造竹貨為大宗。」〔註15〕墟市發展成為鎮，不但使鄉村在地表上經歷城市化，而且使鄉村居民在職業上也經歷城市化。如清末羅定的羅鏡墟已經成為大鎮〔註16〕，其為周圍鄉村居民提供非農職業：「（民國紀元前一年）春耕後一日，父親對我說：『現在你兄弟均長大能做工，你妻亦勤慎，有她在家中料理，甚為放心。不如我往羅鏡墟批一間小鋪，專門行醫，你們兄弟時常出入亦方便。』父親此舉我甚贊同，即答：『父親既有此心，甚好，甚好。』遂往羅鏡批鋪，在西墟批得一間狹小店鋪，設備甚簡單，不若往年之『昌源』。」〔註17〕由此可見，鄉村居民在可以在鎮中心區從事非農職業，從而在職業上實現城鎮化。隨著鎮區經濟的不斷發展，城市化過程不斷地向周圍的鄉村擴展，從而出現在鄉不務農的村民職業城鎮化的現象。如佛山，據載：「鐵線行：亦佛山特產，……。前有十餘家，多在城門頭聖堂鄉等處。道咸時為最盛，工人多至千餘。……。」〔註18〕又有云：「鐵釘行：以熟鐵枝製成，大小不一。道咸時為最盛，工人多至數千，每日午後，附近鄉民多挑釘到佛，挑炭鐵回鄉，即俗

〔註14〕　〔清〕潘尚楫修，鄧士憲等纂：〔道光〕《南海縣志》卷十三建置略五，廣東省地方史志辦公室輯：《廣東歷代方志集成》，廣州：嶺南美術出版社，2007年，第 289 頁。

〔註15〕　〔清〕鄭藝等修，桂坫等纂：《廣東省南海縣志》卷六建置略，臺北：成文出版社，1974 年版，第 775 頁。

〔註16〕　〔清〕周世棠、孫海環：《二十世紀中外大地圖》，上海：新學會社藏版，光緒三十二年（1906 年），第二十六圖。

〔註17〕　蔡廷鍇：《蔡廷鍇自傳》，哈爾濱：黑龍江人民出版社，1982 年，第 66 頁。

〔註18〕　〔民國〕戴曾謀修，冼寶榦纂：《佛山忠義鄉志》卷六實業，民國十二年（1923），第 15 頁。

稱替釘者，不絕於道。……。」〔註19〕總而言之，清代廣東墟市發展帶動了鄉村地區的城鎮化。

四、若在本文的基礎上再作進一步研究，以下問題值得探討：

（一）清代廣東墟市空間演化規律的進一步探討。經過本文的研究，已知清代廣東墟市在清前期的空間演化特點是南路墟市總體水平最高，珠江流域位居第二，韓江流域第三。但由於資料不足，所以無法對清中期及清後期的廣東墟市空間分佈進行全局上的研究。在這方面仍需繼續努力，以期找到清代廣東墟市空間演化的整體規律規律。

（二）清代廣東墟市貿易的替代性發展；清代廣東墟市群落中的偶遇種；清代廣東頂級墟市群落；清代廣東墟市群落的類型及分佈等。

以上問題與本文的關聯性較大，但由於材料、時間、水平等因素的限制，本文未能對其進行深入研究，有待他日另文探討。

〔註19〕〔民國〕戴曾謀修，冼寶榦纂：《佛山忠義鄉志》卷六實業，民國十二年（1923），第 15 頁。

參考文獻

一、文　獻

1. 〔元〕陳大震、呂桂孫纂修：（大德）《南海志》，廣東省地方史志辦公室輯：《廣東歷代方志集成》，廣州：嶺南美術出版社，2007 年。

2. 〔明〕曹志遇等纂修，歐陽保等纂修：（萬曆）《高州府志》，北京：書目文獻出版社，1990 年。

3. 〔明〕戴璟、張岳等纂修：（嘉靖）《廣東通志初稿》，廣東省地方史志辦公室輯：廣東歷代方志集成，廣州：嶺南美術出版社，2006 年。

4. 〔明〕郭棐纂修：（萬曆）《廣東通志》，廣東省地方史志辦公室輯：《廣東歷代方志集成》，廣州：嶺南美術出版社，2006 年。

5. 〔明〕黃佐纂修：（嘉靖）《廣州府志》，廣東省地方史志辦公室輯：《廣東歷代方志集成》，廣州：嶺南美術出版社，2007 年。

6. 〔明〕李賢等：《明一統志》，商務印書館四庫全書出版工作委員會：《文津閣四庫全書（第 161 冊，史部.地理類）》，北京：商務印書館 2005 年。

7. 〔明〕劉廷元修，王學曾纂：（萬曆）《南海縣志》，廣東省地方史志辦公室輯：《廣東歷代方志集成》，廣州：嶺南美術出版社，2007 年。

8. 〔明〕朱光熙修，龐景忠等纂：（崇禎）《南海縣志》，廣東省地方史志辦公室輯：《廣東歷代方志集成》，廣州：嶺南美術出版社，2007 年。

9. 〔清〕陳述芹纂修《廣東省瓊東縣志（舊名會同縣志）》，臺北：成文出版社，1974 年版。

10. 〔清〕陳志喆等修，吳大猷纂：《廣東省四會縣志》，臺北：成文出版社，1967 年版。

11. 〔清〕戴肇辰等修，史澄、李光廷等纂：（光緒）《廣州府志》，廣東省地

方史志辦公室輯：《廣東歷代方志集成》，廣州：嶺南美術出版社，2007年。

12.〔清〕范端昂：《粵中見聞》，廣州：廣東高等教育出版社，1988年。

13.〔清〕葛曙纂，許普濟重纂：《廣東省豐順縣志》，臺北：成文出版社，1967。

14.〔清〕龔耿光纂：《廣東省佛岡廳志》，臺北：成文出版社，1974年。

15.〔清〕郭爾伲、胡雲客修，冼國幹等纂：（康熙）《南海縣志》，廣東省地方史志辦公室輯：《廣東歷代方志集成》，廣州：嶺南美術出版社，2007年。

16.〔清〕郭汝誠修，馮奉初等纂：（咸豐）《順德縣志》，廣東省地方史志辦公室輯：《廣東歷代方志集成》，廣州：嶺南美術出版社，2007年。

17.〔清〕郭遇熙等纂：《廣東省從化縣志》，臺北：成文出版社，1974年。

18.〔清〕郝玉麟等：《福建通志》，《文津閣四庫全書（第178冊，史部地理類）》，北京：商務印書館影印2005年。

19.〔清〕郝玉麟纂修：（雍正）《廣東通志》，廣東省地方史志辦公室輯：《廣東歷代方志集成》，廣州：嶺南美術出版社，2006年。

20.〔清〕胡勳裕修，鄭粹纂：（嘉慶）《始興縣志》，廣東省地方史志辦公室輯《廣東歷代方志集成》，廣州：嶺南美術出版2007年。

21.〔清〕黃劍纂：《光緒鎮平縣志》，《中國地方志集成》，上海：上海書店出版社，2003年。

22.〔清〕黃培燦，劉濟寬修；陸殿邦纂：《道光英德縣志》，《中國地方志集成》，上海：上海書店出版社，2003年。

23.〔清〕黃思藻纂修：《廣東省廣寧縣志》，臺北：成文出版社，1967年。

24.〔清〕黃芝：《粵小記》，廣州：廣東省中山圖書館1960年。

25.〔清〕蔣廷錫、陳惠華等總裁：《大清一統志》，上海：寶善齋，清光緒壬寅（28年，1902）。

26.〔清〕金光祖纂修：（康熙）《廣東通志》，廣東省地方史志辦公室輯：《廣東歷代方志集成》，廣州：嶺南美術出版社，2006年。

27.〔清〕李福泰修，史澄等纂：《廣東省番禺縣志》，臺北：成文出版社，1967年。

28.〔清〕李書吉等纂修：《嘉慶澄海縣志》，《中國地方志集成》，上海：上海書店出版社，2003年。

29.〔清〕李文恒修；鄭文彩纂：《廣東省瓊山縣志》卷二輿地四風俗，臺北：成文出版社，1974年。

30.〔清〕李文烜修，朱潤芸等纂：《廣東省清遠縣志》，臺北：成文出版社，

1967 年。

31. 〔清〕李應珏:《廣東便覽》,光緒年間刻本。

32. 〔清〕李友榕等修,鄧雲龍等纂:《廣東省三水縣志》,臺北:成文出版社,1966 年。

33. 〔清〕李沄輯:《廣東省陽江志》,臺北:成文出版社,1974 年。

34. 〔清〕李鋐、王相等修,昌天錦等纂:《福建省平和縣志》,臺北:成文出版社,1967 年。

35. 〔清〕李調元:《南越筆記》,北京:中華書局,1985 年。

36. 〔清〕劉禹輪修,李唐纂:《中華民國新修豐順縣志》,《中國地方志集成（廣東府縣志輯,21)》,上海:上海書店出版社,2003 年。

37. 〔清〕羅天尺:《五山志林》,北京:中華書局,1985 年。

38. 〔清〕毛鳴賓、郭嵩燾修,桂文燦纂:《廣東圖說》,臺北:成文出版社,1967 年。

39. 〔清〕宋嗣京修,藍應裕等纂:《康熙埔陽志》,《中國地方志集成（廣東府縣志輯,21)》,上海書店出版社,2003 年。

40. 〔清〕吳綺等撰,林子雄點校:《清代廣東筆記五種》,廣州:廣東人民出版社,2006 年。

41. 〔清〕厲式金修,汪文炳、張丕基纂:〔民國〕《香山縣志》,廣東省地方史志辦公室輯:《廣東歷代方志集成》,廣州:嶺南美術出版社,2007 年。

42. 〔清〕林述訓等修,單興詩、歐樾華等纂:《廣東省韶州府志》,臺北:成文出版社,1966。

43. 〔清〕林星章修,黃培芳等纂:《廣東省新會縣志》,臺北:成文出版社,1966 年。

44. 〔清〕劉桂年,張聯桂修;鄧掄斌,陳新銓纂:《光緒惠州府志》,《中國地方志集成》,上海:上海書店出版社,2003 年。

45. 〔清〕劉國光,謝昌霖等纂修:《長汀縣志》,臺北:成文出版社,1967 年。

46. 〔清〕劉業勤修,凌魚纂:《乾隆揭陽縣志》,《中國地方志集成》,上海:上海書店出版社,2003 年。

47. 〔清〕盧蔚獻修,吳道鎔纂:《光緒海陽縣志》,《中國地方志集成》,上海:上海書店出版社,2003 年。

48. 〔清〕盧兆鼇等修,歐陽蓮等纂:《廣東省平遠縣志》,臺北:成文出版社,1974 年。

49. 〔清〕馬呈圖纂輯:《廣東省宣統高要縣志》,臺北:成文出版社,1974 年。

50.〔清〕毛昌善修，陳蘭彬纂：《廣東省吳川縣志》，臺北：成文出版社，1967 年。

51.〔清〕明宜修；張岳崧纂：《廣東省瓊州府志》，臺北：成文出版社，1967年。

52.〔清〕聶緝慶修；桂文熾纂：《廣東省臨高縣志》，臺北：成文出版社，1974 年。

53.〔清〕潘承焯等修：（乾隆）《重修鎮平縣志》，故宮珍本叢刊第 175 冊，海口：海南出版社，2001 年。

54.〔清〕潘尚楫修，鄧士憲等纂：（道光）《南海縣志》，廣東省地方史志辦公室輯：《廣東歷代方志集成》，廣州：嶺南美術出版社，2007 年。

55.〔清〕彭人傑修，范文安、黃時沛纂：（嘉慶）《東莞縣志》，廣東省地方史志辦公室輯：《廣東歷代方志集成》，廣州：嶺南美術出版社，2007 年。

56.〔清〕彭貽蓀修，彭步瀛纂：《廣東省化州志》，臺北：成文出版社，1974。

57.〔清〕屈大均：《廣東新語》，北京：中華書局，1985 年，2006 年重印。

58.〔清〕印光任，張汝霖撰：《澳門紀略》，臺北：成文出版社，1968 年。

59.〔清〕阮元修，陳昌濟等纂：（道光）《廣東通志》，廣東省地方史志辦公室輯：《廣東歷代方志集成》，廣州：嶺南美術出版社，2006 年。

60.〔清〕申良翰修，歐陽羽文纂：《香山縣志》，廣州：廣東省中山圖書館1958 年。

61.〔清〕石臺修，馬帥元等纂：《廣東省恩平縣志》，臺北：成文出版社，1966 年。

62.〔清〕舒懋官修，王崇熙等纂：《廣東省新安縣志》，臺北：成文出版社，1974 年。

63.〔清〕屠英修：《廣東省肇慶府志》，臺北：成文出版社，1967 年。

64.〔清〕汪永瑞修：（康熙）《廣州府志》，廣東省地方史志辦公室輯：《廣東歷代方志集成》，廣州：嶺南美術出版社，2007 年。

65.〔清〕王輔之修；駱克良等纂：《宣統徐聞縣志》，《中國地方志集成》，上海：上海書店出版社，2003 年。

66.〔清〕王永名修，黃士龍等纂：《廣東省花縣志》，臺北：成文出版社，1967 年。

67.〔清〕魏綰修，陳張翼纂：（乾隆）《南海縣志》，廣東省地方史志辦公室輯：《廣東歷代方志集成》，廣州：嶺南美術出版社，2007 年。

68.〔清〕溫恭修，吳蘭修纂：《廣東省封川縣志》，臺北：成文出版社，1974年。

69.〔清〕吳煒主修，王見川總纂：（乾隆）《永定縣志》，《故宮珍本叢刊第

122 冊》，海口：海南出版社，2001 年。

70. 〔清〕吳宗焯修，溫仲和纂：《嘉應州志》，臺北：成文出版社，1968 年。

71. 〔清〕王之正等纂修：（乾隆）《嘉應州志》，《故宮珍本叢刊第 174 冊》，海口：海南出版社，2001 年。

72. 〔清〕夏修恕、屠英修，何元等纂：《廣東省高要縣志》，臺北：成文出版社，1967 年。

73. 〔清〕蕭麟趾修，梅奕紹纂：《廣東省普寧縣志》，臺北：成文出版社，1974 年。

74. 〔清〕謝崇俊修，顏爾樞纂《廣東省翁源縣志》，臺北：成文出版社，1974 版。

75. 〔清〕熊學源修，李寶中纂：《廣東省增城縣志》，臺北：成文出版社，1974 年。

76. 〔清〕徐寶符等修，李穠等纂《廣東省樂昌縣志》，臺北：成文出版社，1967 年。

77. 〔清〕徐成棟修：（康熙）《廉州府志》，康熙六十一年刻本，廣東省地方史志辦公室輯《廣東歷代方志集成》，廣州：嶺南美術出版 2006 年。

78. 〔清〕徐淦等修，李熙、王國憲纂：《民國瓊山縣志》，《中國地方志集成》，上海：上海書店出版社，2001 年。

79. 〔清〕楊霽修，陳蘭彬纂：《廣東省高州府志》，臺北：成文出版社，1967 年。

80. 〔清〕姚東之輯：廣東省連山綏猺廳志，臺北：成文出版社，1974 年。

81. 〔清〕葉廷芳等纂修：《廣東省永安縣三志》，臺北：成文出版社，1974 年。

82. 〔清〕葉廷芳撰：《廣東省電白縣志》，臺北：成文出版社，1968 年。

83. 〔清〕余保純修：《廣東省直隸南雄州志》，臺北：成文出版社，1967 年。

84. 〔清〕俞炳榮，趙鈞謨等纂：《廣東省遂溪縣志》，臺北：成文出版社，1967 年。

85. 〔清〕于卜雄纂修《廣東省海豐縣志》，臺北：成文出版社，1966 年。

86. 〔清〕張珣美纂修《廣東惠來縣志》，臺北：成文出版社，1968 年。

87. 〔清〕章壽彭等修，陸飛纂《廣東省歸善縣志》，臺北：成文出版社，1967 年。

88. 〔清〕張希京修，歐樾華等纂：《（光緒）曲江縣志》，廣東省地方史志辦公室輯：《廣東歷代方志集成》，廣州：嶺南美術出版社，2007 年。

89. 〔清〕張嗣衍修，沈廷芳纂：（乾隆）《廣州府志》，廣東省地方史志辦公室輯：《廣東歷代方志集成》，廣州：嶺南美術出版社，2007 年。

90. 〔清〕張孝詩修，梁炅纂（嘉慶）《靈山縣志》，廣東省地方史志辦公室輯：《廣東歷代方志集成》，廣州：嶺南美術出版社，2007 年。

91. 〔清〕張以誠修；梁觀喜纂《廣東省陽江志》，臺北：成文出版社，1974 年版。

92. 〔清〕張堉春修，陳治昌纂：（道光）《廉州府志》，道光十三年刻本，廣東省地方史志辦公室輯《廣東歷代方志集成》，廣州：嶺南美術出版社，2006 年。

93. 〔清〕鄭炳修，凌元駒纂：（乾隆）《始興縣志》，廣東省地方史志辦公室輯《廣東歷代方志集成》，廣州：嶺南美術出版 2007 年。

94. 〔清〕鄭藻等修，桂坫等纂：（宣統）《南海縣志》，廣東省地方史志辦公室輯：《廣東歷代方志集成》，廣州：嶺南美術出版社，2007 年。

95. 〔清〕鄭俊修，宋紹啓纂《廣東省海康縣志》，臺北：成文出版社，1974 年。

96. 〔清〕鄭夢玉等修，梁紹獻等纂：《廣東省南海縣志》，臺北：成文出版社，1967 年。

97. 〔清〕鄭業崇等修，楊頤纂：《廣東省茂名縣志》，臺北：成文出版社，1967 年。

98. 〔清〕仲振履原本，張鶴齡續纂：《廣東省興寧縣志》，臺北：成文出版社，1966 年。

99. 〔清〕周恒重修，張其曾羽纂：《廣東省潮陽縣志》，臺北：成文出版社，1966 年。

100. 〔清〕周世棠、孫海環：《二十世紀中外大地圖》，上海：新學會社藏版，光緒三十二年（1906 年）。

101. 〔清〕周碩勳修，王家憲纂：（乾隆）《廉州府志》，廣東省地方史志辦公室輯《廣東歷代方志集成》，廣州：嶺南美術出版 2006 年。

102. 〔清〕周碩勳纂修：《廣東省潮州府志》，《中國方志叢書》，臺北：成文出版社，1967 年。

103. 〔清〕周天成修，鄧廷喆、陳之遇纂：（雍正）《東莞縣志》，廣東省地方史志辦公室輯：《廣東歷代方志集成》，廣州：嶺南美術出版社，2007 年。

104. 〔清〕曾曰瑛修，李紱等纂：《福建省汀州府志》，臺北：成文出版社，1967 年。

105. 〔清〕鄒兆麟修，蔡逢恩纂《廣東省高明縣志》，臺北：成文出版社，1974 年。

106. 上海古籍出版社、上海書店編：《二十五史》清史稿上，上海：上海古籍出版社、上海書店，1986 年。

107. 〔民國〕陳伯陶纂修：《宣統東莞縣志》，廣東省地方史志辦公室輯：《廣

東歷代方志集成》，廣州：嶺南美術出版社，2007 年。

108. 〔民國〕陳及時等纂修：《廣東省始興縣志》，臺北：成文出版社，1974年。

109. 〔民國〕戴曾謀修，冼寶榦纂：《佛山忠義鄉志》，民國十二年（1923）。

110. 〔民國〕鄧士芬修；黃佛頤，凌鶴書等纂：《民國英德縣續志》，《中國地方志集成》，上海：上海書店出版社，2003 年。

111. 〔民國〕梁鼎芬等修，丁仁長等纂：《廣東省番禺縣續志》，臺北：成文出版社，1967 年。

112. 〔民國〕賴連三著，譚炳訓著，李龍潛輯錄：香港紀略，廣州：暨南大學出版社，1997 年。

113. 〔民國〕劉織超修，溫廷敬等纂：《民國大埔縣志》，《中國地方志集成》，上海：上海書店出版社，2003 年。

114. 〔民國〕彭元藻修；王國憲纂：《廣東省儋縣志》，臺北：成文出版社，1974。

115. 〔民國〕饒宗頤總纂，潮州市地方志辦公室編：《潮州志》，潮州：潮州市地方志辦公室 2005 年。

116. 〔民國〕王大魯修，賴際熙纂：《廣東省赤溪縣志》，臺北：成文出版社，1967。

117. 〔民國〕吳鳳聲，余棨謀修；朱汝珍纂：《民國清遠縣志》，《中國地方志集成》，上海：上海書店出版社，2003 年。

118. 〔民國〕溫廷敬（丹銘）輯，吳二持、蔡啓賢校點：《潮州詩萃》，汕頭：汕頭大學出版社，2001 年。

119. 〔民國〕余丕承等修；桂坫等纂：《廣東省恩平縣志》，臺北：成文出版社，1974 年。

120. 〔民國〕余棨謀修，張啓煌纂：《廣東省開平縣志》，臺北：成文出版社，1966 年。

121. 〔民國〕招念慈修，鄔慶時等纂：《廣東省龍門縣志》，臺北：成文出版社，1974 年。

122. 〔民國〕周學仕修、馬呈圖纂、陳樹勳續修：《民國羅定志》，《中國地方志集成》，上海：上海書店出版社，2003 年。

123. 〔民國〕鍾喜焯修，江珣纂：《廣東省石城縣志》，臺北：成文出版社，1974。

124. 〔民國〕周文海修，盧宗棠纂：〔民國〕《感恩縣志》，廣東省地方史志辦公室輯：《廣東歷代方志集成》，廣州：嶺南美術出版社，2008 年。

125. 〔民國〕周之貞、馮葆熙修，周朝槐纂：〔民國〕《順德縣志》，廣東省地

方史志辦公室輯：《廣東歷代方志集成》，廣州：嶺南美術出版社，2007年。

126. 姚賢鎬：《中國近代對外貿易史資料（1840～1895）》，北京：中華書局，1962 年。

127. 彭澤益編：《中國近代手工業史資料》，北京：中華書局，1962 年。

128. 張海鵬主編《中葡關係史資料集》上卷，四川人民出版社，1999 年。

129. 鄭可茵，趙學萍，吳里陽輯編點校：《汕頭開埠及開埠前後社情資料》，汕頭：潮汕歷史文化研究中心、汕頭市文化局、汕頭市圖書館 2003 年。

130. 拱北海關志編輯委員會編：《拱北關史料集》，珠海：拱北海關 1998 年。

131. 莫世祥等編譯：《近代拱北海關報告彙編（1887～1946）》，澳門基金會 1998 年。

132. 廣州市地方志編纂委員會辦公室，廣州海關志編纂委員會編譯：《近代廣州口岸經濟社會概況——粵海關報告彙集》，廣州：暨南大學出版社，1996 年。

二、中文論著

1. 卜奇文：《論明清時期嶺南地區市場中心地分佈的差異性》，《廣東史志》，2001（2）。

2. 卜奇文：《清代澳門與廣州經濟互動問題研究》，暨南大學博士論文，2003 年。

3. 蔡廷鍇：《蔡廷鍇自傳》，哈爾濱：黑龍江人民出版社，1982 年。

4. 陳樺：《清代區域社會經濟研究》，北京：中國人民大學出版社，1996 年。

5. 陳麗：《清代後期汕頭的對外貿易（1860～1911）》，暨南大學碩士論文，2003 年。

6. 陳偉明：《明清澳門與內地移民》，北京：中國華僑出版社，2002。

7. 陳偉明：《清代澳門社會生活消費研究（1644～1911）》，廣州：廣東人民出版社，2009 年。

8. 陳偉明：《全方位與多功能：歷史時期嶺南交通地理的演變發展》，廣州：暨南大學出版社，2006 年。

9. 陳偉明：《宋代嶺南交通路線變化考略》，學術研究 1987（3）。

10. 陳學文：《明清時代佛山經濟的初步研究》，《理論與實踐》，1959（8）。

11. 陳學文：《明清時期杭嘉湖市鎮史研究》，群言出版社，1993 年。

12. 陳學文：《明清時期杭州府仁和縣三個市鎮的歷史考察》，《歷史地理》第 5 輯 1987 年。

13. 陳學文《中國封建晚期的商品經濟》，湖南人民出版社，1989 年。

14. 叢翰香主編：《近代冀魯豫鄉村》，中國社會科學出版社，1995 年。

15. 鄧玉娜：《清代河南集鎮的集期》，《清史研究》，2005（3）。

16. 杜瑜：《閩粵間對外窗口》，《海交史研究》，1997（2）。

17. 樊樹志：《明清江南市鎮探微》，復旦大學出版社，1990 年。

18. 范毅軍《明清江南市場聚落史研究的回顧與展望》，《新史學》，1998 年 9 卷（3）。

19. 芳信：《潮汕竹枝百首》，潮汕歷史文化中心編：潮汕歷史文化小叢書（第四輯），（出版地不詳）：藝苑出版社，2001 年。

20. 傅衣凌：《明清福建社會與鄉村經濟》，廈門大學出版社，1987 年。

21. 高王凌：《傳統模式的突破——清代廣東農業的崛起》，《清史研究》，1993（3）。

22. 顧朝林：《中國城鎮體系：歷史・現狀・展望》，商務印書館 1992 年。

23. 韓淵豐編著：《華南地區自然環境及其開發利用》，北京：高等教育出版社，1992 年。

24. 何榮昌：《明清時期江南市鎮的發展》，《蘇州大學學報（哲學社會科學版）》，1984（3）。

25. 胡波：《嶺南墟市文化論綱》，《學術研究》，1998（1）。

26. 胡恒：《清代巡檢司地理研究》，中國人民大學碩士論，2008 年。

27. 黃東風：《近十年來鄉村集市研究述評》，《徐州師範大學學報（哲學社會科學版）》，2008（2）。

28. 黃挺、杜經國：《宋至清閩粵贛邊的交通及其經濟聯繫》，《汕頭大學學報（人文科學版）》，1995（2）。

29. 黃葦：《中國近代集鎮墟場的興衰存廢問題》（上）（下），《學術月刊》，1979（3）（4）。

30. 黃志堅，黃志繁：《清代贛南的鄉族勢力與農村墟市》，《江西社會科學》，2003（2）。

31. 姜守鵬：《明清北方市場研究》，東北師範大學出版社，1996 年。

32. 姜修憲，張忠福：《開埠通商與腹地商業——以閩江流域墟市的考察為例》，《歷史教學（高校版）》，2008（7）。

33. 蔣兆成：《明清杭嘉湖社會經濟史研究》，杭州大學出版社，1994 年。

34. 鄺慧清：《西北江下游的集市形態》，華南理工大學碩士論文，2005 年。

35. 李國祁、朱鴻：《清代金華府的市鎮結構及其演變》，《國立臺灣師範大學歷史學報》，1979 年（7）。

36. 李龍潛：《明代廣東對外貿易及其對社會經濟的影響》，李龍潛：《明清廣東社會經濟研究》，上海：上海古籍出版社，2006 年。

37. 李龍潛：《明代廣東三十六行考釋——兼論明代廣州、澳門的對外貿易和牙行制度》李龍潛：《明清廣東社會經濟研究》，上海：上海古籍出版社，2006 年。

38. 李龍潛：《明清時期廣東墟市的類型及其特點》，《學術研究》，1982（6）。

39. 李龍潛：《明清時期廣東圩市租稅的徵收》，《學術研究》，2006（2）。

40. 林和生：《明清時代廣東的墟和市——有關傳說的市場形態和機能的考察》，《史林》，1980（1）。

41. 劉景純：《從地志資料看清代黃土高原地區市鎮及其相關的幾個問題》，《中國歷史地理論叢》，2004 年（4）。

42. 劉南威主編：《自然地理學》，北京：科學出版社，2000 年。

43. 劉石吉：《明清時代江南地區的專業市鎮》（上）（中）（下），《食貨》，1978 年 8 卷（6～8）。

44. 劉秀生：《清代商品經濟與商業資本》，中國商業出版社，1993 年。

45. 劉永華：《墟市_宗族與地方政治_以明代至民國時期閩西四保爲中心》，《中國社會科學》，2004（6）。

46. 龍登高：《中國傳統市場發展史》，人民出版社，1997 年。

47. 龍登高《中國傳統市場成熟形態的探討——江南地區市場研究的學術史回顧》，《中國史研究動態》，1998 年（10）。

48. 羅侖等：《蘇州社會經濟（明清卷）》，南京大學出版社，1993 年。

49. 羅一星：《明清佛山經濟發展與社會變遷》，《廣東人民出版社》，1994 年。

50. 羅一星：《清代前期嶺南二元中心市場說》，《廣東社會科學》，1987（4）。

51. 羅一星：《清代前期嶺南市場的商品流通》，《學術研究》，1991（2）。

52. 羅一星：《試論清代前期嶺南市場中心地的分佈特點》，開放時代 1988（9）。

53. 苗東升：《系統科學精要》，北京：中國人民大學出版社，2006 年。

54. 彭福榮：《重慶民族地區清代場鎮的分佈、市期和啓示》，《重慶社會科學》，2006 年第 7 期。

55. 任放：《二十世紀明清市鎮經濟研究》，《歷史研究》，2001 年（5）。

56. 任放：《明清市鎮的發展狀況及其評價指標體系（上）——以長江中游地區爲中心》，陳鋒：《明清以來長江流域社會發展史論》，武漢：武漢大學出版社，2006 年。

57. 任放：《明清長江中游市鎮的管理機制》，《歷史地理論叢》第 1 輯 2003 年。

58. 任放：《明清長江中游市鎮經濟所依託的自然及人文環境》，《歷史地理》

第 19 輯 2003 年。

59. 申小紅：《論明清時期佛山的墟市》，
ttp://www.ccmedu.com/bbs40_81734.html2009 年。

60. 司徒尚紀：《海南島歷史上土地開發的研究》，《文獻》，1987（1）。

61. 司徒尚紀：《香港歷史地理的變遷》，《熱帶地理》，1997（2）。

62. 司徒尚紀：《珠江三角洲經濟地理網絡的嬗變》，《中山大學學報（自然科學）論叢》（23），1990（4）。

63. 宋家泰等：《江南地區小城鎮形成發展的歷史地理基礎》，《南京大學學報》，1990（4）。

64. 譚棣華，冼劍民編：《廣東土地契約文書（含南海)》，廣州：暨南大學出版社，2000 年。

65. 譚偉倫、曾漢祥主編：《陽山、連山、連南的傳統社會與民俗》（上），香港：國際客家學會、海外華人資料研究中心、法國遠東學院 2006 年。

66. 湯開建：《雍正〈廣東通志‧澳門圖〉研究》，《暨南學報》，2000（6）。

67. 湯開建：《祝淮〈新修香山縣志‧澳門志〉研究》，《暨南學報》，2000（3）。

68. 王笛：《跨出封閉的世界——長江上游區域社會研究（1644～1911)》，中華書局，1993 年。

69. 王慶成：《晚清華北的集市和集市圈》，《近代史研究》，2004（4）。

70. 王興亞：《明清河南集市廟會會館》，中州古籍出版社，1998 年。

71. 王玉茹，郭錦超：《近代江南市鎮和華北市鎮的比較研究》，《江蘇社會科學》，2003（6）。

72. 王振忠：《清代徽州與廣東的商業與商路——歙縣茶商抄本〈萬里雲程〉研究》，《歷史地理》第 17 輯 2001 年。

73. 魏貴欣，劉瑞主編：《中國農村市場模式研究》，北京：新華出版社，1993 年。

74. 吳承明：《市場‧近代化‧經濟史論》，昆明：雲南大學出版社，1996 年。

75. 吳承明：《中國資本主義與國內市場》，北京：中國社會科學出版社，1985 年。

76. 吳宏岐、張亞紅：《近代廣州城西南的「澳門航道」與划船比賽》，《徐州師範大學學報（哲學社會科學版)》，2009（1）。

77. 吳宏岐：《大黃滘地名考》，《嶺南文史》，2007（4）。

78. 吳量愷《清代經濟史研究》，武漢：華中師範大學出版社，1991 年。

79. 武少鋒：《清代隴東地區市鎮發展和集市演變研究》，陝西師範大學碩士論文 2008 年。

80. 邢君：《從郎士寧〈羊城夜市圖〉看清初廣東墟市》，《華中建築》，2008

（8）。

81. 邢永福主編：《清宮粵港澳商貿檔案全集》，北京：中國書店，2002 年。

82. 徐東升：《明清市場名稱的歷史演變——以市、鎮、墟、集、場為中心》，《中國經濟史研究》，2007（3）。

83. 徐浩：《清代華北的農村市場》，《學習與探索》，1999（4）。

84. 徐俊鳴：《廣東都市的興起及其發展》，《南方日報》，1957.2.22。

85. 許檀：《明清時期農村集市的發展》，《中國經濟史研究》，1997 年（2）。

86. 許檀：《明清時期山東商品經濟的發展》，北京：中國社會科學出版社，1998 年。

87. 許檀：《清代中葉廣東的太平關及其商品流通》，《歷史檔案》，2005（4）。

88. 楊承舜：《清代珠江三角洲市鎮管理研究》，暨南大學碩士論文，2006 年。

89. 葉農：《香港地區早期的墟市》，《港澳經濟》，1998（8）。

90. 葉顯恩，譚棣華：《清珠江三角洲農業商業化與墟市的發展》，《廣東社會科學》，1984（2）。

91. 張次溪：《清人竹枝詞中之燕都市場與廟會史料》，《正風》，1935 年 1 卷（8）。

92. 張華：《明代太湖流域專業市鎮興起的原因及其作用》，《南京大學學報》，1990（4）。

93. 張萍：《地域環境與市場空間——明清陝西區域市場的歷史地理學研究》，北京：商務印書館，2006 年。

94. 張萍：《黃土高原原梁區商業集鎮的發展及地域結構分析一以清代宜川縣為例》，《中國歷史地理論叢》，2003（3）。

95. 張萍：《明代陝北蒙漢邊界區軍事城鎮的商業化》，《民族研究》，2003（6）。

96. 張萍：《明清陝西集市的發展及地域分佈特徵》，《人文雜誌》，2008（1）。

97. 張萍：《明清陝西廟會市場研究》，《中國史研究》，2004（3）。

98. 張文鋒，李平亮：《清中葉江西農村墟市的發展及其內涵》，《農業考古》，2006 年（6）。

99. 張研：《清代市鎮管理初探》，《清史研究》，1999（1）。

100. 鄭昌淦：《明清農村商品經濟》，中國人民大學出版社，1989 年。

101. 鍾文典主編：《廣西近代圩鎮研究》，廣西師範大學出版社，1998 年。

102. 鍾興永：《近十年中國集市貿易史研究概述》，《中國史研究動態》，1998 年（4）。

103. 周宏偉：《清代兩廣農業地理》，湖南教育出版社，1998 年。

104. 周建新，周王利：《明清以來粵東梅縣墟市的發展形態與地方社會》，《贛

南師範學院學報》，2003（2）。

105. 周鳴：《魯西南城鎮體系的歷史溯源》，《城市規劃》，1987（3）。

106. 周雪香：《明清閩粵邊客家地區的商品流通與城鄉市場》，《中國經濟史研究》，2007（2）。

107. 鄒逸麟：《清代集鎮名實初探》，《清史研究》，2010（2）。

108. 作者缺：《嶺南人文圖說之二——墟市（番禺小谷圍島）》，《學術研究》，2003 年（8）。

三、外文論著與譯著

1. 〔日〕濱島敦俊著，朱海濱譯：《明清江南農村社會與民間信仰》，廈門：廈門大學出版社，2008 年。

2. 〔日〕川勝守：《明清貢納制と巨大都市連鎖》，東京：汲古書院 1999 年。

3. 〔美〕施堅雅主編，史建雲、徐秀麗譯：《中國農村的市場和社會結構》，中國社會科學出版社，1998 年。

4. 〔美〕施堅雅主編，葉光庭等合譯：《中華帝國晚期的城市》，北京：中華書局，2000 年，2002 年重印。

5. 〔美〕黃宗智：《中國的隱性農業革命》，北京：法律出版社，2010 年。

6. 〔美〕亨特：《舊中國雜記》，廣州：廣東人民出版社，2009 年。

7. 劉輝編：《五十年各埠海關報告》，北京：中國海關出版社，2009 年。

8. 伊凡著，張小貴、楊向豔譯：《廣州城內》，廣州：廣東人民出版社年 2008 年。

9. G. William Skinner: The City in Late Imperial China, Stanford University Press, Stanford, California （1977）.

10. Dyke,Paul A.: The Canton Trade : life and enterprise on the China Coast, 1700-1845，Hong Kong : Hong Kong University Press, 2007.

四、論文清單

1. 《自然環境與清代嶺南少數民族頭飾文化的演變及特色——以〈皇清職貢圖〉爲中心》，《貴州民族研究》，2009（5）。

2. 《從元詩看元代酒文化》，《農業考古》，2010（1）。

3. 《民國廣州河湧治理對當今水環境整治的借鑒》，《熱帶地理》，2010（3）。

4. 《歷史上少數民族農村市場開拓困難的歷史探源——以華南地區爲例》，《江蘇商論》，2010（3）。

5. 《清代大埔縣墟市考略》，房學嘉等：《客家商人與企業家的社會責任研

究》，廣州：華南理工大學出版社，2012 年。

6. 《廣州西關地域變遷考——論城市化過程中的人水關係》，陳明錄、饒美蛟主編：《嶺南近代史論：廣東與粵港關係（1900～1938）》，香港：商務印書館 2010 年。

後　記

　　爲了配合博士論文寫作的開展，這幾年我曾選取若干地點進行實地考察，如粵東潮州城區、汕頭城區及南澳島、河源城區、佗城、龍川、五華、梅州城區；粵西德慶悅城、雲安六都、雲浮城區；珠三角廣州南沙，順德陳村、大良、小黃圃、容奇、桂洲，中山石岐、南朗，東莞莞城、常平，深圳各區；香港；澳門；海南省；上海市區；蘇州城區；江蘇震澤、盛澤；等等。再加上以前考察過：粵北韶關、清遠；粵西德慶都城；五邑開平；南路湛江城區、遂溪；珠三角廣州城區、增城縣城及派潭、小樓、新塘等鎮，南海，番禺，鶴山，珠海城區、斗門；粵東惠州、博羅、龍門；等等。以上各實地考察點基本覆蓋了廣東的珠江流域、韓江流域、南路等三大分區。同時還選取了江南市鎮的典型代表之二震澤與盛澤進行對比觀察。實地考察期間之所見所聞所感，對論文寫作多有裨益，現摘要記錄如下：

一、歷史影響

　　清代廣東墟市經濟的發展，在一定程度上與一定範圍內影響今天廣東鄉鎮的發展。以下試從三個方面加以說明：

　　趁墟模式的保留。例如，西江兩岸的過渡趁墟活動在今天的特定區域內得到保留。每逢墟期，悅城地區的民眾可以在名爲地頭的地方，乘坐渡船過渡到西江南岸的雲安六都趁墟。其渡船是機動船。趁墟歸來的人們興高採烈，滿船的貨物除了農副產品外，還有洗衣機等家電產品。

　　區域差異的延續。清代廣東墟市經濟發展的空間分異特性明顯，這導致了廣東農、工、商各業水平及城鄉發展水平的地域差異。例如，順德陳村位

於珠三角地區，是清代墟市經濟發展水平較高的地區，曾有陳村舊墟與陳村新墟，以園藝、紡織、商業等為主，隨著經濟水平的提高，服務業亦隨之發展，例如有著名的美食陳村粉出品。我們在陳村很容易就能找到出售陳村粉的餐館，大快剁頤實為易事。然而，粵東老隆就是另外一番景象了。老隆，在清代是東江流域與韓江流域之間水路貨物的轉運地，其向東通過崎嶇的山路可以到達梅州的五華地區，歷史上這一山路是匪盜長期出沒的地方。由於受到地形與區位條件的影響，其經濟發展遠不及珠三角地區，所以，其第三產業也相對落後。還是以餐飲業為例，我們在老隆的鬧市區沿街搜尋了半小時，都沒發現餐館，最終在某賓館的二樓餐廳解決了吃飯問題。可見，鄉鎮發展水平的區域不平衡性是在歷史上形成的，在日新月異的今天，廣東鄉鎮經濟的這種不平衡有進一步加深的趨勢。

城鎮個性的淵源。清代廣東農工商各業的地域發展不平衡，導致各地的產業組合水平各異，有高端、中端、低端之分，各地的支柱行業亦有所不同。這種差異一直影響到今天。如歷史上雲浮地區的礦業曾一度發展，今天的雲浮仍然是廣東的重要礦區，主要發展硫鐵礦開採加工以及石料加工、石器製作等。又如潮汕地區曾是廣東抽紗品的主要產區，今天潮汕經濟的一個主要支柱就是服裝製造業。產業組合的不同，致使廣東城鎮的個性各異，這種差異一直延續到今天。

二、歷史啟示

清代廣東墟市經濟的發展對今天鄉鎮發展具有一定的啟示作用。

完善交通網絡。交通發展對鄉鎮地區極具意義。清後期先進的航運技術在廣東得到廣泛應用，其對墟市經濟的促進作用是非常明顯的，其使廣東墟市經濟輻射範圍超越省界、國界而到達國外。在今天的廣東，交通發展水平的地區差異也是很明顯的，在粵西沒有橋的地方，一個多小時或許就只能渡過西江〔註1〕，而在珠三角，一個小時就可以從順德大良到達廣州。因此，經濟相對落後的粵北、東西兩翼地區，一定要大力發展交通，這樣才有可能使地區經濟具備長足發展的基礎。這一點梅州地區做得特別好，梅州的鄉鎮公路修得很好，其對經濟的促進作用已經初見成效：不少鄉鎮商業沿公路兩旁發展，還有部分產業園區已經在公路兩旁落戶。

〔註1〕 等待渡船的時間很長。

發展外向產業。清代廣東的墟市經濟具有外向性特點。清代國際物流的發展使廣東本地商品可以運銷全球，這樣就極大地實現了廣東物流的空間效益。這種由於生產地與需求地之間的價格差異所產生的空間效益在今天仍然存在，所以，廣東可以進一步利用位於沿海開放地區、毗鄰港、澳，與臺灣往來便利等優勢，大力發展外向型產業。

振興中小城鎮。促進中小城鎮發展，有利於帶動鄉村地區的城鎮化。清代的城鎮化過程給我們以啓示，中小城鎮是帶動鄉村地區城鎮化的主要驅動器。鄉村城鎮化速度的快慢，水平的高低，都取決於其地城鎮的發展水平高低。中小城鎮的發展，可以有效地吸納鄉村富餘勞動力，可以有效地推動地區經濟發展，同時還爲大城市分流了人口，減輕其人口壓力，以保證大城市的健康發展。

三、古今差異

動力趨向多元。清代廣東地區城鎮化的動力較爲單一，而今天的動力卻出現多元化的特點。清代廣東城鎮化的推動力量是墟市經濟的發展，如增城派潭鎮，其最初城鎮化的動力是派潭墟的發展，歷史上派潭墟由一墟變成上、下、新三墟，從而使派潭的非農業區面積不斷擴展，同時吸納更多的鄉村人口進入墟市區從事非農工作，派潭地區的城鎮化就在墟市經濟發展的過程中不斷推進。所以，派潭鎮最初的城鎮化動力來源於墟市的發展。後來，派潭鎮在原有農、商爲主的基礎上發展了採礦業、水泥加工業、糧食加工業、木材加工業等工礦業，建立了大封門水力發電站，因此，第二產業成爲派潭經濟的新增長點，其亦爲推動派潭城鎮化繼續深化的新動力。然而，到了二十一世紀的今天，隨著社會經濟的不斷進步，城鎮化動力不再局限於工業與商業，第三產業的其他行業也成爲推動城鎮化的重要力量。今天的派潭鎮，開發了白水寨風景區，這個集休閒、健身、娛樂、商務於一體的大型風景區，在經過七八年的大力宣傳後，吸引越來越多的遊客，也吸納越來越多的附近鄉村富餘勞動力，爲鄉村居民的職業城鎮化作出了貢獻。隨著派潭生態發展區定位的清晰化，我們可以預見在不久的將來，派潭鎮的第三產業水平將會有進一步的提高，其對城鎮化的推動作用及對環境的優化作用會更加明顯。總而言之，清代廣東地區城鎮化的動力主要爲墟市商業及手工業，動力較爲單一，而今天廣東城鎮化動力呈現出多元化的特點，商業、傳統工業、高科技產業、旅遊業、服務業、文教事業、房地產業等都有可能是今天廣東城鎮

化的動力。

　　人口出現置換。清代廣東商業有所發展，逐末者不斷增加，各地墟市城鎮亦大量興起，這為廣東鄉村居民提供了很多就近貿易的機會；同時，清代的鄉鎮手工業工場亦取得長足發展，這也為鄉村居民提供了大量就近就業的機會。因此，雖然清代廣東的人口流動非常頻繁，但還有相當一部分人選擇離土不離鄉，在附近的墟鎮充當專業或兼業的小商人或小手工業者。所以，清代廣東農村人口構成還是以本地人口為主。然而，到了今天，由於產業結構地域分佈的進一步失衡，大量的人口集中在少數的經濟發達區，一方面這些地區的外來人口大量增加，他們往往租住在城中村或城鄉結合部的半城半村地區；另一方面廣大的鄉村地區又經歷一個本地人口季節性外流，外地人口季節性遷入或長期性定居的人口置換過程。因此，二十一世紀廣東鄉村人口的突出特點就是人口置換，因此外地人口管理是當今鄉村管理的一大問題。歷史上的鄉村人口以本地居民為主，他們以血緣為紐帶，宗族管理曾經卓有成效。而今天的廣東鄉村遷入了不少外來人口，他們或以地緣或以業緣為紐帶，宗族管理很難對其起作用，所以，這就要求村委、居委、社區管理中心、工會、行業協會等進一步發揮作用。

　　信息技術發展。在清代，信息技術促進鄉鎮發展的巨大作用沒有得到充分體現，但在今天，信息技術是支持鄉鎮發展的新型要素。信息技術的推動作用在江南市鎮中表現得較為明顯。通過信息技術與發達交通的支持，我可以一天完成「上海－蘇州－盛澤－震澤－蘇州－上海」的旅程。震澤與盛澤是明清時期著名的江南市鎮，其分佈在江蘇省的南部。當天早上，我在上海火車站等候開往蘇州的動車時，無意中在地圖上看見了它們，於是頓生前往一?其風采的想法，但又見其圖上距離相對遙遠，唯恐一天來回時間不足，故先保留這一想法，待到蘇州之後再行決定。到達蘇州站之後，小雨迷蒙，天氣奇冷，因蘇州是故地重遊，故興致不高，遂直奔旁邊的汽車站，購票後通過車站大屏幕上車牌號碼的指引，我順利地坐上了開往盛澤的班車。一路上運河相伴，耳畔之吳儂軟語又聲聲不絕，倍感此程饒有趣味。只覺時間飛快，不久盛澤就在眼前。今天的盛澤是江南地區的經濟重鎮，經濟總量在全國鄉鎮中位居前列，其汽車站也頗有氣勢。到站後我立刻購買去震澤的車票。之後，見時間尚早，遂先到盛澤鎮中心遊覽一圈，盛澤鎮中心不算大，也不算繁華。然而，在盛澤河邊的一家低矮狹窄的雜貨店裏，我驚訝地發現四五十

歲的店主正在用臺式電腦上網炒股！帶著奇特的心情，我回到車站候車，此時我才想起一個問題，就是：到了震澤後，應該是旁晚了，不知是否還有回蘇州的車？今天我必須回蘇州再回上海，因為我早已訂好明天從上海回廣州的票。慌亂之中我發現，手中震澤車票的背面印著吳江市各主要車站的電話號碼，其中就有震澤，於是就試著打電話過去詢問相關事宜，得到肯定答覆之後，我坐上了開往震澤的班車。到達震澤後，才發現它的鎮中心規模很小，小橋流水青磚瓦房，巍巍古塔在風雨中守望，時光似乎停留在清代民國，只有錯落其間的幾棟現代樓房才讓人想起身處二十一世紀。當地人很和氣，街道很乾淨，旅遊業可能是主要產業之一。逗留片刻，我登上開往蘇州的汽車，此刻，一顆懸著的心才安然放下。可見，蘇州地區的信息服務已經滲入到鎮級單位了，實在令人佩服。想起我在廣州用了幾天時間上網搜尋，也確定不了有什麼車從羅定到茂名時，不覺感慨萬分！在鄉鎮級的信息技術應用上，珠三角與長三角確實有差距。他山之石可以攻玉，希望廣東信息技術能為今天的鄉鎮發展提供更為強大的技術支持。

　　以上就是這幾年我在實地考察中見到的一些景象，萌發的一些想法，謹以為記。

湯苑芳

2011 年 4 月 25 日

於暨南大學圖書館古籍室